김재옥 토익 보카 1500 CUT

김재옥 토익 보카 1500 CUT

발행인 허문호
발행처 YBM
편집 윤경림
디자인 이미화
마케팅 고영노, 김동진, 박찬경, 하재희, 문근호, 고은
초판인쇄 2025년 12월 10일
초판발행 2025년 12월 18일

신고일자 1964년 3월 28일
신고번호 제1964-000003호
주소 서울시 종로구 종로 104
전화 (02) 2000-0515 [구입문의]
팩스 (02) 2285-1523
홈페이지 www.ybmbooks.com
ISBN 978-89-17-24396-3

낙장 및 파본은 교환해 드립니다. 구입 철회는 구매처 규정에 따라 교환 및 환불 처리됩니다.

PREFACE

단어장을 만들어야겠다고 마음먹고 실행하기까지는 오랜 시간이 걸렸습니다.
이미 학원 단어장이 있고, 시중에도 수많은 단어장이 넘쳐났기 때문입니다.

하지만 어느 날, 수강생에게 늘 추천하던 단어장을 다시 들여다보다가 문득 의문이 들었습니다. '이게 정말 효율적인 단어장일까? 모든 단어를 외우게 하기보다, 정말 필요한 단어만 골라야 하지 않을까?' 수십 년간 '빈출 단어'라는 이름 아래 무비판적으로 중요하다고 여겨온 건 아닐까 하는 생각이 들었습니다.

그래서 처음부터 다시 시작했습니다.
"토익에 진짜 필요한 단어만 남긴다면 몇 개일까?"
10년 넘게 강의하며 시험장에서 수없이 본 단어만 남겼습니다.
그 결과, 핵심 단어 1,500개면 충분하다는 확신이 들었습니다.

많은 단어장이 두꺼워지는 이유는 단순합니다. 하나의 어근에서 파생된 단어들이 품사별로 중복되고, 실제 시험에는 거의 등장하지 않는 단어나 이미 일상에서 너무 익숙한 단어들까지 함께 담겨 있기 때문입니다. 또 토익에는 출제되지 않는 뜻이나 긴 예문까지 불필요하게 덧붙여 실어두다 보니 공부의 효율이 떨어질 수밖에 없습니다.

이 책은 그런 비효율을 덜어냈습니다.
실제 토익에서 쓰이는 핵심 단어만 남기고, 긴 예문 대신 구·collocation 중심으로 구성해 단어의 쓰임을 빠르고 직관적으로 익힐 수 있도록 했습니다.

모르는 단어는 기본서나 문제풀이 과정에서 자연스럽게 다시 만나게 됩니다.
그렇다면 처음부터 모든 단어를 외우기보다, 핵심 단어를 먼저 익히고 새로 만나는 단어는 필요할 때마다 보완하는 것이 훨씬 효율적입니다.

두꺼운 단어장은 노력에 비해 성과가 적고, 결국 마음의 부담만 남습니다.
핵심 단어만 담은 단어장을 자주, 빠르게 반복하는 것 — 그 단순하지만 확실한 원칙이야말로 여러분이 토익을 졸업하는 가장 현실적인 방법이라고 믿습니다. 이 책이 여러분의 공부 시간을 줄이고, 단어 암기의 막막함을 덜어주는 길잡이가 되길 진심으로 바랍니다.

김재옥토익학원 대표

Jay Ock Kim

Contents

Chapter 03

3순위 토익 단어 300

재옥샘의 **기출족보**

✦ 구성 및 특징

출제 빈도에 따른 순위 구분

토익 단어 1500개를 출제 빈도에 따라 1순위, 2순위, 3순위로 구분하여 제시하였습니다.

본 학습 구성

미국식·영국식 발음 확인

QR 링크를 통해 무료 mp3 음원을 들어보세요.

심플 예문으로 스피디한 학습

구와 콜로케이션으로 이루어진 심플한 예문으로, 즉각적으로 용례를 파악할 수 있어 스피디한 학습이 가능합니다.

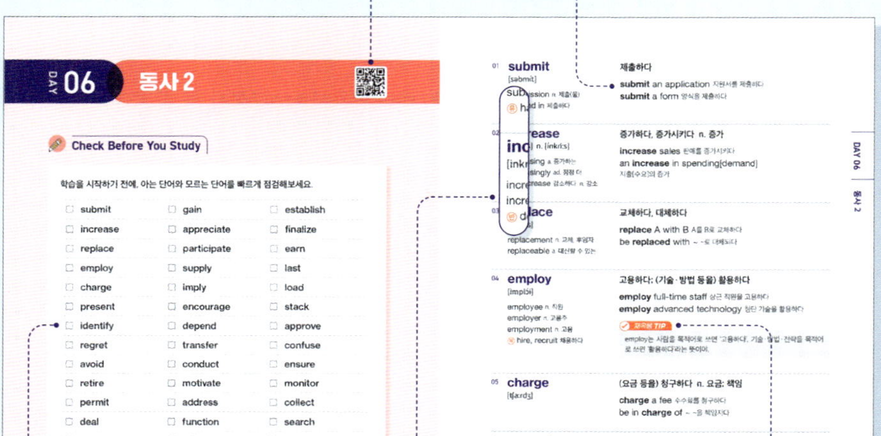

학습 전 점검 필수

본격 어휘 학습에 앞서 아는 단어와 모르는 단어를 체크하여 학습에 대비해보세요.

효율적인 어휘력 확장

표제어뿐 아니라 파생어, 유의어, 반의어도 함께 제시하여 효율적인 연장 학습이 가능하도록 하였습니다.

실전 노하우 재옥쌤 TIP

수많은 기출 분석과 현장 강의에서 다져진 실전 감각으로, 재옥쌤만이 전할 수 있는 핵심 어법과 실전 포인트를 담았습니다.

테스트! 테스트!

매 DAY 끝에 나오는 REVIEW TEST를 통해 단어를 완벽히 자신의 것으로 만드세요.
세 번의 ACTUAL TEST와 FINAL TEST 3회분을 통해 실전 감각도 익히세요.

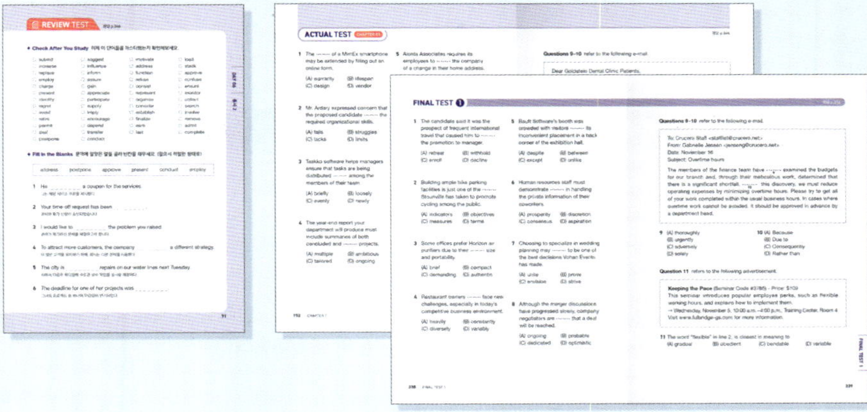

실전 대비 암기 포인트!
재옥쌤의 기출족보

토익 만점 강사 재옥쌤이 직접
정리하여 현장에서만 공개해왔던
실전 핵심 자료를 아낌없이
공개합니다.

✦ 이 책의 활용법

이 단어장은 한 번에 완벽히 외우는 책이 아니라, 여러 번 빠르게 회독하며 완성하는 책입니다. 'Check Before You Study → 본 학습 → Check After You Study'의 흐름 속에서 자신의 암기 상태를 스스로 점검하고, 필요한 단어에 집중하며 효율적으로 반복할 수 있도록 설계했습니다. 1회독에서는 뜻을 익히고, 2회독부터는 뜻을 가리며 스스로 말해보는 것이 핵심입니다.

1회독 감을 잡는 단계

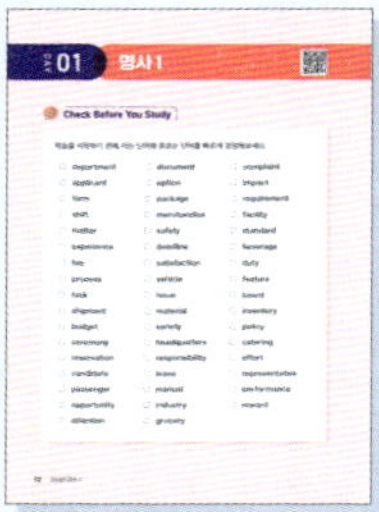

STEP 1 Check Before You Study

각 Day의 첫 페이지에는 50개의 표제어가 한눈에 보이도록 구성되어 있습니다. 이 단계는 학습 전 점검에 초점을 둡니다. 단어를 빠르게 훑으며 '아는 단어, 모르는 단어'를 구분하세요. 모르는 단어를 표시해 두면, 이후 본 학습 단계에서 집중할 부분이 명확해집니다.

STEP 2 본 학습(Main Study)

- 모르는 단어는 뜻 중심으로 확실히 암기합니다.
- 아는 단어는 파생어와 '재옥쌤 TIP'을 함께 보며 활용 폭을 넓히세요.
- 긴 예문 대신 구·collocation으로 실전 감각을 익힙니다.
- 1회독의 핵심은 '전체 윤곽을 잡고, 모르는 단어에 집중'입니다.

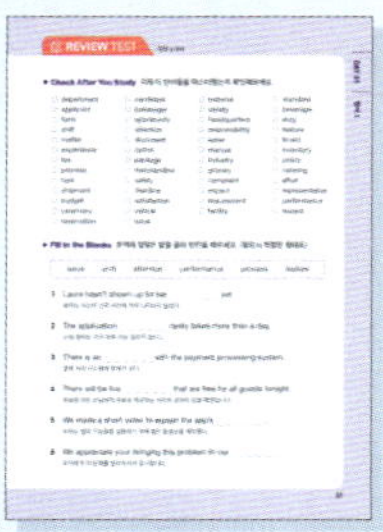

STEP 3 Check After You Study

50개 단어를 다시 훑으며 뜻이 바로 떠오르는지 스스로 테스트하세요. 기억나지 않는 단어는 형광펜으로 표시하거나 따로 옮겨 적어 집중해서 복습하세요. 중요한 건 '오래 붙잡기'가 아니라 '자주 보기'입니다.

2회독 암기의 완성 단계

1회독이 기억의 시작이라면, 2회독은 완성 단계입니다. 아는 단어는 가볍게 넘기고, 외워지지 않았던 단어, 특히 'Check After You Study'에서 표시해 둔 단어들은 색을 다르게 표시하거나 별도의 단어 수첩에 옮겨 적어 집중 암기하세요.

이 단계에서는 '파생어'와 '재옥쌤 TIP'을 꼼꼼히 봐야 합니다. '단어의 확장된 쓰임'과 '시험 어법 포인트'를 연결하며 실전 감각을 키워보세요.

재옥쌤 TIP 단어와 실전의 연결점

'재옥쌤 TIP'은 토익 문제로 바로 연결되는 어법·활용 포인트를 담은 섹션입니다. 단어의 기본 뜻만으로는 놓치기 쉬운 부분을 보완하고 실전에서 바로 도움이 되는 정보가 담겨 있습니다.

예를 들어 vote(자동사로 전치사 for[against], to부정사와 함께 쓰임)처럼 '뜻은 알지만 구조가 헷갈리는 단어', 또는 hospitality(시험에서 '서비스업'의 의미로 자주 쓰임)처럼 '추상적인 의미를 시험 맥락에 맞게 구체화'해야 하는 경우를 제시했습니다.

단어가 익숙해지는 2회독 이후 TIP을 함께 보면, 어법과 실전 감각이 자연스럽게 연결됩니다.

토익 어휘의 완성 1,500 + α 단어

단어를 많이 외우는 것도 중요하지만, 핵심 단어를 집중적으로 반복하는 것, 이것이 진짜 실력을 만드는 방법입니다. 1회독으로 감을 잡고, 2회독에서 완성하며, 3회독부터는 속도를 높이세요. 그 과정을 거치며 단어가 '외운 단어'가 아니라 '보자마자 아는 단어'로 바뀌는 순간을 느낄 수 있을 것입니다.

1,500개 단어를 익힌 후에는 공부 중 새로 마주하는 단어만 작은 수첩에 따로 정리해 두세요. 그 단어들까지 더하면, 결국 여러분은 토익 완성에 필요한 '1,500 + α 단어'를 모두 갖추게 됩니다. 이 단어장이 여러분의 어휘 학습을 가장 짧고 확실한 길로 안내해 줄 것입니다.

Chapter 01

1순위 토익 단어 700

DAY 01 명사 1

Check Before You Study

학습을 시작하기 전에, 아는 단어와 모르는 단어를 빠르게 점검해보세요.

□ department	□ document	□ complaint
□ applicant	□ option	□ impact
□ form	□ package	□ requirement
□ shift	□ merchandise	□ facility
□ matter	□ safety	□ standard
□ experience	□ deadline	□ beverage
□ fee	□ satisfaction	□ duty
□ process	□ vehicle	□ feature
□ task	□ issue	□ board
□ shipment	□ material	□ inventory
□ budget	□ variety	□ policy
□ ceremony	□ headquarters	□ catering
□ reservation	□ responsibility	□ effort
□ candidate	□ lease	□ representative
□ passenger	□ manual	□ performance
□ opportunity	□ industry	□ reward
□ attention	□ grocery	

01 **department**
[dipɑ́:rtmənt]
departmental a. 부서의

부서, 학과; (백화점 등의) 매장, 코너
the marketing **department** 마케팅 부서
the bakery **department** 제과·빵류 코너

---

02 **applicant**
[ǽplikənt]
apply v. 지원하다, 신청하다
application n. 신청, 지원서

지원자
a job **applicant** 구직자
submit an **application** 지원서를 제출하다

---

03 **form**
[fɔ:rm]
formal a. 격식을 차린, 공식적인
formally ad. 공식적으로, 정중하게

종류, 양식 v. 형성[구성]하다
a **form** of identification 신분증의 한 종류
form a committee to review safety procedures
안전 절차를 검토하기 위해 위원회를 구성하다

---

04 **shift**
[ʃift]

교대 근무, 근무 시간; 변화 v. 옮기다
extra **shifts** over the busy season
바쁜 시기의 추가 근무
exchange **shifts** with each other
서로 근무 시간을 바꾸다

---

05 **matter**
[mǽtər]

문제, 일 v. 중요하다, 문제가 되다
a personal[financial] **matter** 개인적인[재정적인] 문제
handle legal **matters** 법률 문제를 처리하다

재옥쌤 TIP
problem이 부정적인 느낌의 '문제'라는 뜻이라면, matter는 그냥 '사안·이슈' 정도로 중립적인 말이야.

---

06 **experience**
[ikspíəriəns]
experienced a. 경험 있는, 노련한

경험 v. 경험하다
have **experience** in ~ ~에 경험이 있다
experience difficulties 어려움을 겪다

재옥쌤 TIP
experience는 특정 분야의 경험을 말할 땐 항상 〈experience in + 명사〉 구조로 써!
⋯→ experience in sales[management] 영업[관리] 분야의 경험

07 **fee**
[fiː]
[유] rate 요금

요금, 수수료
a shipping **fee** 배송료
a reduction in parking **fees** 주차 요금의 인하

---

08 **process**
[prάses]
processing n. 가공, 처리

과정, 절차 v. 처리하다
a hiring **process** 채용 절차
process an order 주문을 처리하다

재옥쌤 TIP
process와 processing은 둘 다 토익에 자주 나와. 헷갈리기 쉬운데 핵심은 가산/불가산 차이야!
▶ process(가산): 과정, 절차 ··· a hiring process 채용 절차
▶ processing(불가산): 처리 ··· payment processing 결제 처리

---

09 **task**
[tæsk]
[유] job, assignment 업무, 과제

일, 업무, 과업 v. 임무[과제]를 맡기다
handle multiple **tasks** 여러 일을 처리하다
be **tasked** with ~ ~의 임무를 맡다

---

10 **shipment**
[ʃípmənt]
ship v. 운송하다, 실어 나르다
shipping n. 운송, 수송
[유] freight, cargo 화물

배송(품), 선적(물), 화물
the **shipment** of your order 주문 물품의 배송
unload a **shipment** from a vehicle
차량에서 화물을 내리다

---

11 **budget**
[bʌ́dʒit]
budgetary a. 예산의

예산
within[over] the **budget** 예산 범위 내에서[범위를 초과하여]
casual meals on a **budget** 예산 내의 간단한 식사

---

12 **ceremony**
[sérəmouni]
ceremonial a. 의식의

행사, 의식
an award[opening] **ceremony** 시상[개회]식
open[close] a **ceremony** 행사를 시작[종료]하다

---

13 **reservation**
[rèzərvéiʃən]
reserve v. 예약하다
reserved a. 예약된
[유] booking 예약

예약; 의구심[거리낌]
make[cancel] a **reservation** 예약하다[예약을 취소하다]
have **reservations** about ~ ~에 대해 의구심[거리낌]이 있다

14 **candidate**
[kǽndidèit, -dət]
[유] nominee 지명자, 후보자

지원자, 후보자

a qualified **candidate** 자격을 갖춘 후보자
an ideal **candidate** for the post
그 직책에 가장 적합한 지원자

---

15 **passenger**
[pǽsəndʒər]

승객

the front **passenger** seat 앞 좌석(조수석)
passengers with special needs
(장애인 · 노약자 등의) 특별한 도움이 필요한 승객들

---

16 **opportunity**
[ɑ:pərtú:nəti]
[유] chance 기회

기회

announce a job **opportunity** 채용 기회를 알리다
an **opportunity** to win a prize 상을 받을 기회

---

17 **attention**
[əténʃən]
attentive a. 주의를 기울이는
attentively ad. 주의 깊게

주의, 관심

pay **attention** to details 세부 사항에 주의를 기울이다
attract public **attention** 대중의 관심을 끌다

재옥쌤 TIP

attention은 대표적인 불가산명사야! 주로 전치사 to랑 세트로 나오는 것도 기억해둬!
→ pay attention to ~ ~에 주의를 기울이다
draw[call] attention to ~ ~에 관심을 끌다

---

18 **document**
[dɑ́kjumənt]
documentary n. 기록물, 다큐멘터리
documentation n. 증빙 서류

문서, 서류 v. 기록하다

submit the required **documents** 필요한 서류를 제출하다
document the process 과정을 기록하다

재옥쌤 TIP

▶ document는 가산이라서 한 장의 공식 문서 느낌이야.
▶ documentation은 불가산이라서 관련 증빙 서류 전체를 말할 때 써!

---

19 **option**
[ɑ́pʃən]
optional a. 선택적인, 선택 가능한
optionally ad. 마음대로

선택권, 선택 사항

choose a payment **option** 결제 방법을 선택하다
have the **option** of -ing ~할 선택권이 있다

20 **package**
[pǽkidʒ]
㊌ parcel 소포
packet 꾸러미

소포, 포장물; 패키지, 묶음 상품

deliver[ship] a **package** 소포를 배송하다
a benefits[compensation] **package** 복리후생[보상] 패키지

재옥쌤 TIP
package는 가산(소포 · 상품 묶음), packaging은 불가산(포장재 · 포장 행위). 시험에서 가산/불가산 포인트로 자주 나오니까 꼭 기억해!

---

21 **merchandise**
[mə́:rtʃəndàiz]
merchant n. 상인
㊌ product, item 상품

상품, 제품

display **merchandise** 상품을 진열하다
a wide selection of **merchandise** 다양한 종류의 상품

재옥쌤 TIP
대표적인 불가산명사이니 꼭 기억해두자. 같은 뜻인 product나 item은 가산으로 앞에 관사가 붙거나 뒤에 -s(es)가 붙어야 해.

---

22 **safety**
[séifti]
safe a. 안전한
safely ad. 안전하게

안전

safety helmets[goggles] 안전모[보호 안경]
safety regulations 안전 규정

---

23 **deadline**
[dédlain]

마감일, 최종 기한

meet[miss] a **deadline** 마감일을 지키다[놓치다]
work under a tight **deadline** 빠듯한 마감 일정 속에서 일하다

---

24 **satisfaction**
[sætisfǽkʃən]
satisfy v. 만족시키다
satisfactory a. 만족스러운
㊋ dissatisfaction 불만족

만족, 충족

customer **satisfaction** 고객 만족
to one's **satisfaction** 만족스럽게

---

25 **vehicle**
[ví:ikl, ví:hikl]

차량, 탈것

a delivery **vehicle** 배송 차량
environmentally friendly electric **vehicles**
환경 친화적인 전기 차량

26 **issue**
[íʃuː]

(정기 간행물의) 호; 문제, 사안 v. 발행하다, 발표하다

the October **issue** (잡지·신문 등의) 10월호
address the **issue** of parking shortages
주차 부족 문제를 다루다

27 **material**
[mətíəriəl]

재료, 자료

some printed **materials** 인쇄된 자료들
a construction **material** 건축 자재

28 **variety**
[vəráiəti]

vary v. 다르다, 달라지다
various a. 다양한

다양성, 여러 가지, 품종[종류]

a wide **variety** of industries 다양한 산업 분야들
come in a **variety** of sizes 여러 가지 크기로 제공되다

29 **headquarters**
[hédkwɔ̀ːrtərz]

[유] head[main] office 본사

본부, 본사

company[corporate] **headquarters** 회사 본사
relocate[move] **headquarters** 본사를 이전하다

재옥쌤 TIP
headquarters는 항상 s가 붙어 있지만 주로 단수로 쓰여.
··· The headquarters is in New York. 본사는 뉴욕에 있다.

30 **responsibility**
[rispɑ̀nsəbíləti]

responsible a. 책임 있는

책임, 담당 업무

take **responsibility** for ~ ~에 대해 책임지다
be **responsible** for ~ ~에 책임이 있다

31 **lease**
[liːs]

[유] rent 임대료, 월세 v. 임대하다

임대, 임대차 계약 v. 임대하다

a **lease** agreement 임대 계약서
terminate[renew] a **lease** 임대차 계약을 해지[갱신]하다

32 **manual**
[mǽnjuəl]

manually ad. 수동으로

설명서, 안내서 a. 손으로 하는, 수동의

Please consult the user **manual**.
사용자 설명서를 참고해 주세요.
manual operation 수동 조작

33 **industry**
[índəstri]
industrial a. 산업의

산업, 업종

the construction[manufacturing] **industry**
건설[제조]업
leaders in the **industry** 업계의 선도 기업들

재옥쌤 TIP

업계·업종·분야를 말할 때는 industry, sector, trade, field 네 개만 알면 돼. 크게 구분해서 외울 필요는 없고 아래 예문처럼 쓰이는 느낌만 잡아두면 충분해!
→ the tourism industry 관광업
the financial sector 금융 부문
the construction trade 건설업종
the medical field 의료 분야

---

34 **grocery**
[gróusəri]

식료품(점)

a **grocery** store chain 식료품점 체인
grocery delivery 식료품 배달

---

35 **complaint**
[kəmpléint]
complain v. 불평하다

불만, 항의

file[submit] a **complaint** 불만을 제기하다
handle a **complaint** 불만을 처리하다

---

36 **impact**
[ímpækt]
[유] influence 영향

영향, 충격

a significant **impact** 중대한 영향
have[make] an **impact** on ~ ~에 영향을 미치다

---

37 **requirement**
[rikwáiərmənt]
require v. 요구하다

요구사항, 필요조건

meet the **requirements** 요건을 충족하다
a job **requirement** 직무 요건

---

38 **facility**
[fəsíləti]

시설

a manufacturing[medical] **facility** 제조[의료] 시설
a **facility** for recycling 재활용 시설

39 **standard**
[stǽndərd]
standardize v. 표준화하다
standardized a. 표준화한

기준, 표준 a. 일반적인, 표준의
safety **standards** 안전 기준
meet the required **standard** 요구되는 기준을 충족하다

---

40 **beverage**
[bévəridʒ]

(물 외의) 음료
bottled **beverages** 병음료
a new line of **beverages** 새로운 음료 제품 라인

---

41 **duty**
[djú:ti]

의무[업무], 책임; 관세
on **duty** 근무 중인
duty descriptions 직무 설명

---

42 **feature**
[fí:ʧər]
㊌ characteristic 특징

특징, 기능 v. 특징으로 하다, 포함하다
a new[key] **feature** 새로운[주요] 특징
feature advanced technology 첨단 기술을 포함하다

---

43 **board**
[bɔ:rd]

이사회; 판자 v. 탑승하다
the **board** of directors 이사회
board a train 기차에 탑승하다

재옥쌤 TIP
board는 토익에서 두 가지가 핵심이야!
▶ 이사회 ···› a board meeting 이사회 회의
▶ 탑승하다 ···› board a plane 비행기에 탑승하다
boarding gate 탑승구
'판자' 의미는 거의 안 쓰이고, bulletin board, notice board(게시판) 정도만 알아두면 돼.

---

44 **inventory**
[ínvəntɔ̀:ri]
㊌ stock 재고품

재고품, 재고 목록; 재고 조사
take **inventory** 재고 조사하다
streamline our **inventory** procedure
재고 관리 절차를 간소화하다

45 **policy**
[pálǝsi]

규정, 정책

a parking **policy** 주차 규정
adopt a new **policy** 새로운 정책을 채택하다

---

46 **catering**
[kéitǝriŋ]

cater v. (행사 등에) 음식을 공급하다; 충족시키다

caterer n. 음식 공급업체

(행사·모임 등을 위한) 음식 공급

a **catering** service 출장 연회 음식 서비스
cater to customer needs 고객의 요구를 충족시키다

재옥쌤 TIP

cater는 기본적으로 1형식 자동사야! 주로 전치사 for 또는 to와 함께 사용돼.
⋯→ cater for an event 행사를 위한 음식을 제공하다
cater to clients 고객의 요구를 맞추다

---

47 **effort**
[éfǝrt]

effortlessly ad. 수월하게
㊌ endeavor 노력, 시도

노력

make **efforts** to do ~하기 위해 노력하다
in an **effort** to do ~하기 위한 노력의 일환으로

---

48 **representative**
[rèprizéntǝtiv]

represent v. 대표하다

대표자, 담당자 a. 대표하는

a sales **representative** 영업 사원
be **representative** of ~ ~을 대표하다

재옥쌤 TIP

representative는 CEO 같은 '대표자'가 아니야! 대부분은 '회사 직원 중 고객을 상대하는 사람', 즉 '영업사원, 상담원, 담당자'를 말해.

---

49 **performance**
[pǝrfɔ́:rmǝns]

perform v. 수행하다; 공연하다
performer n. 연주자, 공연자

성과, 실적, 수행; 공연

employee **performance** 직원 성과
an effective **performance** evaluation
효과적인 성과 평가

---

50 **reward**
[riwɔ́:rd]

rewarding a. 보람 있는

보상(금) v. 보상하다

a monetary **reward** 금전적 보상
reward employees with bonuses
직원들에게 보너스로 보상하다

REVIEW TEST 정답 p.346

✦ Check After You Study 이제 이 단어들을 마스터했는지 확인해보세요.

☐ department	☐ candidate	☐ material	☐ standard
☐ applicant	☐ passenger	☐ variety	☐ beverage
☐ form	☐ opportunity	☐ headquarters	☐ duty
☐ shift	☐ attention	☐ responsibility	☐ feature
☐ matter	☐ document	☐ lease	☐ board
☐ experience	☐ option	☐ manual	☐ inventory
☐ fee	☐ package	☐ industry	☐ policy
☐ process	☐ merchandise	☐ grocery	☐ catering
☐ task	☐ safety	☐ complaint	☐ effort
☐ shipment	☐ deadline	☐ impact	☐ representative
☐ budget	☐ satisfaction	☐ requirement	☐ performance
☐ ceremony	☐ vehicle	☐ facility	☐ reward
☐ reservation	☐ issue		

✦ Fill In the Blanks 문맥에 알맞은 말을 골라 빈칸을 채우세요. (필요시 적절한 형태로)

issue	shift	attention	performance	process	feature

1 Laura hasn't shown up for her ____________ yet.
로라는 자신의 근무 시간에 아직 나타나지 않았다.

2 The application ____________ rarely takes more than a day.
신청 절차는 거의 하루 이상 걸리지 않는다.

3 There is an ____________ with the payment processing system.
결제 처리 시스템에 문제가 있다.

4 There will be live ____________ that are free for all guests tonight.
오늘밤 모든 손님에게 무료로 제공되는 라이브 공연이 있을 예정입니다.

5 We made a short video to explain the app's ____________.
우리는 앱의 기능들을 설명하기 위해 짧은 동영상을 제작했다.

6 We appreciate your bringing this problem to our ____________.
우리에게 이 문제를 알려주셔서 감사합니다.

DAY 02 명사 2

Check Before You Study

학습을 시작하기 전에, 아는 단어와 모르는 단어를 빠르게 점검해보세요.

☐ volunteer	☐ proposal	☐ background
☐ renovation	☐ accounting	☐ capacity
☐ committee	☐ productivity	☐ expense
☐ agent	☐ directory	☐ term
☐ quarter	☐ instructions	☐ detail
☐ construction	☐ publication	☐ reputation
☐ demand	☐ receipt	☐ range
☐ ability	☐ workforce	☐ expert
☐ qualification	☐ contract	☐ deposit
☐ invoice	☐ direction	☐ subscription
☐ summary	☐ vacancy	☐ solution
☐ executive	☐ decade	☐ district
☐ recommendation	☐ council	☐ timeline
☐ equipment	☐ demonstration	☐ aim
☐ procedure	☐ measure	☐ warranty
☐ lack	☐ rate	☐ reception
☐ initiative	☐ characteristic	

01 **volunteer**
[vὰləntíər]

voluntary a. 자발적인
voluntarily ad. 자발적으로

자원봉사(자) v. 자원(봉사)하다

volunteer opportunities 자원봉사 기회들
volunteer to serve food 음식 배식에 자원하다

재옥쌤 TIP

volunteer는 동사로도 자주 출제돼! 1형식 자동사로, 주로 to부정사나 전치사 for와 같이 사용되지.
⋯→ volunteer to help 돕기 위해 자원하다
volunteer for a project 프로젝트를 위해 자원하다

---

02 **renovation**
[renəvéiʃən]

renovate v. 보수하다, 개조하다

보수, 개조

undergo extensive **renovations**
대대적인 리모델링을 거치다
currently closed for **renovations**
현재 리모델링 공사로 휴업 중인

---

03 **committee**
[kəmíti]

위원회

an auditing[organizing] **committee** 감사[조직] 위원회
the establishment of a **committee** 위원회의 설립

---

04 **agent**
[éidʒənt]

agency n. 대행사, 대리점

대리인, 중개인, 담당자

a travel **agent** 여행사 직원
a real estate **agent** 부동산 중개인

재옥쌤 TIP

agent는 개인, 즉 사람을 말하고, agency는 조직·회사·기관 같은 걸 말해. 사람 vs. 조직 구분만 확실히 해두면 돼!

---

05 **quarter**
[kwɔ́:rtər]

quarterly a. 분기별의

분기, 4분의 1

once a **quarter** 분기에 한 번
a **quarterly** magazine 분기별 잡지[계간지]

---

06 **construction**
[kənstrʌ́kʃən]

contruct v. 건설하다
constructive a. 건설적인

건설, 공사, 건축

safety regulations at a **construction** site
건설 현장의 안전 규정
under **construction** 공사 중인

07 **demand**
[dimǽnd]

demanding a. 힘든, 요구가 많은
반 supply 공급

수요, 요구 (사항) v. 요구하다

a high **demand** for products 제품에 대한 높은 수요
demand compensation 보상을 요구하다

---

08 **ability**
[əbíləti]

able a. ~할 수 있는
유 capacity 능력

능력

have the **ability** to do ~할 능력이 있다
enhance[improve] one's **ability** 능력을 향상시키다

재옥쌤 TIP

ability는 주로 to부정사와 같이 나오는 패턴으로 기억해 둬. 간혹 capacity와 헷갈려 하는데, ability는 개인의 구체적 능력, capacity는 수용 능력(물리적/정신적)이야.
⋯→ the capacity to handle stress 스트레스 감당 능력치

---

09 **qualification**
[kwɑ̀ləfikéiʃən]

qualify v. 자격을 갖추다
qualified a. 자격 있는

자격 요건, 자격증

meet the **qualifications** 자격 요건을 충족하다
academic **qualifications** 학력 요건

---

10 **invoice**
[ínvɔis]

청구서, 송장

the **invoice** for our services 서비스에 대한 청구서
see the enclosed **invoice** 동봉된 청구서를 참고하다

---

11 **summary**
[sʌ́məri]

summarize v. 요약하다

요약, 개요

a brief **summary** 간략한 요약
in **summary** 요약하자면

---

12 **executive**
[igzékjutiv]

임원, 간부 a. 경영의, 행정의

a company **executive** 회사 임원
the **executive** committee 집행 위원회

---

13 **recommendation**
[rèkəmendéiʃən]

유 reference 추천서; 참고

추천(서)

make a **recommendation** 추천하다
a letter of **recommendation** 추천서

14 **equipment**
[ikwípmənt]

equip v. 갖추다
equipped a. ~을 갖춘

장비, 설비

laboratory **equipment** 실험 장비
be **equipped** with ~ ~을 갖추고 있다

15 **procedure**
[prəsí:dʒər]

proceed v. 나아가다, 진행하다
procedural a. 절차상의

절차; 수술

maintenance[operating] **procedures** 유지보수[운영] 절차
follow the proper[correct] **procedure** 올바른 절차를 따르다

16 **lack**
[læk]

㊌ shortage 부족, 결핍

부족, 결핍 v. ~이 부족하다

a **lack** of experience[confidence] 경험[자신감] 부족
lack skills[qualifications] 기술[자격]이 부족하다

17 **initiative**
[iníʃiətiv]

initiate v. 착수하다, 개시하다

계획; 주도(권), 진취성

the company's environmental **initiative**
회사의 환경 관련 계획[정책]
launch[support] an **initiative** 계획을 시작[지지]하다

재옥쌤 TIP

initiative는 -ive 형태로 끝나지만 형용사가 아니야! 현대 영어에서는 명사로만 쓰여.

18 **proposal**
[prəpóuzəl]

propose v. 제안하다
proposition n. 제안
㊌ suggestion, offer 제안

제안(서)

a business **proposal** 사업 제안서
approve[reject] a **proposal** 제안서를 승인[거절]하다

재옥쌤 TIP

- proposal은 공식적이고 문서화된 제안이야. 계획안이나 계약안처럼 제출·검토되는 문서 느낌!
- proposition은 아이디어나 사업 제안 같은 거고, 덜 형식적이고 영업 제안 느낌이야.

19 **accounting**
[əkáuntiŋ]

accountant n. 회계사

회계 (업무)

the **accounting** department 회계[경리]부서
an **accounting** certification 회계 자격증

20 **productivity**
[pròudʌktívəti]

product n. 상품, 제품
production n. 생산
productive a. 생산적인

생산성

increase[improve, boost] **productivity**
생산성을 높이다
employee **productivity** 직원 생산성

---

21 **directory**
[diréktəri, dai-]

명부, (건물의) 입주자 안내판, 안내 책자

a building **directory** 건물 안내도
a staff **directory** 직원 명부

---

22 **instructions**
[instrʌ́kʃənz]

instruction n. 교육; 지시 (행위)
instruct v. 지시하다, 가르치다
instructional a. 교육용의
instructor n. 강사

설명(서), 지시 사항

setup **instructions** 설치 설명서
Follow the **instructions** on the back of this page.
이 페이지 뒷면의 지시 사항을 따르세요.

재옥쌤 TIP

instruction이 불가산명사로 쓰이면 '교육·지도'라는 뜻인데, 이런 의미는 토익에서 거의 안 나와. 실제 시험에서는 복수형 instructions(지시 사항·설명서)만 챙기면 돼.

---

23 **publication**
[pʌ̀bləkéiʃən]

publish v. 출판하다

출판(물)

a monthly **publication** 월간 간행물
the release of a **publication** 출판물 발간

---

24 **receipt**
[risíːt]

receive v. 받다

영수증; 수령

issue a **receipt** 영수증을 발급하다
upon **receipt** of ~ ~을 받는 즉시

재옥쌤 TIP

receipt는 '영수증'일 땐 가산명사, '수령, 받음'일 땐 불가산명사로 써!
⋯→ a receipt 영수증
upon receipt of payment 결제를 받는 즉시

---

25 **workforce**
[wə́ːrkfɔ̀ːrs]

㊟ personnel 인사(부); 직원
staff 직원

노동자, 직원; 인력, 노동력

reduce the **workforce** 인력을 감축하다
a skilled **workforce** 숙련된 노동 인력

26 **contract**
[kάntrækt] v. [kəntrǽkt]
contractor n. 계약자, 하청업자

계약(서) v. 계약하다

contract terms 계약 조건
sign[renew] a **contract** 계약을 체결[갱신]하다

27 **direction**
[dirékʃən, dai-]
direct v. 지시하다; 안내하다

방향, 길안내; 지시, 감독

driving **directions** 운전 길안내
under the **direction** of ~ ~의 감독하에

28 **vacancy**
[véikənsi]
vacant a. 비어 있는
[유] opening 공석

(직책의) 공석; 빈 공간

current **vacancies** 현재 공석
fill a **vacancy** 공석을 채우다

29 **decade**
[dékeid, dikéid]

10년

over the past **decade** 지난 10년 동안
a two-**decade** history 20년에 걸친 역사

30 **council**
[káunsl]

의회, 협의회

the city **council** 시 의회
a **council** meeting 의회 회의

31 **demonstration**
[dèmənstréiʃən]
demonstrate v. 시연하다, 설명하다

시연, 설명

a product **demonstration** 제품 시연
demonstrate a new device 새 장비를 시연하다

재옥쌤 TIP
demonstration은 '데모(시위)' 뜻도 있지만 토익에서는 안 나와! demonstration은 '보여준다'는 게 핵심이라 product demonstration처럼 '시연, 설명' 의미로만 기억해 둬.

32 **measure**
[méʒər]
measurement n. 측정, 치수

대책, 조치 v. 측정하다, 평가하다

take effective **measures** 효과적인 조치를 취하다
measure performance 성과를 평가하다

재옥쌤 TIP
measure는 '조치, 수단', measurement는 '측정(행위), 치수'야!
→ take safety measures 안전 조치를 취하다
take measurements of the room 방의 치수를 재다

33 **rate**
[reit]

rating n. 평가, 등급, 순위
[유] fee 요금

가격, 요금; 비율 v. 평가하다

competitive **rates** 경쟁력 있는 가격
offer reduced rent **rates** 임대료를 할인해주다

재옥쌤 TIP
rate와 rating은 비슷해 보여도 반드시 구분해야 해. rating은 동사 rate(평가하다)에서 파생된 명사로, '평가, 등급, 순위'라는 뜻이야.

---

34 **characteristic**
[kæriktərístik]

[유] feature 특징

특징 a. 특유의

a key **characteristic** 주요 특징
a distinctive **characteristic** 뚜렷한 특징

---

35 **background**
[bǽkgraund]

배경, 경력, 학력

educational **background** 학력
background in marketing 마케팅 분야 경력

---

36 **capacity**
[kəpǽsəti]

용량, 수용력

operate at full **capacity** 최대 가동률로 운영하다
a seating **capacity** 좌석 수용 인원

---

37 **expense**
[ikspéns]

[유] expenditure 지출, 비용
[반] income, revenue 수입

비용, 지출, 경비

travel[operating] **expenses** 출장[운영]비
reduce[lower] production **expenses**
생산 비용을 줄이다

재옥쌤 TIP
expense는 '개별적이고 일상적인 비용', expenditure는 '규모가 큰 공식적인 총지출'이야!
→ travel expenses 출장비
government expenditures 정부 지출

---

38 **term**
[tə:rm]

조건; 용어; 기간

the **terms** of a contract[agreement] 계약[합의] 조건들
a long-**term** leave of absence 장기 휴가

39 **detail**
[dí:teil]

detailed a. 상세한

세부 사항 v. 자세히 설명하다

explain in **detail** 자세히 설명하다
detailed information 세부 정보

---

40 **reputation**
[rèpjutéiʃən]

㊌ fame 명성

평판, 명성

establish[build] a **reputation** 평판을 쌓다
a **reputation** for ~ ~에 대한 명성

---

41 **range**
[reindʒ]

범위, 다양성 v. (범위가) ~에 이르다

a wide **range** of products 아주 다양한 상품들
range from A to B 범위가 A에서 B까지 이르다

재옥쌤 TIP

'아주 다양한 ~'이라는 의미의 표현은 패턴으로 외워둬야 해.
〈a wide[broad, diverse, large, great] + range[selection, variety, assortment, array] of ~〉 이 구조는 지문 · 보기 할 것 없이 단골로 나와!

---

42 **expert**
[ékspə:rt]

expertise n. 전문성
expertly ad. 전문적으로

전문가 a. 전문적인

an industry **expert** 업계 전문가
expert advice 전문적인 조언

재옥쌤 TIP

expert는 보통 in, on, at 3개의 전치사와 자주 쓰여!
▶ in → 일반적인 분야 (expert in marketing)
▶ on → 주제 · 사물 (expert on computers)
▶ at → 행동 (expert at solving problems)

---

43 **deposit**
[dipázit]

㊋ withdrawal 인출; 철회

보증금, 계약금; 예금 v. 두다[놓다]; 입금하다

an initial **deposit** 초기 보증금[첫 입금액]
be **deposited** automatically in your account
계좌에 자동으로 입금되다

---

44 **subscription**
[səbskrípʃən]

subscribe v. 구독하다, 기부하다
subscriber n. 구독자, 가입자

구독(료), 기부(금)

a magazine **subscription** 잡지 구독
subscribe to a newsletter 뉴스레터를 구독하다

45 **solution**
[səlúːʃən]

solve v. 해결하다
[유] answer 해답

해결책, 해답; 용액

a **solution** to ~ ~에 대한 해결책
a practical[effective] **solution**
실질적인[효과적인] 해결책

46 **district**
[dístrikt]

[유] area 지역

지역, 지구

a residential[industrial] **district** 주거[산업] 지구
a downtown shopping **district** 도심 쇼핑 지구

47 **timeline**
[táimlàin]

일정(표), 계획표

a project **timeline** 프로젝트 일정표
revise[extend] the **timeline** 일정을 수정[연장]하다

48 **aim**
[eim]

[유] goal 목표
objective 목표, 목적
purpose 목적
target 목표

목표, 목적 v. 목표로 하다

the **aim** of the program 프로그램의 목적
aim to do ~하는 것을 목표로 하다

재옥쌤 TIP

aim이 동사로는 다양한 형태로 출제돼!
▶ 타동사 → aim to do (~하는 것을 목표로 하다)
▶ 자동사(1형식) → aim at ~ (~을 목표로 하다)
▶ 수동태 → be aimed at ~ (~을 목표로 하다)

49 **warranty**
[wɔ́ːrənti]

[유] guarantee 보증(서), 보장

(제품의) 보증서, 보증

a one-year **warranty** 1년 보증(서)
under **warranty** 보증 기간 내에

50 **reception**
[risépʃən]

receive v. 받다
receptionist n. 접수 담당자

환영회; 접수처; (전화 등의) 수신 상태

a welcome **reception** 환영회
bad **reception** 좋지 못한 수신 상태

재옥쌤 TIP

reception은 세 가지 의미로 모두 출제되니까 문맥을 보고 구분해야 해!
▶ 환영회 ··· a welcome reception 환영회
▶ 접수처 ··· the reception desk 접수 데스크
▶ 수신 상태 ··· poor signal reception 신호 수신 불량

REVIEW TEST

정답 p.346

✦ Check After You Study 이제 이 단어들을 마스터했는지 확인해보세요.

- ☐ volunteer
- ☐ renovation
- ☐ committee
- ☐ agent
- ☐ quarter
- ☐ construction
- ☐ demand
- ☐ ability
- ☐ qualification
- ☐ invoice
- ☐ summary
- ☐ executive
- ☐ recommendation
- ☐ equipment
- ☐ procedure
- ☐ lack
- ☐ initiative
- ☐ proposal
- ☐ accounting
- ☐ productivity
- ☐ directory
- ☐ instructions
- ☐ publication
- ☐ receipt
- ☐ workforce
- ☐ contract
- ☐ direction
- ☐ vacancy
- ☐ decade
- ☐ council
- ☐ demonstration
- ☐ measure
- ☐ rate
- ☐ characteristic
- ☐ background
- ☐ capacity
- ☐ expense
- ☐ term
- ☐ detail
- ☐ reputation
- ☐ range
- ☐ expert
- ☐ deposit
- ☐ subscription
- ☐ solution
- ☐ district
- ☐ timeline
- ☐ aim
- ☐ warranty
- ☐ reception

✦ Fill In the Blanks 문맥에 알맞은 말을 골라 빈칸을 채우세요. (필요시 적절한 형태로)

range	qualification	receipt	term	initiative	expert

1 Each council member serves a two-year __________.
각 위원회 위원의 임기는 2년이다.

2 Please visit our Web site to view our full __________ of dishes.
저희 웹사이트를 방문하시면 모든 요리를 확인하실 수 있습니다.

3 We consider our __________ legal team to be the finest in the country.
우리는 우리 전문 법률팀이 국내 최고 수준이라고 자부합니다.

4 __________ include a minimum of 2 years' experience as an editor.
자격 요건에는 편집자로서 최소 2년의 경력이 포함됩니다.

5 Please confirm the order upon __________ of this e-mail.
이 이메일을 받는 즉시 주문을 확인해 주세요.

6 This __________ aims to reduce the company's carbon footprint.
이 계획은 회사의 탄소 배출량을 줄이는 것을 목표로 한다.

DAY 03 명사 3

Check Before You Study

학습을 시작하기 전에, 아는 단어와 모르는 단어를 빠르게 점검해보세요.

☐ benefit	☐ expectation	☐ inconvenience
☐ degree	☐ competition	☐ aspect
☐ occasion	☐ statistics	☐ machinery
☐ venue	☐ advantage	☐ commitment
☐ account	☐ label	☐ resource
☐ bulk	☐ investment	☐ banquet
☐ vendor	☐ platform	☐ figure
☐ agenda	☐ patience	☐ challenge
☐ progress	☐ insight	☐ certificate
☐ celebrity	☐ personnel	☐ priority
☐ colleague	☐ regulation	☐ renewal
☐ funding	☐ appliance	☐ permission
☐ voucher	☐ layout	☐ overview
☐ admission	☐ knowledge	☐ disruption
☐ neighborhood	☐ volume	☐ property
☐ real estate	☐ keynote	☐ compensation
☐ objective	☐ device	

01 **benefit**
[bénəfit]

beneficial a. 유익한
beneficiary n. 수혜자
㊌ perk 복리후생

혜택, 복리후생 v. 혜택을 주다[얻다]

employee **benefits** 직원 복리후생
benefit from the policy 정책의 혜택을 얻다

재옥쌤 TIP

benefit은 전치사 from과 함께 쓰이는 1형식 자동사로 자주 나와! 그런데 타동사로도 쓰일 수 있으니까 문맥을 잘 봐야 해.
→ benefit from the policy 정책의 혜택을 얻다
benefit the community 지역 사회에 혜택을 주다

---

02 **degree**
[digríː]

학위; 정도

a bachelor's **degree** in marketing 마케팅 학사 학위
to a certain **degree** 어느 정도까지는

---

03 **occasion**
[əkéiʒən]

occasional a. 가끔의
occasionally ad. 가끔

(특별한) 행사, 경우

mark the **occasion** 행사를 기념하다
on this **occasion** 이번 경우에

---

04 **venue**
[vénjuː]

(행사) 장소

book a **venue** 장소를 예약하다
change the event **venue** 행사 장소를 바꾸다

---

05 **account**
[əkáunt]

계정, 계좌; 고객[거래처] v. 설명하다, 차지하다(for)

reset an **account** password 계정 비밀번호를 재설정하다
a major corporate **account** 기업의 주 거래처[고객]

재옥쌤 TIP

토익에서 동사 account는 사실상 'account for(설명하다, 차지하다)' 이 패턴이 거의 전부야.
→ The manager could not account for the missing files.
관리자는 없어진 파일에 대해 설명할 수 없었다.
Online sales account for 40% of total revenue.
온라인 매출이 전체 수익의 40퍼센트를 차지한다.

---

06 **bulk**
[bʌlk]

대부분, 큰 규모[양] a. 대량의

buy[ship] in **bulk** 대량으로 구매하다[선적하다]
a **bulk** order 대량 주문

07 **vendor**
[véndər]
vending machine n. 자동판매기

판매업체, 공급업체, 노점상
local **vendors** 지역 판매업체들
contact the **vendor** directly 공급업체에 직접 연락하다

---

08 **agenda**
[ədʒéndə]

안건, 의제(회의에서 다룰 주제 목록)
on the **agenda** 안건에 올라 있는
add an item to the **agenda** 안건에 항목을 추가하다

---

09 **progress**
[prágres, próu-]
progressive a. 점진적인, 진보적인
progressively ad. 점점 더

진행, 진전 v. 나아가다, 진행하다
in **progress** 진행 중인
make[show] **progress** 진전을 이루다[보이다]

---

10 **celebrity**
[səlébrəti]

유명인
celebrity endorsement 유명인 광고[추천]
a local **celebrity** 지역 명사

---

11 **colleague**
[káli:g]
㊌ coworker, associate 동료

동료
a **colleague**'s retirement 동료의 퇴직
a former **colleague** of mine 나의 예전 동료

---

12 **funding**
[fʌ́ndiŋ]
fund n. 자금 v. 자금을 대다

자금[재정] 지원
government **funding** 정부 지원금
allocate more **funding** for ~ ~에 더 많은 자금을 배정하다

재옥쌤 TIP
▶ funds는 실제 '돈' 자체야. 복수로 많이 써.
▶ funding은 '자금 지원'이라는 행위야. 불가산 명사라서 -s가 안 붙어.

---

13 **voucher**
[váutʃər]
㊌ coupon 쿠폰

쿠폰, 상품권, 할인권
a discount **voucher** 할인 쿠폰
redeem a **voucher** 쿠폰을 사용[교환]하다

14 **admission**
[ædmíʃən, əd-]

admit v. 인정[시인]하다; 입장을 허락하다

입장(료), (입장) 허가, 승인

free **admission** 무료 입장
gain **admission** to ~ ~에 입장 허가를 받다

재옥쌤 TIP

admission은 가산/불가산 둘 다 가능하지만, 토익에서는 주로 불가산! 특히, 입장(료)인 경우는 불가산이야.

15 **neighborhood**
[néibərhùd]

neighbor n. 이웃 사람, 옆자리 사람

근처, 동네, 이웃

neighborhood residents 동네 주민들
a residential **neighborhood** 주택가

16 **real estate**
[rí:əl estèit]

부동산

a **real estate** agency 부동산 중개업소
a **real estate** developer 부동산 개발업자[업체]

17 **objective**
[əbdʒéktiv]

objectivity n. 객관성
㊌ aim 목표

목표 a. 객관적인

achieve an **objective** 목표를 달성하다
objective assessment 객관적 평가

18 **expectation**
[èkspektéiʃən]

expect v. 예상하다, 기대하다
㊌ anticipation 예상, 기대

예상, 기대

meet customers' **expectations** 고객들의 기대에 부응하다
surpass[exceed] **expectations** 기대를 뛰어넘다

19 **competition**
[kàmpətíʃən]

compete v. 경쟁하다
competitive a. 경쟁하는, 경쟁력 있는
competitor n. 경쟁자

대회, 시합; 경쟁

enter[join, participate in] a **competition** 대회에 참가하다
industry **competition** 업계 경쟁

재옥쌤 TIP

▶ 가산 ···› a competition 대회, 시합
▶ 불가산 ···› competition 경쟁
이렇게 단순하게 외우면 헷갈릴 일 없어.

20 **statistics**

[stətístiks]

statistical a. 통계의

statistically ad. 통계상으로

통계(학)

statistics on teams' performances

팀별 성과에 관한 통계

statistics on newspaper circulation

신문 발행 부수에 관한 통계

---

21 **advantage**

[ædvǽntidʒ, ədvɑ́:ntidʒ]

반 disadvantage 약점, 불이익

이점, 장점

take **advantage** of ~ ~을 이용[활용]하다

have an **advantage** over competitors

경쟁자들보다 우위를 가지다

재옥쌤 TIP

▶ advantage of는 '어떤 것의 장점'이란 뜻이야.

⋯ the advantage of online classes 온라인 수업의 장점

▶ advantage over는 '누구[무엇]보다 우위'에 있다는 뜻이고!

⋯ the advantage over competitors 경쟁사 대비 우위

---

22 **label**

[léibəl]

라벨 v. 라벨을 붙이다

attach a **label** to a product 제품에 라벨을 붙이다

a return[shipping] **label** 반품[배송] 라벨

---

23 **investment**

[invéstmənt]

invest v. 투자하다

investor n. 투자자

투자(금)

provide **investment** advice 투자 조언을 제공하다

real estate **investment** 부동산 투자

---

24 **platform**

[plǽtfɔ:rm]

승강장; 연단; (온라인) 서비스 플랫폼

a train **platform** 기차 승강장

the company's online **platform** 회사의 온라인 플랫폼

---

25 **patience**

[péiʃəns]

patient a. 인내심 있는

반 impatience 성급함, 조급함

인내심, 참을성

Thank you for your **patience.**

기다려 주셔서 감사합니다.

be **patient** with customers

참을성 있게 고객을 대하다

26 **insight**
[ínsàit]
insightful a. 통찰력 있는

통찰력, 식견
valuable[deep] **insight** into ~ ~에 대한 가치 있는[깊은] 통찰
insightful analyses 통찰력 있는 분석들

---

27 **personnel**
[pə̀:rsənél]

(집합적) 인력; 인사과
the head of the **personnel** department
인사부의 책임자
on-site **personnel** 현장 근무 인력

---

28 **regulation**
[règjuléiʃən]
regulate v. 규제하다

규정, 규제
the library's rules and **regulations** 도서관의 규칙 및 규정
follow city planning **regulations** 도시계획 규정을 따르다

---

29 **appliance**
[əpláiəns]

가전제품
a kitchen **appliance** 주방 가전
an electric **appliance** 전기 가전제품

---

30 **layout**
[léiaut]
lay out v. 펼치다, 설계하다

배치(도)
seating **layouts** 좌석 배치도
the **layout** of a workplace 작업장의 배치

---

31 **knowledge**
[nálidʒ]
knowledgeable a. 아는 것이 많은

지식
extensive **knowledge** of ~ ~에 대한 폭넓은 지식
a lack of **knowledge** about ~ ~에 대한 지식의 부족

재옥쌤 TIP
knowledge는 기본적으로 불가산명사야!

---

32 **volume**
[válju:m]

양, 크기; (시리즈로 된 책의) 권
the traffic **volume** 교통량
a high[large] **volume** of sales 많은 판매량

재옥쌤 TIP
우리가 흔히 말하는 '소리의 크기'라는 의미의 '볼륨'은 토익에 거의 안 나와. 토익에서 중요한 건 a high volume of sales[orders, calls]처럼 '양'의 의미야.

33 **keynote**
[kíːnout]

(책·연설 등의) 주안점, 기조, 핵심

a **keynote** speaker[address] 기조 연설자[연설]
the **keynote** of the event 행사의 핵심 주제

---

34 **device**
[diváis]

[유] gadget 장치

장치, 기기

electronic **devices** 전자 기기
portable **devices** 휴대용 기기

---

35 **inconvenience**
[ìnkənvíːnjəns]

inconvenient a. 불편한
[반] convenience 편리

불편(함)

cause **inconvenience** 불편을 초래하다
apologize for the **inconvenience**
불편을 끼친 것에 대해 사과하다

---

36 **aspect**
[ǽspekt]

측면, 양상

consider every **aspect** of the project
프로젝트의 모든 측면을 고려하다
a positive[important] **aspect** 긍정적인[중요한] 측면

---

37 **machinery**
[məʃíːnəri]

machine n. 기계

(집합적) 기계(류)

high-efficiency **machinery** 고효율 기계류
regular **machinery** inspections 정기적인 기계 점검

재옥쌤 TIP

machinery는 대표적인 불가산 명사인 거 알고 있지? '기계'를 개별로 말할 땐 a machine, two machines, 전체 '설비'로 말할 땐 machinery를 써야 해.

---

38 **commitment**
[kəmítmənt]

commit v. 전념하다, 헌신하다
committed a. 전념하는, 헌신하는
[유] dedication 헌신, 전념

헌신, 전념; 약속

show[demonstrate] **commitment** to ~
~에 대한 헌신을 보이다[입증하다]
be **committed** to customer service
고객 서비스에 헌신하다

39 **resource**
[ríːsɔːrs, rizɔ́ːs]
resourceful a. 지략 있는

자원
human **resources** 인적 자원, 인사부
a lack[shortage] of **resources** 자원의 부족

재옥쌤 TIP
resourceful은 '자원이 많다'는 뜻이 아니라 '지략 있는, 임기응변이 있는'이라는 의미야.
⋯▸ a resourceful manager 지략 있는 관리자
토익에 실제 출제된 적 있으니 알아 둬!

---

40 **banquet**
[bǽŋkwit]

연회, 만찬
host[give] a **banquet** 연회를 주최하다
a farewell **banquet** 송별회

---

41 **figure**
[fígjər]
[유] number 수

수치, 숫자; 인물
sales **figures** 매출액
a key **figure** in the company 회사 핵심 인물

---

42 **challenge**
[ʧǽlindʒ]
challenging a. 도전적인, 힘든

도전, 난제 v. 도전하다
a career **challenge** 경력상의 도전
take on a new **challenge** 새로운 도전을 떠맡다

---

43 **certificate**
[sərtífikeɪt, sərtífikət]
certify v. 증명하다, 자격을 부여하다
certified a. 보증된, 공인의
certification n. 증명, (공식적인) 자격 인증

증명서, 자격증
a **certificate** of completion[employment]
수료증[재직 증명서]
a valid **certificate** 유효한 증명서, 공인 자격증

재옥쌤 TIP
▶ certificate는 눈에 보이는 '한 장의 종이 문서' → 가산명사
⋯▸ receive a certificate 수료증을 받다
▶ certification은 어떤 사실·자격을 '공식적으로 인증·확인하는 것'
→ 기본적으로는 불가산명사
⋯▸ receive certification 자격을 취득하다
단, 특정 자격명을 가리킬 때는 a certification처럼 가산으로도 쓰여.
⋯▸ an accounting certification 회계 자격증

---

44 **priority**
[praiɔ́ːrəti]
prior a. 사전의, 우선하는
prioritize v. 우선순위를 매기다

우선권, 우선 사항
take **priority** over ~ ~보다 우선하다
a top **priority** 최우선 과제

45 **renewal**
[rinjú:əl]

renew v. 갱신하다, 재개하다
renewable a. 갱신 가능한

갱신, 연장

a contract[membership] **renewal** 계약[회원권] 갱신
a 20% discount on early subscription **renewals** 조기 구독 갱신 시 20% 할인

46 **permission**
[pərmíʃən]

permit v. 허락하다 n. 허가증

허락, 승인

obtain **permission** to do ~할 허락을 받다
grant **permission** 허가를 부여하다

재옥쌤 TIP

permission은 불가산명사, permit은 가산명사야!
⋯→ get permission 허락을 받다
get a permit 허가증을 받다

47 **overview**
[óuvərvju:]

개요, 요약, 전체적 설명

an **overview** of company policies 회사 방침 개요
provide a quick[brief] **overview** 간략히 개요를 제공하다

48 **disruption**
[disrʌ́pʃən]

disrupt v. 방해하다, 중단시키다
disruptive a. 지장을 주는, 방해하는
㊌ interruption 중단
disturbance 방해

(서비스·업무·운행 등의) 중단, 차질; 방해

service[flight] **disruptions** 서비스[항공편 운항] 중단
minimize **disruption** 차질을 최소화하다

49 **property**
[prɑ́pərti]

재산, 부동산, 건물

a **property** manager 건물 관리자
renovate the **property** 부동산[건물]을 개보수하다

재옥쌤 TIP

real estate는 토지·건물 등 부동산만을 의미하고, property는 부동산을 포함한 모든 자산이나 소유물을 말해.

50 **compensation**
[kɑ̀mpənséiʃən]

compensate v. 보상하다
㊌ salary 급여

보상, 급여

receive monetary **compensation** 금전적 보상을 받다
in **compensation** for ~ ~에 대한 보상으로

REVIEW TEST

정답 p.346

✦ Check After You Study 이제 이 단어들을 마스터했는지 확인해보세요.

- ☐ benefit
- ☐ degree
- ☐ occasion
- ☐ venue
- ☐ account
- ☐ bulk
- ☐ vendor
- ☐ agenda
- ☐ progress
- ☐ celebrity
- ☐ colleague
- ☐ funding
- ☐ voucher
- ☐ admission
- ☐ neighborhood
- ☐ real estate
- ☐ objective
- ☐ expectation
- ☐ competition
- ☐ statistics
- ☐ advantage
- ☐ label
- ☐ investment
- ☐ platform
- ☐ patience
- ☐ insight
- ☐ personnel
- ☐ regulation
- ☐ appliance
- ☐ layout
- ☐ knowledge
- ☐ volume
- ☐ keynote
- ☐ device
- ☐ inconvenience
- ☐ aspect
- ☐ machinery
- ☐ commitment
- ☐ resource
- ☐ banquet
- ☐ figure
- ☐ challenge
- ☐ certificate
- ☐ priority
- ☐ renewal
- ☐ permission
- ☐ overview
- ☐ disruption
- ☐ property
- ☐ compensation

✦ Fill In the Blanks 문맥에 알맞은 말을 골라 빈칸을 채우세요. (필요시 적절한 형태로)

funding	commitment	figure	disruption	advantage	benefit

1 She took ____________ of a temporary price reduction.
그녀는 일시적인 가격 할인 행사를 이용했다.

2 Each project receives public as well as private ____________.
각 프로젝트는 공공 및 민간 자금을 모두 지원받는다.

3 Residents should expect traffic ____________ in these areas.
주민들은 해당 지역들의 교통 불편들을 예상해야 합니다.

4 Our ____________ to security no longer stops there.
안전에 대한 우리의 헌신은 거기서 멈추지 않는다.

5 They offer full health ____________ to all full-time employees.
그들은 모든 정규직 직원들에게 종합 건강 보험 혜택을 제공한다.

6 The company will release its earnings ____________ next Tuesday.
회사는 다음 주 화요일에 수익 수치들을 발표할 것이다.

DAY 04 명사 4

Check Before You Study

학습을 시작하기 전에, 아는 단어와 모르는 단어를 빠르게 점검해보세요.

☐ attempt	☐ journey	☐ charity
☐ interest	☐ recognition	☐ audience
☐ credit	☐ refreshments	☐ apparel
☐ patron	☐ architect	☐ relationship
☐ income	☐ paperwork	☐ revenue
☐ description	☐ strategy	☐ audit
☐ branch	☐ spokesperson	☐ usage
☐ baggage	☐ method	☐ means
☐ caution	☐ atmosphere	☐ recipient
☐ warehouse	☐ guideline	☐ minutes
☐ tenant	☐ factor	☐ excess
☐ ingredient	☐ distance	☐ mayor
☐ cuisine	☐ status	☐ advancement
☐ association	☐ agreement	☐ manner
☐ reference	☐ statement	☐ fabric
☐ destination	☐ commission	☐ presence
☐ itinerary	☐ durability	

01 **attempt**
[ətémpt]

시도 v. 시도하다

in an **attempt** to do ~하려는 시도로
make an **attempt** 시도하다

02 **interest**
[íntərəst]

interested a. 관심 있는
interesting a. 흥미로운

관심, 흥미; 이자

show **interest** in ~ ~에 관심을 보이다
fixed **interest** rate 고정 이자율

재옥쌤 TIP

토익에서 interest는 주로 '관심'의 의미로 불가산명사로 쓰여.
⋯→ express interest 관심을 표현하다
'관심사, 취미 분야'의 의미일 때만 가산명사로 쓰이는데, 토익에서는 거의 안 나와.
⋯→ personal interests 개인적인 관심사

03 **credit**
[krédit]

신용; 공로; (상점) 적립금[포인트]

give **credit** to ~ ~에게 공로를 돌리다
issue a store **credit** 상점 적립금을 발급하다

재옥쌤 TIP

토익에서 credit은 단순히 '신용'만이 아니라, 상품을 반품했을 때 현금 대신 포인트처럼 적립되는 금액을 뜻하기도 해.
⋯→ a store credit 적립금
a credit of $50 50달러 적립금

04 **patron**
[péitrən]

patronage n. 애용, 후원

고객, 후원자

regular **patrons** 단골 고객들
Thank you for your **patronage**.
이용해 주셔서 감사합니다.

05 **income**
[ínkʌm]

㊌ revenue 수입
㊎ expense, expenditure 지출, 비용

소득, 수입

a source of **income** 수입원
income tax 소득세

06 **description**
[diskrípʃən]

describe v. 설명하다, 묘사하다

설명, 묘사

a detailed **description** 상세 설명
a job **description** 직무 설명

07 **branch**
[bræntʃ]

지점, 지사; 나뭇가지

a new **branch** of a company 회사의 새로운 지점
open a second **branch** 두 번째 지점을 열다

재옥쌤 TIP
branch office와 비슷한 말로 satellite office도 있어. 둘 다 '지사, 지점'이라는 뜻인데, satellite(위성)은 본사에서 떨어져 독립적으로 운영되는 곳이라는 느낌이야.

---

08 **baggage**
[bǽgidʒ]
㊌ luggage 수하물

수하물

a **baggage** claim area 수하물 찾는 곳
a **baggage** carousel 수하물 컨베이어 벨트

---

09 **caution**
[kɔ́:ʃən]
cautious a. 조심스러운
cautiously ad. 조심스럽게

조심, 주의, 경고 v. 주의를 주다

exercise **caution** 주의를 기울이다
caution residents about ~
주민들에게 ~에 대해 경고를 하다

재옥쌤 TIP
caution은 전치사 with와 함께 '주의해서'라는 뜻으로 쓰여.
···› use[proceed] with caution 주의해서 사용[진행]하다

---

10 **warehouse**
[wérhaus]

창고, 물류 창고

a lack of space at the **warehouse** 창고의 공간 부족
a **warehouse** store 창고형 매장

---

11 **tenant**
[ténənt]
㊥ landlord 집주인

세입자

potential new **tenants** 잠재적인 신규 세입자들
apartment complex **tenants** 아파트 단지의 세입자들

---

12 **ingredient**
[ingrí:diənt]

재료, 성분

cook with organic **ingredients** 유기농 재료로 요리하다
natural[fresh] **ingredients** 천연[신선한] 재료

13 **cuisine**
[kwizíːn]

요리, 요리법

the mouth-watering **cuisine** 군침 도는 요리
exotic international **cuisine** 이국적인 세계 요리

---

14 **association**
[əsòusiéiʃən]

associate v. 관련시키다, 제휴하다

협회, 단체; 연관; 제휴

a professional **association** 전문 협회
in **association** with ~ ~와 관련하여, ~와 협력하여

---

15 **reference**
[réfərəns]

refer v. 언급하다, 참조하다; ~에게 보내다
referral n. 보내기, 소개
㊌ recommendation 추천

추천서; 언급, 참조

submit a **reference** letter 추천서를 제출하다
for future **reference** 추후 참고용으로

재옥쌤 TIP

reference는 채용 문맥에선 '추천서'의 의미로 자주 나와.
⋯→ a reference letter 추천서 (= a letter of recommendation)

---

16 **destination**
[dèstənéiʃən]

목적지

reach the **destination** 목적지에 도착하다
a "must-see" **destination** 반드시 가봐야 할 여행지

---

17 **itinerary**
[aitínərèri]

여행 일정(표)

a travel **itinerary** 출장[여행] 일정
the **itinerary** for the company retreat
회사 야유회 일정표

---

18 **journey**
[dʒə́ːrni]

㊌ trip, travel 여행

여행, 여정, 이동

a shorter **journey** 더 짧은 여정[이동]
during the **journey** 여행[이동] 중

---

19 **recognition**
[rèkəgníʃən]

recognize v. 인정하다, 알아보다
recognizable a. 알아볼 수 있는

(공로 등에 대한) 인정, 표창; 알아봄, 인식

in **recognition** of ~ ~에 대한 공로로, ~을 인정하여
deserve **recognition** 인정받을 만하다

재옥쌤 TIP

recognition은 토익에서 거의 항상 '공로나 성과를 인정'하는 맥락으로 나와!

20 **refreshments**
[rifréʃmənts]

다과, 간식

complimentary **refreshments** 무료 다과
serve light **refreshments** 가벼운 다과를 제공하다

✓ 재옥쌤 TIP

refreshments는 반드시 복수 형태로만 써!
··· Refreshments are available. 다과가 준비되어 있습니다.
이렇게 항상 복수 취급이라는 거 잊지 마!

---

21 **architect**
[á:rkətèkt]

architecture n. 건축(학), 건축물
architectural a. 건축의

건축가

the **architect**'s final sketches 건축가의 최종 스케치들
a local **architectural** landmark 지역 대표 건축물

---

22 **paperwork**
[péipərwə̀:rk]

서류 (작업), 문서 업무

all the necessary **paperwork** 모든 필요한 서류
fill out some **paperwork** 몇 가지 서류를 작성하다

✓ 재옥쌤 TIP

paperwork은 paper와 다르게 '서류 작업 전체'를 말해서 항상 불가산 명사로 써!
··· complete paperwork (O)
complete a paperwork (X)

---

23 **strategy**
[strǽtədʒi]

strategic a. 전략적인
strategically ad. 전략적으로
㊌ tactic 전략

전략, 계획

a pricing[marketing] **strategy** 가격 책정[마케팅] 전략
strategically located 전략적으로 위치한

---

24 **spokesperson**
[spóukspə̀:rsn]

대변인

our official **spokesperson** 우리의 공식 대변인
a celebrity **spokesperson** 유명인[연예인] 대변인

---

25 **method**
[méθəd]

㊌ approach 접근법, 처리 방법

방법, 방식

the payment **method** 결제 방식
a new packaging **method** 새로운 포장 방식

26 **atmosphere**
[ǽtməsfìər]

분위기; 대기, 공기

a lively **atmosphere** 활기찬 분위기
create the perfect relaxing **atmosphere**
완벽하게 편안한 분위기를 조성하다

---

27 **guideline**
[gáidlàin]

guide v. 안내하다
guidance n. 지도, 안내

지침, 가이드라인

safety[health] **guidelines** 안전[보건] 지침
follow the **guidelines** 지침을 따르다

재옥쌤 TIP

guideline은 구체적인 '규칙'이라 가산이야. 그래서 보통 guidelines처럼 복수형으로 많이 써. 반면 guidance는 전반적인 '안내'나 '지도(조언)'의 의미라 불가산명사로 써.

---

28 **factor**
[fǽktər]

요소, 요인

a determining[deciding] **factor** 결정적 요인
key **factors** for customer satisfaction
고객 만족을 위한 핵심 요소들

---

29 **distance**
[dístəns]

distant a. 먼

거리

within walking **distance** 도보 거리 내에
in the **distance** 멀리서, 저 멀리

---

30 **status**
[stéitəs, stǽ-]

상태, 현황; 지위

track the **status** of the shipment 배송 상태를 추적하다
employment **status** 고용 상태[재직 여부]

---

31 **agreement**
[əgríːmənt]

agree v. 동의하다
[유] consensus 합의

합의, 계약

come to an **agreement** 합의에 이르다
the licensing **agreement** 라이선스 계약

---

32 **statement**
[stéitmənt]

state v. 진술하다 n. 상태

성명, 진술; 명세서[내역서]

issue a **statement** 성명을 발표하다
a bank **statement** 은행 명세서

33 **commission**
[kəmíʃən]

위원회; 수수료 v. 의뢰하다

the city **commission** 시 위원회
a flat **commission** 고정 수수료

재옥쌤 TIP

commission은 동사로도 쓰여. 보통 수동태로 be commissioned with(~의 업무를 맡다) 형태로 나와.

---

34 **durability**
[djùərəbíləti]

durable a. 내구성이 좋은

내구성, 견고함

high **durability** 높은 내구성
durable goods 내구재

---

35 **charity**
[ʧǽrəti]

charitable a. 자선의, 자선을 베푸는

자선, 자선 단체

donate money to a **charity** 자선 단체에 돈을 기부하다
a **charity** fund-raiser 자선 모금 행사

---

36 **audience**
[ɔ́:diəns]

청중, 관객

a large[small] **audience** 많은[적은] 청중
target **audience** 광고 타깃(대상자)

재옥쌤 TIP

audience 같은 집합명사는 단수지만, 한 명이 아냐! an audience라고 하면 a group of people(한 무리의 사람들)과 같은 의미로 보면 돼. 다른 집합명사로는 staff, crew, family 등이 있고 토익에서는 보통 단수 취급이 기본이야.

---

37 **apparel**
[əpǽrəl]

㊐ clothing 의류

의류, 의복

an online **apparel** seller 온라인 의류 판매업체
made-to-order **apparel** 주문 제작 의류

---

38 **relationship**
[riléiʃənʃip]

relate v. 관련시키다

관계

relationships with customers 고객과의 관계
foster social **relationships** 사회적 관계를 증진하다

39 **revenue**
[révənjùː]

㊇ income 수입
㊥ expense, expenditure 지출

수입, 수익

annual **revenue** 연간 수익
generate[boost] **revenue**
수익을 창출하다[끌어 올리다]

---

40 **audit**
[ɔ́ːdit]

auditor n. 회계 감사관

회계 감사 v. (회계를) 감사하다

undergo[conduct] an **audit** 감사를 받다[실시하다]
an external[internal] **audit** 외부[내부] 감사

재옥쌤 TIP

audit과 auditing은 둘 다 '감사'라는 뜻이야.
▶ audit → 하나의 행위나 절차(하나의 감사)로 가산명사
▶ auditing → 그런 감사 행위 전반(업무 분야)으로 불가산명사

---

41 **usage**
[júːsidʒ]

use v. 사용하다

사용(량), 이용(량)

minimize energy **usage** 에너지 사용을 최소화하다
usage of the coupon 쿠폰 사용

---

42 **means**
[miːnz]

수단, 방법

a **means** of transportation[communication]
교통[의사소통] 수단
by **means** of ~ ~에 의해, ~을 통해

재옥쌤 TIP

means는 형태가 -s로 끝나지만 단·복수 모두 가능해!
▶ 단수 ···› This is a means of transportation.
이것은 하나의 교통 수단이다.
▶ 복수 ···› Various means are available.
다양한 수단들이 이용 가능하다.

---

43 **recipient**
[risípiənt]

receive v. 받다, 수령하다
㊥ sender 발신인

수령인, 수신인

the **recipient** of a grant[an award]
보조금[상] 수령자
undisclosed **recipients** 미공개 수신인들

---

44 **minutes**
[mínits]

㊇ proceedings 회의록

회의록

take the **minutes** 회의록을 작성하다
review the **minutes** 회의록을 검토하다

45 **excess**
[ékses, iksés]

exceed v. 초과하다
excessive a. 과도한
excessively ad. 지나치게

초과(량), 과잉 a. 초과의

in **excess** of ~ ~을 초과하여
excess baggage 초과 수하물

---

46 **mayor**
[méiər]

mayoral a. 시장의

시장

the **mayor**'s attendance at the gathering
시장의 모임 참석
the city **mayoral** election 시장 선거

---

47 **advancement**
[ædvǽnsmənt, ədvɑ́:ns-]

advance v. 진전되다, 진전시키다
n. 진보, 전진
advanced a. 진보한, 상급의

발전, 진보

technological **advancements** 기술 발전
opportunities for career **advancement**
경력 발전의 기회들

---

48 **manner**
[mǽnər]

방법, 방식; (사람의) 태도

in a timely **manner** 시기적절하게
in a professional **manner** 전문적으로

재옥쌤 TIP

우리가 흔히 말하는 '매너 있다'로 생각하면 낚이기 쉬운 단어야. 토익에서는 '방법, 방식'이라는 뜻의 〈in a ~ manner〉 구조로 많이 나와. 특히 in a timely manner는 자주 출제되는 표현이야.

---

49 **fabric**
[fǽbrik]

[유] textile 섬유, 직물
cloth 천

천, 직물, 원단

synthetic **fabrics** 합성 섬유
choose[select] a **fabric** 원단을 고르다

---

50 **presence**
[prézns]

[유] attendance 참석(률)
[반] absence 부재; 결석

존재, 입지; 참석

an online **presence** 온라인상의 존재감
maintain a strong **presence** in the market
시장에서 강력한 입지를 유지하다

REVIEW TEST

정답 p.346

✦ Check After You Study 이제 이 단어들을 마스터했는지 확인해보세요.

- ☐ attempt
- ☐ interest
- ☐ credit
- ☐ patron
- ☐ income
- ☐ description
- ☐ branch
- ☐ baggage
- ☐ caution
- ☐ warehouse
- ☐ tenant
- ☐ ingredient
- ☐ cuisine
- ☐ association
- ☐ reference
- ☐ destination
- ☐ itinerary
- ☐ journey
- ☐ recognition
- ☐ refreshments
- ☐ architect
- ☐ paperwork
- ☐ strategy
- ☐ spokesperson
- ☐ method
- ☐ atmosphere
- ☐ guideline
- ☐ factor
- ☐ distance
- ☐ status
- ☐ agreement
- ☐ statement
- ☐ commission
- ☐ durability
- ☐ charity
- ☐ audience
- ☐ apparel
- ☐ relationship
- ☐ revenue
- ☐ audit
- ☐ usage
- ☐ means
- ☐ recipient
- ☐ minutes
- ☐ excess
- ☐ mayor
- ☐ advancement
- ☐ manner
- ☐ fabric
- ☐ presence

✦ Fill In the Blanks 문맥에 알맞은 말을 골라 빈칸을 채우세요. (필요시 적절한 형태로)

interest	reference	statement	manner	excess	recognition

1 Greet customers in a friendly __________.
친근한 태도로 고객을 맞이하십시오.

2 He is most concerned about how much __________ he pays.
그는 자신이 얼마나 많은 이자를 내는지에 대해 가장 걱정한다.

3 She deserves __________ for her dedication to the campaign.
그녀는 이 캠페인에 대한 헌신으로 인정받을 만하다.

4 Starting today, MV Bank will provide account __________ electronically.
오늘부터 MV 은행은 계좌 명세서를 전자식으로 제공한다.

5 Based on my calculations, I have paid $2,300 in __________.
나의 계산에 따르면, 나는 2,300달러를 초과로 지불했다.

6 I have been told that I will need to provide a letter of __________.
추천서를 제출해야 한다고 들었습니다.

DAY 05

동사 1

Check Before You Study

학습을 시작하기 전에, 아는 단어와 모르는 단어를 빠르게 점검해보세요.

☐ attract	☐ promote	☐ advise
☐ receive	☐ rent	☐ improve
☐ contact	☐ determine	☐ discover
☐ arrange	☐ include	☐ access
☐ respond	☐ hold	☐ select
☐ seek	☐ prefer	☐ affect
☐ exchange	☐ own	☐ approach
☐ develop	☐ allow	☐ raise
☐ serve	☐ leave	☐ appoint
☐ post	☐ launch	☐ decide
☐ invite	☐ celebrate	☐ grow
☐ accept	☐ react	☐ evaluate
☐ refund	☐ carry	☐ assist
☐ reach	☐ inquire	☐ confirm
☐ note	☐ produce	☐ disappoint
☐ reduce	☐ attend	☐ guarantee
☐ focus	☐ apologize	

01 **attract**
[ətrǽkt]

attractive a. 매력적인
attraction n. 매력; 명소

끌다, 끌어 모으다, 유인하다

attract attention 관심을 끌다
attract customers[potential buyers]
고객들[잠재 구매자들]을 끌어 모으다

---

02 **receive**
[risíːv]

receipt n. 영수증; 수령
recipient n. 수령인
reception n. 접수처; 환영회

받다, 수령하다

receive an order 주문을 받다
upon[on] **receipt** of ~ ~을 받자마자

---

03 **contact**
[kάntækt]

연락하다 n. 연락, 접촉

contact the customer 고객에게 연락하다
be in **contact** with ~ ~와 연락하고 있다

재옥쌤 TIP

contact는 '~에게 연락하다'라는 뜻이지만 타동사라서 바로 목적어를 써야 해!
⋯→ Please contact me. (O) 나에게 연락해.
Please contact to me. (X)

---

04 **arrange**
[əréindʒ]

arrangement n. 정돈, 배열
rearrange v. 재배열하다

준비하다; 정리하다

arrange an event 행사를 준비하다
be **arranged** on shelves 선반 위에 정리되어 있다

---

05 **respond**
[rispάnd]

response n. 응답, 반응
responsive a. 즉각 반응하는

응답하다, 대응하다

respond promptly 신속하게 응답하다
respond to a complaint 불만에 대응하다

재옥쌤 TIP

respond는 자동사! 뒤에 목적어가 바로 올 수 없어서 to랑 같이 써야 해!
⋯→ respond to the inquiry 그 문의에 응답하다

---

06 **seek**
[siːk]

찾다, 구하다

seek a new job 새 직장을 구하다
seek expert advice 전문가의 조언을 구하다

07 **exchange**
[ikstʃéindʒ]

교환하다 n. 교환

exchange a product 제품을 교환하다
in **exchange** for ~ ~와 맞바꾸어

08 **develop**
[divéləp]

development n. 개발, 성장

개발하다, 성장시키다

develop a plan[strategy] 계획[전략]을 세우다
newly **developed** 새로 개발된

09 **serve**
[səːrv]

service n. 응대, 서비스

응대하다; 일하다; 제공하다

serve customers 고객을 응대하다
serve as ~ ~로 역할하다[일하다]

10 **post**
[poust]

게시하다; 발송하다 n. 직책[직위]; 우편(물)

post a notice[job opening] 공지[채용 공고]를 게시하다
a managerial **post** 관리자급 직위

11 **invite**
[inváit]

invitation n. 초대
invitee n. 초대된 사람

초대하다; 요청하다

invite A to an event A를 행사에 초대하다
invite A to do A가 ~하도록 요청하다

재옥쌤 TIP

invite는 다음의 두 가지 구조로 잘 출제돼!
▶ invite + A + to + 명사: A를 ~에 초대하다(3형식)
▶ invite + A + to부정사: A가 ~하도록 요청하다(ask, require와 유사, 5형식)

12 **accept**
[æksépt, ək-]

acceptable a. 받아들일 수 있는
acceptance n. 수락
반 reject 거절하다

수락하다, 받아들이다

accept an invitation[offer] 초대를[제안을] 수락하다
be pleased to **accept** 기꺼이 수락하다

13 **refund**
[rifʌ́nd] n. [ríːfʌnd]

refundable a. 환불 가능한

환불하다 n. 환불

refund the full amount 전액을 환불하다
be eligible for a **refund** 환불 받을 자격이 있다

14 **reach**
[riːtʃ]

reachable a. 도달할 수 있는
㊌ arrive, get to 도착하다

도달하다; 연락하다

reach an agreement 합의에 도달하다
reach a destination 목적지에 도착하다

재옥쌤 TIP

뜻이 비슷한 arrive와 비교해서 봐! reach는 타동사라서 전치사 없이 바로 목적어가 와.
⋯→ reach the office 사무실에 도착하다
반면 arrive는 자동사라서 전치사(at, in)가 꼭 필요해.
⋯→ arrive at the office 사무실에 도착하다

---

15 **note**
[nout]

notable a. 주목할 만한
noted a. 유명한

주목하다, 주의하다; 언급하다 n. 메모

please **note** that 주어 + 동사 ~을 유의해 주세요
take **notes** 메모하다

---

16 **reduce**
[ridjúːs]

reduction n. 감소, 인하
㊌ decrease, diminish 줄이다

줄이다, 축소하다

reduce costs[the risk] 비용[위험]을 줄이다
price **reduction** 가격 인하

---

17 **focus**
[fóukəs]

집중하다 n. 초점, 관심

focus on productivity 생산성에 집중하다
focus attention on ~ ~에 주의를 집중하다

재옥쌤 TIP

focus는 자동사인 경우 주로 on과 함께 쓰여! 하지만 타동사로도 쓰여서 목적어가 바로 오는 경우도 있어.
⋯→ focus attention on the issue 그 문제에 주의를 집중하다

---

18 **promote**
[prəmóut]

promotion n. 승진; 홍보
promotional a. 홍보의

승진시키다; 촉진하다, 홍보하다

promote an employee 직원을 승진시키다
promote a product 제품을 홍보하다

---

19 **rent**
[rent]

rental n. 임대, 대여

임대하다, 빌리다 n. 임대료, 월세

rent an apartment 아파트를 임대하다
pay the **rent** 임대료를 지불하다

20 **determine**
[ditə́:rmin]

determination n. 결정, 판단
determined a. 단호한, 결심한
[유] decide 결정하다

결정하다, 판정하다; 알아내다

determine eligibility 자격을 판단하다
determine the cause[factor] 원인[요인]을 알아내다

---

21 **include**
[inklú:d]

inclusion n. 포함
inclusive a. 포괄적인
including prep. ~을 포함하여
[반] exclude 제외하다, 배제하다

포함하다

include instructions 설명서를 포함하다
be **included** in ~ ~에 포함되다

---

22 **hold**
[hould]

[유] organize 개최하다
consider 간주하다, 여기다

열다, 개최하다; 잡다; 간주하다, 여기다

hold an event 행사를 개최하다
hold a fishing pole 낚싯대를 잡다

재옥쌤 TIP

hold는 문맥에 따라 세 가지 뜻이 있어
▶ 잡다(손에 들다) ··· **hold a pen** 펜을 잡다
▶ 개최하다 ··· **hold a meeting[an event]** 회의[행사]를 개최하다
▶ 간주하다 ··· **hold A responsible** A에게 책임이 있다고 여기다

---

23 **prefer**
[prifə́:r]

preference n. 선호
preferable a. 더 나은, 더 바람직한
preferably ad. 가급적, 되도록이면

선호하다

prefer A (to B) (B보다) A를 더 선호하다
prefer not to do ~하지 않기를 선호하다

---

24 **own**
[oun]

owner n. 소유주, 주인

소유하다 a. 자신의

own a business[property] 사업체를[부동산을] 소유하다
on one's **own** 혼자서

---

25 **allow**
[əláu]

allowance n. 허용량; 용돈
allowable a. 허용되는

허락하다, 가능하게 하다

allow A to do A가 ~하도록 허락하다
allow access 접근을 허용하다

26 **leave**
[liːv]

떠나다; 남기다 n. 휴가

leave the door open 문을 열린 상태로 두다
be on **leave** 휴가 중이다

재옥쌤 TIP
▶ 1형식 문장에서 자동사일 땐 '떠나다'
▶ 3형식 문장에서 타동사일 땐 '남기다', 목적어 필수
▶ 5형식 문장에서 〈목적어 + 목적격 보어(형용사)〉 구조일 땐 '목적어를 ~한 상태로 두다'

---

27 **launch**
[lɔːntʃ]

㊌ release 출시하다 n. 출시

출시하다, 시작하다 n. 출시

launch a campaign 캠페인을 시작하다
a product **launch** 제품 출시

---

28 **celebrate**
[séləbrèit]

celebration n. 축하
celebrity n. 유명 인사

축하하다, 기념하다

celebrate the opening 개장을 축하하다
celebrate an anniversary 기념일을 기념하다

---

29 **react**
[riǽkt]

reaction n. 반응

반응하다

react to a situation 상황에 반응하다
react quickly[negatively] 빠르게[부정적으로] 반응하다

---

30 **carry**
[kǽri]

나르다, 운반하다; 보유하다, 취급하다

carry a bag 가방을 들다
carry inventory 재고를 보유하다

재옥쌤 TIP
carry는 '제품을 보유하다, 취급하다' 의미로도 자주 나와!
→ carry a wide selection of items 다양한 품목을 취급하다

---

31 **inquire**
[inkwáiər]

inquiry n. 조사; 질문

묻다; 조사하다

inquire about a product 상품에 대해 문의하다
inquire into a matter 문제를 조사하다

32 **produce**

[prədjúːs] n. [prádjuːs]

product n. 상품, 제품
production n. 생산
productivity n. 생산성

생산하다 n. 농산물

produce goods[products] 상품을 생산하다
fresh **produce** 신선한 농산물

---

33 **attend**

[əténd]

attendance n. 참석, 출석
attendee n. 참석자
attendant n. 종업원[안내원]
㊌ participate in 참가하다

참석하다, 출석하다

attend a conference 컨퍼런스에 참석하다
take **attendance** 출석을 확인하다

재옥쌤 TIP

attend는 타동사라 목적어가 바로 와야 해. 예외적으로 자동사로 쓰일 때는 〈attend to + 명사〉 형태로, '처리하다 · 응대하다' 의미로 써.
⋯→ attend to a customer 고객을 응대하다

---

34 **apologize**

[əpálədʒàiz]

apology n. 사과

사과하다

sincerely **apologize** 진심으로 사과하다
apologize to a customer 고객에게 사과하다

재옥쌤 TIP

apologize는 1형식 자동사로 보통 〈to + 사람〉, 〈for + 이유〉 형태로 써.
⋯→ apologize for the delay 지연에 대해 사과하다

---

35 **advise**

[ædváiz, əd-]

advice n. 조언, 충고
advisor n. 조언자
advisory a. 조언하는, 자문의

조언하다, 충고하다

advise A to do A가 ~하도록 조언하다
advise against ~ ~하지 말라고 충고하다

---

36 **improve**

[imprúːv]

improvement n. 향상, 개선
㊌ upgrade 개선하다

향상시키다, 개선되다

improve quality 품질을 향상시키다
greatly[dramatically] **improve** 크게[극적으로] 개선되다

---

37 **discover**

[diskʌ́vər]

discovery n. 발견

발견하다, 알아내다

discover new information 새로운 정보를 알아내다
discover a mistake[problem]
실수를[문제점을] 찾아내다

38 **access**
[ǽkses]

accessible a. 접근 가능한; 이용할 수 있는
accessibility n. 접근성

접근하다; 이용하다 n. 접근(권)

access a file 파일에 접근하다
gain **access** to ~ ~에 접근 권한을 얻다

재옥쌤 TIP

access는 동사일 땐 타동사, 명사일 땐 보통 불가산이야.
▶ 동사 → 전치사 없이 바로 목적어!
⋯→ access a file 파일에 접속하다
▶ 명사 → '~에 대한 접근' 의미일 땐 to + 명사와 함께 써.
⋯→ gain access to the system 시스템에 접근 권한을 얻다

---

39 **select**
[silékt]

selection n. 선택; 모음

선택하다

select a candidate 후보를 선택하다
a wide **selection** of items 다양한 종류의 물품들

---

40 **affect**
[əfékt]

[유] influence 영향을 미치다

영향을 주다

affect sales[performance] 매출[성과]에 영향을 주다
directly **affect** 직접적으로 영향을 미치다

---

41 **approach**
[əpróutʃ]

접근하다, 다가가다 n. 접근(법)

approach a problem 문제에 접근하다
a new **approach** to learning 학습에 대한 새로운 접근법

---

42 **raise**
[reiz]

올리다; 제기하다; (자금 등을) 모으다 n. (임금) 인상

raise awareness 인식을 높이다
raise an issue 문제를 제기하다

재옥쌤 TIP

raise는 목적어가 꼭 필요한 타동사, rise(오르다, 상승하다)는 목적어 없이 쓰는 자동사야. 계속 출제되고 있으니까 꼭 구분해 둬!

---

43 **appoint**
[əpɔ́int]

appointment n. 임명; 약속

임명하다, 지명하다

appoint a new director 신임 이사를 임명하다
an official **appointment** 공식적인 임명

---

44 **decide**
[disáid]

decision n. 결정, 결심
[유] determine 결정하다

결정하다

decide to do ~하기로 결정하다
decide on ~ ~을 결정하다, ~으로 정하다

45 **grow**
[grou]

growth n. 성장
㊇ develop 성장하다, 발달하다

성장[발전]하다, 증가하다; 재배하다

grow into a leader 리더로 성장하다
grow rapidly[steadily] 빠르게[꾸준히] 증가하다

재옥쌤 TIP
grow는 주로 자동사로 쓰이지만 타동사일 땐 '~을 키우다, 재배하다'라는 뜻이야.
⋯ grow vegetables in the garden 정원에서 채소를 재배하다

---

46 **evaluate**
[ivǽljuèit]

evaluation n. 평가
㊇ assess 평가하다

평가하다

evaluate performance 성과를 평가하다
undergo an **evaluation** process 평가 절차를 거치다

---

47 **assist**
[əsíst]

assistant n. 조수, 조력자
assistance n. 도움, 지원
㊇ help, aid 돕다

돕다, 지원하다

assist a customer 고객을 돕다
assist in resolving an issue 문제 해결을 돕다

재옥쌤 TIP
assist는 타동사지만 자동사로도 사용되기 때문에 assist with[in]처럼 전치사도 잘 챙겨야 돼!

---

48 **confirm**
[kənfə́:rm]

confirmation n. 확인, 확정
㊇ verify 확인하다

확인하다, 확정하다

confirm an order[a reservation] 주문[예약]을 확인하다
confirm that 주어 + 동사 ~임을 확인하다

---

49 **disappoint**
[dìsəpɔ́int]

disappointed a. 실망한
disappointing a. 실망스러운
disappointment n. 실망

실망시키다

be **disappointed** with ~ ~에 실망하다
a **disappointing** result 실망스러운 결과

---

50 **guarantee**
[gæ̀rəntí:]

㊇ assure 보장하다

보장하다 n. 보장, 보증

guarantee quality 품질을 보장하다
a money-back **guarantee** 환불 보장

REVIEW TEST

정답 p.346

✦ Check After You Study 이제 이 단어들을 마스터했는지 확인해보세요.

☐ attract	☐ reach	☐ launch	☐ select
☐ receive	☐ note	☐ celebrate	☐ affect
☐ contact	☐ reduce	☐ react	☐ approach
☐ arrange	☐ focus	☐ carry	☐ raise
☐ respond	☐ promote	☐ inquire	☐ appoint
☐ seek	☐ rent	☐ produce	☐ decide
☐ exchange	☐ determine	☐ attend	☐ grow
☐ develop	☐ include	☐ apologize	☐ evaluate
☐ serve	☐ hold	☐ advise	☐ assist
☐ post	☐ prefer	☐ improve	☐ confirm
☐ invite	☐ own	☐ discover	☐ disappoint
☐ accept	☐ allow	☐ access	☐ guarantee
☐ refund	☐ leave		

✦ Fill In the Blanks 문맥에 알맞은 말을 골라 빈칸을 채우세요. (필요시 적절한 형태로)

access	launch	attract	reach	confirm	invite

1 We will soon ____________ a brand-new publication.
곧 새로운 출판물을 출시할 예정입니다.

2 Please respond to this e-mail to ____________ your attendance.
이메일에 회신하여 참석 여부를 확인해 주십시오.

3 You may ____________ me at this e-mail address or 555-0198.
이 이메일 주소나 555-0198로 제게 연락하실 수 있습니다.

4 Elevators can be ____________ from the north entrance of the lobby.
엘리베이터는 로비 북쪽 입구에서 이용하실 수 있습니다.

5 Residents are ____________ to provide feedback on the program.
주민 여러분께서는 해당 프로그램에 대한 의견을 제시해 주시기 바랍니다.

6 The event ____________ about 5,000 patrons each year.
그 행사는 매년 약 5,000명의 관객을 모은다.

DAY 06 동사 2

Check Before You Study

학습을 시작하기 전에, 아는 단어와 모르는 단어를 빠르게 점검해보세요.

☐ submit	☐ gain	☐ establish
☐ increase	☐ appreciate	☐ finalize
☐ replace	☐ participate	☐ earn
☐ employ	☐ supply	☐ last
☐ charge	☐ imply	☐ load
☐ present	☐ encourage	☐ stack
☐ identify	☐ depend	☐ approve
☐ regret	☐ transfer	☐ confuse
☐ avoid	☐ conduct	☐ ensure
☐ retire	☐ motivate	☐ monitor
☐ permit	☐ address	☐ collect
☐ deal	☐ function	☐ search
☐ postpone	☐ refuse	☐ involve
☐ suggest	☐ consist	☐ remove
☐ influence	☐ represent	☐ admit
☐ inform	☐ organize	☐ complete
☐ assure	☐ consider	

01 **submit**
[səbmít]

submission n. 제출(물)
[유] hand in 제출하다

제출하다

submit an application 지원서를 제출하다
submit a form 양식을 제출하다

---

02 **increase**
[inkríːs] n. [ínkriːs]

increasing a. 증가하는
increasingly ad. 점점 더
[반] decrease 감소하다 n. 감소

증가하다, 증가시키다 n. 증가

increase sales 판매를 증가시키다
an **increase** in spending[demand]
지출[수요]의 증가

---

03 **replace**
[ripléis]

replacement n. 교체, 후임자
replaceable a. 대신할 수 있는

교체하다, 대체하다

replace A with B A를 B로 교체하다
be **replaced** with ~ ~로 대체되다

---

04 **employ**
[implɔ́i]

employee n. 직원
employer n. 고용주
employment n. 고용
[유] hire, recruit 채용하다

고용하다; (기술·방법 등을) 활용하다

employ full-time staff 상근 직원을 고용하다
employ advanced technology 첨단 기술을 활용하다

재옥쌤 TIP

employ는 사람을 목적어로 쓰면 '고용하다', 기술·방법·전략을 목적어로 쓰면 '활용하다'라는 뜻이야.

---

05 **charge**
[ʧaːrdʒ]

(요금 등을) 청구하다 n. 요금; 책임

charge a fee 수수료를 청구하다
be in **charge** of ~ ~을 책임지다

---

06 **present**
[prizént]

presentation n. 발표
presenter n. 발표자

제시[제출]하다, 주다; 발표하다

present a proposal 제안서를 제출하다
give a **presentation** 발표하다

---

07 **identify**
[aidéntəfài]

identification n. 신원 확인, 신분증

확인하다, 식별하다

identify a problem 문제를 확인하다
identify A as B A를 B로 확인하다

08 **regret**
[rigrét]

regrettable a. 유감스러운
regrettably ad. 유감스럽게도

유감으로 생각하다, 후회하다 n. 유감

regret to inform you 알려드리게 되어 유감이다
with **regret** 유감스럽게도

---

09 **avoid**
[əvɔ́id]

avoidable a. 피할 수 있는
unavoidable a. 불가피한, 어쩔 수 없는

피하다

avoid confusion 혼란을 피하다
avoid -ing ~하는 것을 피하다

재옥쌤 TIP

avoid는 동명사를 목적어로 취하는 대표적인 동사야.
⋯› avoid making mistakes (O) 실수하는 것을 피하다
avoid to make mistakes (X)

---

10 **retire**
[ritáiər]

retirement n. 퇴직, 은퇴

퇴직하다, 은퇴하다

retire from the company 회사에서 은퇴하다
early **retirement** 조기 퇴직

---

11 **permit**
[pərmít] n. [pə́:rmit]

permission n. 허락, 허가
㊤ allow 허락하다
㊥ forbid, prohibit 금지하다

허락하다 n. 허가증

permit access 출입을 허가하다
a parking[building] **permit** 주차[건축] 허가증

---

12 **deal**
[di:l]

㊤ handle, address 다루다, 처리하다

다루다, 처리하다 n. 거래

deal with a problem 문제를 처리하다
a special **deal** 특별 할인

재옥쌤 TIP

deal with, handle, address, tackle 등의 동사는 '(문제 등을) 처리하다' 라는 뜻으로 토익에 자주 나와!

---

13 **postpone**
[poustpóun]

㊤ put off, push back, delay 미루다

연기하다, 미루다

postpone the event 행사를 미루다
be **postponed** due to weather 날씨로 인해 연기되다

14 **suggest**
[səgdʒést]

suggestion n. 제안
㊅ propose 제안하다
recommend 추천하다
imply 암시하다

제안하다, 추천하다; 시사[암시]하다

suggest that 주어 (should) 동사
~해야 한다고 제안하다

What is **suggested** about ~?
~에 대해 암시된 것은 무엇인가?

---

15 **influence**
[ínfluəns]

influential a. 영향력 있는
㊅ affect 영향을 주다

영향을 미치다 n. 영향(력)

influence decision-making 의사 결정에 영향을 주다
have a strong **influence** on ~ ~에 강한 영향을 미치다

---

16 **inform**
[infɔ́:rm]

information n. 정보
informative a. 유익한
㊅ notify 통지하다, 알리다

알리다; (생각·결정 등에) 영향을 미치다

inform A of[about] B A에게 B에 대해 알리다
inform our marketing strategies
우리의 마케팅 전략에 영향을 주다

재옥쌤 TIP

inform, notify, remind, convince, tell은 공통적으로 '사람'을 목적어로 필요로 하는 동사들이야. 다만 inform이 '(~에) 영향을 미치다' 뜻으로 쓰일 때는 예외로, 사람이 아닌 일반 명사가 목적어로 올 수 있어.

---

17 **assure**
[əʃúər]

assurance n. 보장, 확신
㊅ convince 확신시키다

보장하다, 확신시키다

assure A that 주어 + 동사 A에게 ~라고 확신시키다
assure A of B A에게 B를 보장하다[확신시키다]

---

18 **gain**
[gein]

㊅ obtain 획득하다
㊤ lose 잃다

얻다, 획득하다

gain access to ~ ~에 접근 권한을 얻다
gain confidence[experience] 자신감[경험]을 얻다

---

19 **appreciate**
[əprí:ʃièit]

appreciation n. 감사; 감상
appreciative a. 감사하는; 감상을 즐기는

감사하다; 인식하다; 감상하다

appreciate your understanding 양해에 감사드리다
appreciate beauty 아름다움을 감상하다

20 **participate**
[pa:rtísəpèit]

participation n. 참여, 참가
participant n. 참가자
[유] take part in 참가하다
attend 참석하다

참여하다, 참가하다

participate in a meeting[an event]
회의[행사]에 참가하다
actively **participate** 적극적으로 참여하다

✓ 재옥쌤 TIP

participate는 자동사라 반드시 전치사 in이 필요해.
→ participate in the event (O)
participate the event (X)

---

21 **supply**
[səplái]

supplier n. 공급자, 공급업체
[유] provide 제공하다

공급하다 n. 공급(품), 물품

supply a retailer 소매업체에 납품하다
office **supplies** 사무용품

---

22 **imply**
[implái]

implication n. 암시, 함축; 영향
[유] suggest 암시하다

암시하다, 내포하다

What is **implied** about ~? ~에 대해 암시된 것은 무엇인가?
imply that 주어 + 동사 ~라고 암시하다

---

23 **encourage**
[inkə́:ridʒ]

encouragement n. 격려, 장려
encouraging a. 고무적인, 희망적인
[반] discourage 막다, 좌절시키다

격려하다, 장려하다

encourage A to do A가 ~하도록 격려하다
encourage participation 참여를 장려하다

---

24 **depend**
[dipénd]

dependent a. 의존하는
dependable a. 신뢰할 수 있는
[유] rely 의존하다

의존하다, ~에 달려 있다

depend heavily[entirely] on ~ ~에 크게[전적으로] 의존하다
be **dependent** on ~ ~에 달려 있다[의존하다]

✓ 재옥쌤 TIP

depend는 1형식 자동사라서 전치사 on이 꼭 필요해! 형용사인 dependent도 마찬가지로 be dependent on 구조로 자주 나와. 둘 다 on은 필수 전치사니까 빠뜨리지 말고 기억하자!

---

25 **transfer**
[trænsfə́:r] n. [trǽnsfər]

[유] move 이동하다
relocate 이전하다, 이전시키다

이동하다, 이동시키다, 전근하다 n. 이동, 전근

transfer to another branch 다른 지점으로 전근하다
an internal **transfer** 사내 부서 이동

26 **conduct**
[kəndʌ́kt]
[유] perform, carry out 수행하다

수행하다, 실시하다

conduct a survey 설문조사를 실시하다
conduct an interview 인터뷰를 진행하다

---

27 **motivate**
[móutəvèit]
motivation n. 동기
motivated a. 의욕이 있는

동기를 부여하다

motivate A to do A가 ~하도록 동기 부여하다
highly **motivated** 매우 의욕적인

재옥쌤 TIP

motivate는 주로 5형식으로 써서 〈motivate + A + to부정사〉 (A가 ~하도록 동기부여하다) 구조로 나와!
→ The manager motivated employees to meet the deadline. 관리자는 직원들이 마감기한을 지키도록 동기 부여했다.

---

28 **address**
[ədrés]
[유] deal, handle 다루다, 처리하다

(문제 등을) 다루다, 처리하다; (청중에게) 연설하다; (우편을) 보내다

address customer concerns
고객의 우려 사항을 처리하다
address an audience 청중에게 연설하다

---

29 **function**
[fʌ́ŋkʃən]
functional a. 기능성의, 가동되는
[반] malfunction 오작동하다
n. 오작동, 고장

기능하다, 작동하다 n. 기능; 행사

function as ~ ~로서 기능[역할]하다
attend a company **function** 회사 행사에 참석하다

재옥쌤 TIP

function은 1형식 자동사라서 뒤에 부사나 전치사 as가 자주 따라와.
→ function properly 제대로 작동하다
function as a manager 관리자로서 역할하다

---

30 **refuse**
[rifjúːz]
refusal n. 거절
[유] reject, turn down 거절하다
[반] accept 수락하다

거절하다, 거부하다

refuse to comply 따르기를 거부하다
refuse an offer[a request] 제안[요청]을 거절하다

---

31 **consist**
[kənsíst]

구성되다

consist of ~ ~로 구성되다
consist mainly[entirely] of ~ 주로[전적으로] ~로 구성되다

32 **represent** 대표하다; 나타내다

[rèprizént]

representative n. 대표자, 직원

represent a company 회사를 대표하다
represent progress 발전을 나타내다[보여주다]

---

33 **organize** 조직하다, 준비하다; 정리하다

[ɔ́:rgənàiz]

organizational a. 조직의, 조직하는
organization n. 조직, 단체
organizer n. 주최자, 조직자

organize a conference 회의를 조직하다
organizational skills 조직 능력

---

34 **consider** 고려하다, 숙고하다; 여기다, 간주하다

[kənsídər]

considerate a. 배려하는, 사려 깊은
considerable a. 상당한, 많은
consideration n. 고려

consider -ing ~하는 것을 고려하다
consider A B A를 B로 간주하다

재옥쌤 TIP

consider는 동명사를 목적어로 취하는 동사야.
···› consider changing the plan 계획 바꾸는 것을 고려하다
5형식일 땐 〈consider + 목적어 + 형용사/명사〉 구조로 써!
···› consider him reliable 그를 믿을 만하다고 여기다

---

35 **establish** 설립[수립]하다, 확고히 하다

[istǽbliʃ]

established a. 확립된
establishment n. 설립; 시설

establish a system[policy]
시스템을 구축하다[정책을 수립하다]
a well-**established** company 잘 자리 잡은 회사

---

36 **finalize** 마무리짓다, 확정하다

[fáinəlàiz]

finalization n. 마무리
final a. 마지막의
finally ad. 마침내

finalize a contract[an agreement]
계약을[합의를] 마무리짓다
be **finalized** soon 곧 확정되다

---

37 **earn** 벌다, 얻다

[ə:rn]

earnings n. 소득, 수입

earn money 돈을 벌다
earn a degree[reputation] 학위를 따다[평판을 얻다]

38 **last**
[læst]
lasting a. 지속적인

지속되다 a. 지난, 마지막의

last for an hour 한 시간 동안 지속되다
last week[month, year] 지난주[달, 해]

---

39 **load**
[loud]
반 unload (짐을) 내리다

싣다, 적재하다 n. 짐

be **loaded** onto a truck 트럭에 실리다
a heavy[full] **load** 무거운 짐[가득 찬 적재물]

재옥쌤 TIP
load에 사전상 '업무[작업]량' 의미가 있긴 한데, 실제 영어에서는 이 의미로는 거의 안 쓰이고, 보통 workload(업무량) 라는 단어로 표현해.

---

40 **stack**
[stæk]
유 pile 쌓다 n. 더미

쌓다 n. 더미, 쌓은 것

stack items on shelves 선반에 물건을 쌓다
a **stack** of papers 서류 더미

---

41 **approve**
[əprú:v]
approval n. 승인; 찬성

승인하다; 찬성하다

approve a proposal[an application] 제안[신청]을 승인하다
strongly **approve** of ~ ~을 강하게 찬성하다

재옥쌤 TIP
approve는 자동사와 타동사 둘 다 가능해!
▶ 타동사일 땐 approve the plan처럼 전치사 없이 바로 목적어를
▶ 자동사일 땐 approve of the plan처럼 of와 함께 써야 해.

---

42 **confuse**
[kənfjú:z]
confusing a. 혼란을 주는
confused a. 혼란스러운

혼란[혼동]시키다

confuse customers 고객을 혼란스럽게 하다
confuse A with B A를 B와 혼동하다

---

43 **ensure**
[inʃúər]

보장하다, 확실하게 하다

ensure safety[success] 안전[성공]을 보장하다
ensure that 주어 + 동사 ~을 확실히 하다, ~을 보장하다

---

44 **monitor**
[mánətər]

감시하다, 점검하다 n. 모니터

closely **monitor** 면밀히 감시하다
monitor progress[usage] 진행 상황[사용량]을 점검하다

45 **collect**
[kəlékt]

collection n. 수집(품), 모음
collective a. 공동의, 단체의
collector n. 수집가

수집하다, 모으다, 수거하다

collect data 데이터를 수집하다
be **collected** at the counter 카운터에서 수거되다

---

46 **search**
[səːrtʃ]

㊌ seek 찾다

뒤지다; 찾다, 구하다 n. 검색, 찾기

search a bag 가방을 뒤지다
search for information 정보를 찾다

재옥쌤 TIP

search(타동사)와 search for(자동사)는 느낌이 달라!
▶ search + 장소/대상 → 그곳을 샅샅이 뒤지다
⋯ search the office, search a bag
▶ search for + 목적물 → 무언가를 구하거나 찾다
⋯ search for information, search for a job

---

47 **involve**
[inválv]

involvement n. 관련
involved a. 관련된

포함하다, 관련시키다

involve free services 무료 서비스를 포함하다
be **involved** in ~ ~에 관련되다

---

48 **remove**
[rimúːv]

removal n. 제거
removable a. 제거할 수 있는

제거하다, 없애다

remove an item[a file] 항목[파일]을 제거하다
remove the packaging 포장재를 제거하다[뜯다]

---

49 **admit**
[ædmít, əd-]

admission n. 입장(료), 허가

인정하다; 입장을 허용하다

admit that 주어 + 동사 ~라고 인정하다
be **admitted** to the event 행사 입장이 허용되다

---

50 **complete**
[kəmplíːt]

completion n. 완료, 완성
completely ad. 완전히, 전적으로
㊌ finalize 마무리하다

완료하다, 끝내다 a. 완전한, 전체[전부]의

complete an order 주문을 완료하다
a **complete** list 전체 목록

REVIEW TEST

정답 p.346

✦ Check After You Study 이제 이 단어들을 마스터했는지 확인해보세요.

☐ submit	☐ suggest	☐ motivate	☐ load
☐ increase	☐ influence	☐ address	☐ stack
☐ replace	☐ inform	☐ function	☐ approve
☐ employ	☐ assure	☐ refuse	☐ confuse
☐ charge	☐ gain	☐ consist	☐ ensure
☐ present	☐ appreciate	☐ represent	☐ monitor
☐ identify	☐ participate	☐ organize	☐ collect
☐ regret	☐ supply	☐ consider	☐ search
☐ avoid	☐ imply	☐ establish	☐ involve
☐ retire	☐ encourage	☐ finalize	☐ remove
☐ permit	☐ depend	☐ earn	☐ admit
☐ deal	☐ transfer	☐ last	☐ complete
☐ postpone	☐ conduct		

✦ Fill In the Blanks 문맥에 알맞은 말을 골라 빈칸을 채우세요. (필요시 적절한 형태로)

address	postpone	approve	present	conduct	employ

1 He ____________ a coupon for the services.
그는 해당 서비스 쿠폰을 제시했다.

2 Your time-off request has been ____________.
귀하의 휴가 신청이 승인되었습니다.

3 I would like to ____________ the problem you raised.
귀하가 제기하신 문제를 해결하고자 합니다.

4 To attract more customers, the company ____________ a different strategy.
더 많은 고객을 유치하기 위해, 회사는 다른 전략을 사용했다.

5 The city is ____________ repairs on our water lines next Tuesday.
시에서 다음주 화요일에 수도관 보수 작업을 실시할 예정이다.

6 The deadline for one of her projects was ____________.
그녀의 프로젝트 중 하나의 마감일이 연기되었다.

DAY 07 동사 3

Check Before You Study

학습을 시작하기 전에, 아는 단어와 모르는 단어를 빠르게 점검해보세요.

☐ praise	☐ recognize	☐ deny
☐ create	☐ collaborate	☐ fulfill
☐ extend	☐ estimate	☐ appear
☐ revise	☐ enable	☐ pursue
☐ sort	☐ predict	☐ greet
☐ compete	☐ display	☐ appeal
☐ intend	☐ request	☐ supervise
☐ locate	☐ remain	☐ prohibit
☐ climb	☐ oversee	☐ convince
☐ treat	☐ transport	☐ concentrate
☐ analyze	☐ accommodate	☐ inspire
☐ succeed	☐ specialize	☐ notify
☐ simplify	☐ occur	☐ register
☐ forecast	☐ recruit	☐ hesitate
☐ draw	☐ personalize	☐ obtain
☐ wonder	☐ broadcast	☐ emphasize
☐ depart	☐ attach	

01 **praise**
[preiz]
유 compliment 칭찬하다 n. 칭찬

칭찬하다 n. 칭찬

praise them for their work
그들의 업무에 대해 칭찬하다
win[receive] **praise** 칭찬을 받다

---

02 **create**
[kriéit]
creation n. 창조, 창작(품)
creativity n. 독창성, 창의성
creative a. 창의적인

만들다, 창조하다

create a new account 새 계정을 만들다
create job opportunities 일자리를 창출하다

---

03 **extend**
[iksténd]
extension n. 연장
extensive a. 광범위한

연장하다; (초대·감사 등을) 전하다

extend a deadline 마감일을 연장하다
extend an invitation 초대장을 보내다

재옥쌤 TIP

extend는 단순히 '연장하다'뿐 아니라, 초대·감사·축하를 공손하게 전할 때도 자주 써.
··· extend appreciation 감사를 전하다
'길게 내미는 느낌'으로 기억하면 두 의미 모두 자연스럽게 잡혀!

---

04 **revise**
[riváiz]
revised a. 수정된, 개정된
revision n. 수정, 개정

수정[개정]하다, 변경하다

revise a report 보고서를 수정하다
a **revised** plan 수정된 계획

---

05 **sort**
[sɔːrt]

분류하다, 정리하다 n. 유형, 종류

sort items 물건을 분류하다
all **sorts** of goods 온갖 종류의 상품

---

06 **compete**
[kəmpíːt]
competitive a. 경쟁력 있는, 경쟁이 치열한
competition n. 경쟁
competitor n. 경쟁자

경쟁하다

compete with[against] ~ ~와 경쟁하다
compete for a prize 상을 두고 경쟁하다

재옥쌤 TIP

compete는 자동사라서 전치사가 꼭 필요해!
··· compete with[against] (~와 경쟁하다), compete for (~을 두고 경쟁하다), compete in (~에 참가하다)

07 **intend**
[inténd]

intention n. 의도
intentional a. 의도적인
intentionally ad. 의도적으로

의도하다

intend to do ~할 계획이다, ~하려고 하다
a clear **intention** 명확한 의도

---

08 **locate**
[lóukeit, loukéit]

location n. 위치
㊐ find 찾다

찾다; (특정 위치에) 두다

locate a missing item 분실물을 찾다
be **located** in[at, on] ~ ~에 위치해 있다

재옥쌤 TIP
locate는 능동으로는 '~을 찾다', 수동으로는 '~에 위치해 있다'의 의미로 쓰여.

---

09 **climb**
[klaim]

오르다, 상승하다

climb the stairs 계단을 오르다
climb steadily 꾸준히 상승하다

---

10 **treat**
[triːt]

treatment n. 대우; 치료

대하다, 취급하다; 치료하다

treat customers[employees] well
고객들[직원들]을 잘 대하다
treat an injury 부상을 치료하다

---

11 **analyze**
[ǽnəlàiz]

analysis n. 분석
analyst n. 분석가

분석하다

analyze data[the results] 데이터[결과]를 분석하다
a thorough **analysis** 철저한 분석

---

12 **succeed**
[səksíːd]

success n. 성공
successful a. 성공적인
successive a. 연속적인

성공하다; 뒤를 잇다, 계승하다

succeed in ~ ~에 성공하다
succeed A as ~ ~로 A의 뒤를 잇다

재옥쌤 TIP
succeed는 의미가 '성공하다'일 때는 자동사, '뒤를 잇다'일 때는 타동사로 쓰여. '성공하다' 뜻일 땐 1형식 자동사로, 전치사 in과 함께 자주 써.

13 **simplify**
[símpləfài]
simple a. 단순한

단순화하다

simplify the process 과정을 단순화하다
simplify a form 서식을 간소화하다

---

14 **forecast**
[fɔ́:rkæst]
㊐ predict 예측하다

예측하다 n. 예보, 예상

forecast sales[demand] 매출을[수요를] 예측하다
the weather **forecast** 일기 예보

---

15 **draw**
[drɔ:]
㊐ attract 끌다

끌어당기다, 끌다

draw attention[interest] 주의를[관심을] 끌다
draw criticism 비판을 불러일으키다

---

16 **wonder**
[wʌ́ndər]

궁금해하다 n. 경이(로운 것), 불가사의

wonder whether[if] 주어 + 동사 ~인지 궁금해하다
wonder why[how] 주어 + 동사 왜[어떻게] ~인지 궁금해하다

---

17 **depart**
[dipɑ́:rt]
departure n. 출발

출발하다, 떠나다

depart from platform 3 3번 플랫폼에서 출발하다
depart at 8 a.m. 오전 8시에 출발하다

✓ 재옥쌤 TIP
depart는 자동사라 뒤에 목적어가 바로 올 수 없어. 주로 from, at, on 등의 전치사와 같이 쓴다는 거 기억하자!

---

18 **recognize**
[rékəgnàiz]
recognition n. 인정, 인식
recognizable a. 알아볼 수 있는

인정하다, 인식하다; 표창하다

recognize A for B B에 대해서 A를 인정[표창]하다
recognize the need 필요성을 인식하다

---

19 **collaborate**
[kəlǽbərèit]
collaboration n. 협력, 공동 작업
collaborative a. 공동의
collaboratively ad. 협력하여

협력하다

collaborate with ~ ~와 협력하다
collaborate on a project 프로젝트에 협업하다

20 **estimate**
[éstəmèit] n. [éstəmət]

overestimate v. 과대평가하다
underestimate v. 과소평가하다

추정하다; 평가하다 n. 견적서, 추정(치)

estimate the value 가치를 추정하다
a cost **estimate** 비용 견적서

재옥쌤 TIP

estimate는 동사와 명사 모두 토익에서 자주 출제돼. 특히 명사로는 '견적서'라는 의미가 자주 나오니까 꼭 기억해 둬! 파생어인 overestimate(과대평가하다), underestimate(과소평가하다)도 함께 외워 두면 좋아.

---

21 **enable**
[inéibl]

able a. 할 수 있는

가능하게 하다, 할 수 있게 하다

enable A to do A가 ~할 수 있게 하다
enable users to access data
사용자가 데이터에 접근할 수 있게 하다

---

22 **predict**
[pridíkt]

prediction n. 예측, 예언
predictable a. 예측할 수 있는
㊐ forecast 예측하다

예측하다

predict future trends[sales] 향후 추세를[매출을] 예측하다
accurately **predict** 정확히 예측하다

---

23 **display**
[displéi]

㊐ exhibit 전시하다 n. 전시(품)

전시하다, 보여 주다 n. 전시, 진열

display a product 제품을 진열하다
on **display** 전시 중인

---

24 **request**
[rikwést]

요청하다 n. 요청, 요구

request a refund 환불을 요청하다
upon **request** 요청 시

---

25 **remain**
[riméin]

remainder n. 나머지
remaining a. 남아 있는

여전히 ~이다; 남다

remain unchanged 변하지 않은 상태이다
remain valid[effective]
계속 유효하다[여전히 효력이 지속되다]

재옥쌤 TIP

remain은 대표적인 2형식 동사로, 뒤에 보어가 와야 해. 보어 자리에는 형용사나 형용사 역할의 분사가 올 수 있어.
··→ The doors remain closed. 문은 여전히 닫혀 있다.

26 **oversee**
[òuvərsíː]
㊐ supervise 감독하다

감독하다, 관리하다

oversee operations[daily activities]
운영을[일상 업무를] 감독하다
oversee the project 프로젝트를 총괄하다

---

27 **transport**
[trænspɔ́ːrt] n. [trǽnspɔːrt]
transportation n. 교통 (수단), 운송
transportable a. 수송 가능한

수송하다, 운반하다 n. 수송, 운송

transport goods 물건을 수송하다
public **transport** 대중교통

---

28 **accommodate**
[əkɑ́mədèit]
accommodation n. 숙박 시설

수용하다, (요구 등에) 부응하다

accommodate up to 200 guests
최대 200명의 손님을 수용하다
accommodate changes 변화를 수용하다

---

29 **specialize**
[spéʃəlàiz]
specialist n. 전문가
specialization n. 전문화

전문으로 하다

specialize in marketing 마케팅을 전문으로 하다
a medical **specialist** 의학 전문가

재옥쌤 TIP

specialize는 1형식 자동사라서 보통 specialize in 형태로만 써.
전치사까지 붙여 하나의 덩어리로 외워 두는 게 좋아.

---

30 **occur**
[əkə́ːr]
occurrence n. 발생, 사건
㊐ happen, take place 발생하다

발생하다, 일어나다

occur frequently[unexpectedly]
자주[예상치 못하게] 발생하다
occur during the month of June 6월 중에 발생하다

---

31 **recruit**
[rikrúːt]
recruitment n. 채용
recruiter n. 채용 담당자

(사람을) 모집하다, 채용하다 n. 신입 직원[새 구성원]

recruit new staff 신규 직원을 모집하다
a **recruitment** campaign 채용 캠페인

---

32 **personalize**
[pə́ːrsənəlàiz]
personal a. 개인의, 사적인
personalized a. 맞춤의
(= customized)

맞춤화하다, 개인화하다

personalize a product 제품을 맞춤화하다
personalized service 맞춤형 서비스

33 **broadcast**
[brɔ́:dkæst]

broadcaster n. 방송인

방송하다 n. 방송

be **broadcast** nationwide 전국에 방송되다
a live **broadcast** 생방송

재옥쌤 TIP

broadcast는 과거형·과거분사형 모두 broadcast 그대로야. 형태 변화가 없어서 시제 구분이나 수동태(be broadcast)로 쓸 때 특히 헷갈리기 쉬우니 주의해!

---

34 **attach**
[ətǽtʃ]

attached a. 첨부된
attachment n. 부착, 첨부
㈜ affix 첨부하다
㉫ detach 떼다

붙이다, 첨부하다

attach a label[file] 라벨을 붙이다[파일을 첨부하다]
be **attached** to the e-mail 이메일에 첨부되다

---

35 **deny**
[dinái]

부인하다; 거부하다

deny -ing ~한 것을 부인하다
deny a claim[rumor] 주장[소문]을 부인하다

---

36 **fulfill**
[fulfíl]

fulfillment n. 수행, 성취
㈜ meet 충족시키다

(조건 등을) 충족하다; (약속, 임무 등을) 수행하다

fulfill a requirement 요건을 충족하다
fulfill a duty[mission] 의무[임무]를 수행하다

---

37 **appear**
[əpíər]

appearance n. 출현; 겉모습
㉫ disappear 사라지다

나타나다; ~인 것 같다

appear in a commercial 광고에 나오다
appear (to be) satisfied 만족한 것 같다

재옥쌤 TIP

▶ 1형식 자동사인 경우는 '나타나다, 등장하다'라는 의미.
⋯→ She appeared on stage. 그녀가 무대에 나타났다.
▶ 2형식 자동사인 경우는 '~인 것 같다'라는 뜻으로 쓰여.
⋯→ She appears (to be) confident. 그녀는 자신감 있어 보인다.

---

38 **pursue**
[pərsú:]

pursuit n. 추구

추구하다, 계속하다; 추적하다

pursue a goal[career] 목표를[경력을] 추구하다
in **pursuit** of ~ ~을 추구하여

39 **greet**
[gri:t]

인사하다, 환영하다

greet guests 손님에게 인사하다
greet warmly[politely] 따뜻하게[예의 바르게] 인사하다

---

40 **appeal**
[əpí:l]

appealing a. 매력적인
㊐ attract 끌다

호소하다, 관심을 끌다 n. 매력, 호소

appeal to customers 고객에게 호소하다[고객의 관심을 끌다]
the **appeal** of ~ ~의 매력, 장점

재옥쌤 TIP

appeal은 1형식 자동사로, 항상 전치사 to와 함께 써. '~에 호소하다, ~의 관심을 끌다'로 해석이 조금 달라 보여도 결국 상대의 마음을 움직인다는 같은 의미야.

---

41 **supervise**
[sú:pərvàiz]

supervision n. 감독
supervisor n. 감독관, 관리자
㊐ oversee 감독하다

감독하다, 관리하다

directly **supervise** staff 직원을 직접 관리하다
under **supervision** 감독하에

---

42 **prohibit**
[prouhíbit]

prohibition n. 금지
㊐ forbid 금지하다
㊥ allow, permit 허락하다

금지하다

prohibit A from -ing A가 ~하는 것을 금지하다
prohibit the use of ~ ~의 사용을 금지하다

재옥쌤 TIP

'금지하다, 막다' 계열의 동사들은 아래와 같은 구조로 자주 쓰여.
→ 〈prohibit / prevent / stop / keep / ban / discourage / deter + A + from -ing〉
A가 ~하는 것을 금지하다 / 막다 / 방해하다

---

43 **convince**
[kənvíns]

convincing a. 설득력 있는
convinced a. 확신하는

설득하다, 납득[확신]시키다

convince A to do A가 ~하도록 설득하다
be **convinced** that 주어 + 동사 ~을 확신하다

---

44 **concentrate**
[kánsəntrèit]

concentration n. 집중
㊐ focus 집중하다

집중하다, 집중시키다

concentrate on ~ ~에 집중하다
concentrate efforts[resources] on ~
~에 노력[자원]을 집중하다

45 **inspire**
[inspáiər]

inspiration n. 영감
inspirational a. 영감을 주는

영감을 주다, 고무[격려]하다

inspire A to do A가 ~하도록 영감을 주다
be **inspired** by ~ ~에 영감을 받다

---

46 **notify**
[nóutəfài]

notification n. 통지
㊐ inform 알리다

통지하다, 알리다

notify A of[about] B A에게 B를 알리다
be **notified** of the delay 지연을 통보받다

---

47 **register**
[rédʒistər]

registration n. 등록
㊐ enroll, sign up 등록하다

등록하다 n. 계산대(= cash register)

register for a course 수업에 등록하다
wait at the **register** 계산대에서 대기하다

재옥쌤 TIP

register는 주로 for와 함께 사용되는 자동사지만, 타동사도 가능해서 for 없이 목적어를 바로 받을 수 있어.
⋯› Please register your e-mail address.
당신의 이메일 주소를 등록해 주세요.

---

48 **hesitate**
[hézətèit]

hesitation n. 망설임
hesitant a. 주저하는, 망설이는

주저하다, 망설이다

hesitate to ask questions 질문하는 것을 망설이다
hesitate about signing the contract
계약서에 서명하는 것을 망설이다

재옥쌤 TIP

hesitate는 1형식 자동사야. 뒤에 'to부정사'가 오면 '~하기를 망설이다', 'about + 명사/동명사'가 오면 '~에 대해 망설이다'라는 뜻이 돼.

---

49 **obtain**
[əbtéin]

obtainable a. 얻을 수 있는, 입수할 수 있는

얻다, 취득하다

obtain permission[approval] 허가를[승인을] 받다
obtain a certificate 자격증을 취득하다

---

50 **emphasize**
[émfəsàiz]

emphasis n. 강조
㊐ stress, highlight 강조하다

강조하다

emphasize the importance 중요성을 강조하다
place an **emphasis** on ~ ~을 강조하다

 정답 p.346

✦ Check After You Study 이제 이 단어들을 마스터했는지 확인해보세요.

☐ praise	☐ forecast	☐ transport	☐ greet
☐ create	☐ draw	☐ accommodate	☐ appeal
☐ extend	☐ wonder	☐ specialize	☐ supervise
☐ revise	☐ depart	☐ occur	☐ prohibit
☐ sort	☐ recognize	☐ recruit	☐ convince
☐ compete	☐ collaborate	☐ personalize	☐ concentrate
☐ intend	☐ estimate	☐ broadcast	☐ inspire
☐ locate	☐ enable	☐ attach	☐ notify
☐ climb	☐ predict	☐ deny	☐ register
☐ treat	☐ display	☐ fulfill	☐ hesitate
☐ analyze	☐ request	☐ appear	☐ obtain
☐ succeed	☐ remain	☐ pursue	☐ emphasize
☐ simplify	☐ oversee		

✦ Fill In the Blanks 문맥에 알맞은 말을 골라 빈칸을 채우세요. (필요시 적절한 형태로)

succeed	extend	accommodate	appear	obtain	recognize

1 Its hours of operation will be ____________.
운영 시간이 연장될 예정입니다.

2 To ____________ customer service, please contact us at 555-2325.
고객 서비스를 받으시려면, 555-2325 번호로 연락해 주세요.

3 You ____________ to have left some boxes blank.
몇 개의 칸을 비워 두신 것 같습니다.

4 Amy Dayton will be ____________ at the annual Employee Awards.
에이미 데이턴은 연례 직원 시상식에서 표창을 받게 됩니다.

5 Michael Parkinson will ____________ Mr. Gilbert as CEO, effective next month.
마이클 파킨슨이 길버트 씨의 후임으로 다음달부터 CEO를 맡게 된다.

6 I am pleased to say that we can ____________ your request.
귀하의 요청을 수용할 수 있음을 말씀드리게 되어 기쁩니다.

DAY 08

동사 4

Check Before You Study

학습을 시작하기 전에, 아는 단어와 모르는 단어를 빠르게 점검해보세요.

☐ support	☐ refer	☐ differ
☐ remind	☐ decrease	☐ figure out
☐ enroll	☐ honor	☐ direct
☐ maintain	☐ anticipate	☐ claim
☐ donate	☐ examine	☐ define
☐ implement	☐ realize	☐ outline
☐ assign	☐ store	☐ preserve
☐ relocate	☐ manufacture	☐ compliment
☐ exceed	☐ invent	☐ explore
☐ cover	☐ secure	☐ proceed
☐ operate	☐ decline	☐ consent
☐ deserve	☐ fill out[in]	☐ expand
☐ adopt	☐ undergo	☐ oppose
☐ handle	☐ install	☐ prevent
☐ reserve	☐ perceive	☐ distribute
☐ publish	☐ divide	☐ frustrate
☐ edit	☐ commute	

01 **support**
[səpɔ́:rt]
supporter n. 지지자, 후원자

지원[지지]하다 n. 지원
support the proposal 제안을 지지하다
technical **support** 기술 지원

---

02 **remind**
[rimáind]
reminder n. 상기시키는 것, 메모[알림]

상기시키다
remind A of[about] B A에게 B를 상기시키다
remind A to do A가 ~하도록 상기시키다

---

03 **enroll**
[inróul]
enrollment n. 등록
[유] register, sign up 등록하다

등록하다, 등록시키다
enroll in a course[program] 강좌[프로그램]에 등록하다
be **enrolled** in ~ ~에 등록되어 있다

재옥쌤 TIP
enroll은 자동사로 쓰일 때는 전치사 in이 꼭 따라와. 하지만 타동사로도 쓰여서 수동태(be enrolled in) 형태로 자주 나와.
→ She was enrolled in the program.
그녀는 그 프로그램에 등록되었다.

---

04 **maintain**
[meintéin]
maintenance n. 유지, 보수, 관리

유지하다(보수·관리하다 포함)
maintain equipment 장비를 관리하다
routine **maintenance** 정기 점검

---

05 **donate**
[dóuneit, dounéit]
donation n. 기부, 기증
donor n. 기부자, 기증자
[유] contribute 기부하다; 기여하다

기부하다, 기증하다
donate clothes 옷을 기부하다
make a generous **donation** 후한 기부를 하다

---

06 **implement**
[ímpləmənt]
implementation n. 시행, 실행
[유] carry out 수행하다

시행[실행]하다
implement policies 정책을 시행하다
implement safety measures 안전 조치를 시행하다

---

07 **assign**
[əsáin]
assignment n. 과제, 임무; 배정

배정하다, 할당하다
assign a task[role] 업무를[역할을] 배정하다
be **assigned** to ~ ~에 배정되다

08 **relocate**
[rilóukeit]

relocation n. 이전, 이주, 재배치
㊌ move 이동하다, 이사하다

이전하다, 이사하다

relocate to a new branch 새 지점으로 이전하다
relocation assistance 이주 지원(금)

---

09 **exceed**
[iksí:d]

excess n. 초과
excessive a. 과도한
excessively ad. 과도하게
㊌ surpass 초과하다

초과하다, 능가하다

exceed expectations 기대를 뛰어넘다
exceed the limit[quota] 한도를[할당량을] 초과하다

---

10 **cover**
[kʌ́vər]

coverage n. 보도, 방송; (보장, 서비스 등의) 범위

다루다; 부담[보장]하다; 대신하다

cover a topic 주제를 다루다
cover travel expenses 출장비를 부담하다

재옥쌤 TIP

cover는 기본 뜻인 '덮다'라는 의미보다 토익에선 이 세 가지를 기억해!
▶ 다루다 ··· cover a topic 주제를 다루다
▶ 보장·부담하다 ··· cover expenses 비용을 보장·부담하다
▶ 대신하다 ··· cover a shift 근무를 대신하다

---

11 **operate**
[ɑ́pərèit]

operation n. 운영; 작동; 수술
operational a. 운영의; 작동하는
㊌ function 작동하다
run 운영하다; 작동하다

운영하다; 작동하다, 작동시키다

operate a business 사업체를 운영하다
operate machinery 기계를 작동시키다

---

12 **deserve**
[dizə́:rv]

deserved a. 마땅한, 정당한

~ 받을 만하다

deserve recognition[attention] 인정[관심]을 받을 만하다
deserve a promotion 승진할 자격이 있다

---

13 **adopt**
[ədɑ́pt]

adoption n. 채택

채택하다, 도입하다

adopt a resolution 결의안을 채택하다
the **adoption** of new policies 새로운 정책의 채택

14 **handle**
[hǽndl]

handling n. 처리, 취급
㊌ deal with, address 처리하다, 다루다

처리하다, 다루다 n. 손잡이

handle customer complaints 고객 불만을 처리하다
handle equipment 장비를 다루다

---

15 **reserve**
[rizə́:rv]

reservation n. 예약; 의구심

예약하다; 보유하다; 보류하다

reserve a seat 좌석을 예약하다
reserve the right 권리를 보유하다

재옥쌤 TIP

reserve는 '따로 빼놓다'라는 기본 그림에서 출발해.
▶ 자리를 빼놓으면 '예약' ⋯→ reserve a seat 좌석을 예약하다
▶ 권리를 빼놓으면 '보유' ⋯→ reserve the right 권리를 보유하다
▶ 판단을 빼놓으면 '보류' ⋯→ reserve judgment 판단을 보류하다

---

16 **publish**
[pʌ́bliʃ]

publisher n. 출판사, 발행인
publication n. 출판, 간행물
㊌ issue 발행하다

출판[발행]하다; 발표하다

publish a journal 학술지를 발행하다
publish results 결과를 발표하다

---

17 **edit**
[édit]

editor n. 편집자, 편집장
edition n. (간행물 등의) 판, 호

편집하다, 수정하다

edit a document[file] 문서를[파일을] 편집하다
a chief **editor** 편집장

---

18 **refer**
[rifə́:r]

reference n. 추천서; 언급; 참조
referral n. 추천, 소개

언급하다; 참조하다; ~에게 보내다, 소개하다

refer to the manual 설명서를 참조하다
refer a client to a specialist 고객을 전문가에게 보내다

재옥쌤 TIP

refer는 두 가지로 구분하면 돼.
▶ 자동사 → refer to ~ ~을 언급하다, ~을 참조하다
▶ 타동사 → refer A to B A를 B에게 보내다[소개하다]

---

19 **decrease**
[dikrí:s] n. [dí:kri:s]

㊌ diminish 감소하다
㊋ increase 증가하다

감소하다, 감소시키다 n. 감소

steadily[sharply] **decrease** 꾸준히[급격히] 감소하다
a **decrease** in sales 매출 감소

20 **honor**

[ɑ́nər]

㊌ respect 존중[존경]하다

기리다, 존중하다; 지키다[이행하다] n. 명예, 영광

honor a contract[commitment] 계약[약속]을 이행하다

be **honored** for achievements 업적으로 인정받다[표창받다]

재옥쌤 TIP

honor는 주로 '(계약을) 이행하다, (사람을) 존중하다'라는 뜻으로 쓰이지만, '수여하다' 의미로도 쓰여. 특히 be honored with(~을 수여받다)라는 표현이 토익에서 가끔 등장하니까 함께 알아 둬!

---

21 **anticipate**

[æntísəpèit]

anticipation n. 예상, 기대

㊌ expect 예상하다, 기대하다

예상하다, 기대하다

anticipate future needs 미래의 수요를 예측하다

an **anticipated** result 예상된 결과

---

22 **examine**

[igzǽmin]

examination n. 조사[검토]

㊌ inspect 점검하다

investigate 조사하다

조사[검토]하다, 점검하다

examine the documents[details]

문서를[세부 사항을] 검토하다

thoroughly **examine** 철저히 조사하다

---

23 **realize**

[rí:əlàiz]

realization n. 깨달음, 실현

깨닫다, 인식하다; 실현하다

realize one's mistake 자신의 실수를 깨닫다

realize a dream[goals] 꿈을[목표를] 실현하다

---

24 **store**

[stɔ:r]

storage n. 저장, 보관, 창고

저장하다, 보관하다 n. 상점, 가게

store data[information] 데이터[정보]를 저장하다

store goods safely 물품을 안전하게 보관하다

---

25 **manufacture**

[mænjufǽktʃər]

manufacturer n. 제조업체, 제조자

manufacturing n. 제조업

제조[생산]하다 n. 제조[생산]; 제품

manufacture vehicles 차량을 생산하다

many jobs in **manufacturing** 제조업 분야의 많은 일자리

재옥쌤 TIP

manufacture는 동사만 있는 게 아니라 명사도 있어. 명사일 땐 보통 불가산으로 '제조·생산' 뜻이고, 가산으로 '제품' 의미도 있긴 한데 실제로는 거의 안 써. 대신 manufacturing은 '제조업'으로 훨씬 많이 쓰니까 이 쪽을 더 챙겨.

26 **invent**
[invént]

invention n. 발명, 발명품
inventor n. 발명가
㈜ devise 고안하다; 발명하다

발명하다; 지어내다, 꾸며내다

invent a new device 새 장치를 발명하다
invent an excuse 핑계를 지어내다

---

27 **secure**
[sikjúər]

securely ad. 안전하게, 단단히
security n. 안전, 보안
㈜ safe 안전한

확보하다; 고정시키다 a. 안전한

secure a major client 주요 고객을 확보하다
keep data **secure** 데이터를 안전하게 보호하다

---

28 **decline**
[dikláin]

㈜ refuse, reject 거절하다
decrease, reduce 감소하다

거절하다; 감소하다 n. 감소, 하락

decline an invitation 초대를 거절하다
a sharp[gradual] **decline** 급격한[완만한] 감소

---

29 **fill out[in]**
[fil aut] [fil in]

작성하다, 기입하다

fill out a form 양식을 작성하다
fill in the application 지원서를 작성하다

---

30 **undergo**
[ʌndərgóu]

㈜ go through ~을 겪다

겪다, 받다

undergo an inspection 검사를 받다
undergo a change 변화를 겪다

---

31 **install**
[instɔ́:l]

installation n. 설치; (설치된) 장치
㈜ set up 설치하다

설치하다

install the software 소프트웨어를 설치하다
an **installation** manual 설치 설명서

재옥쌤 TIP

▶ installation은 install의 파생어 → '설치'
▶ installment는 철자만 비슷한 별개 단어 → '할부(금)'
뜻이 완전히 다르니까 헷갈리지 않게 구분해 둬!

---

32 **perceive**
[pərsí:v]

perception n. 인식, 견해
㈜ recognize 인식하다

인식[인지]하다, 여기다

perceive a difference 차이를 인식하다
be **perceived** as an opportunity 기회로 인식되다

33 **divide** [diváid]

division n. 분할, 분배; 부서
dividend n. 배당금

나누다, 나뉘다

divide responsibilities 책임을 나누다
divide the project into three phases
프로젝트를 세 단계로 나누다

---

34 **commute** [kəmjúːt]

commuter n. 통근자
telecommute v. 재택[원격]근무하다

통근[출퇴근]하다 n. 통근

commute to work 출퇴근하다
a long **commute** 긴 출퇴근 거리

---

35 **differ** [dífər]

difference n. 차이점
different a. 다른
differently ad. 다르게

다르다

significantly **differ** 현저히 다르다
differ from a previous model 이전 모델과 다르다

재옥쌤 TIP

differ는 대표적인 1형식 자동사야. 주로 전치사랑 함께 써!
→ differ from ~ ~와 다르다
differ in ~ ~ 점에서 다르다

---

36 **figure out** [fígjər aut]

이해하다; 알아내다

figure out how to use the system
그 시스템을 어떻게 사용하는지 이해하다
figure out a solution 해결책을 알아내다

---

37 **direct** [dirékt, dai-]

direction n. 방향; 지시
director n. 이사, 감독
directly ad. 직접적으로, 곧바로

지시하다; 안내하다; 보내다 a. 직접적인

direct A to do A가 ~하도록 지시하다
direct the inquiry to A 문의를 A에게 보내다

재옥쌤 TIP

direct는 크게 두 가지 의미로 잘 나와!
▶ direct A to B: A를 B로 안내하다[보내다]
▶ direct A to do: A가 ~하도록 지시하다(5형식)
→ The manager directed employees to submit the report.
관리자는 직원들에게 보고서를 제출하도록 지시했다.

---

38 **claim** [kleim]

주장하다, 요구하다 n. 청구, 주장

claim damages 손해 배상을 요구하다
file a **claim** 청구하다

39 **define**
[difáin]

definition n. 정의, 규정
definite a. 명확한, 확실한
definitely ad. 분명히, 확실히

정의하다; 규정하다, 명확히 밝히다

define responsibilities 책임을 규정하다
give a clear **definition** 명확한 정의를 내리다

---

40 **outline**
[áutlain]

개요를 설명하다 n. 개요, 윤곽

outline the plan 계획을 개괄적으로 설명하다
a brief **outline** 간략한 개요

---

41 **preserve**
[prizə́:rv]

preservation n. 보존, 보호
㈜ conserve 보존[보호]하다
protect 보호하다

보존하다, 보호하다 n. 보호 구역

preserve historic buildings 역사적 건물을 보존하다
a nature **preserve** 자연 보호 구역

---

42 **compliment**
[kámpləmənt]

㈜ praise 칭찬하다 n. 칭찬

칭찬하다 n. 칭찬

compliment her for her dedication
그녀의 헌신에 대해 칭찬하다
pay[give] A a **compliment** A에게 칭찬을 하다

재옥쌤 TIP

칭찬 계열 동사는 공통적으로 〈compliment / praise / commend / applaud / recognize / honor + A + for + 이유〉 구조로 써!
··· praise them for their effort 그들의 노력에 대해 그들을 칭찬하다

---

43 **explore**
[ikspló:r]

exploration n. 탐색, 조사

탐험[탐색]하다; 조사하다

explore the possibility of ~ ~의 가능성을 탐색하다
explore the area 지역을 탐험하다

---

44 **proceed**
[prəsí:d]

procedure n. 절차, 과정
proceeds n. 수익금
proceedings n. 회의록
(= minutes)

진행하다, 진행되다; 나아가다

proceed with the plan 계획대로 진행하다
proceed directly to the gate 곧바로 탑승구로 이동하다

재옥쌤 TIP

proceed는 1형식 자동사로 전치사 to 또는 with와 자주 결합해.
명사형인 proceeds(수익금), proceedings(회의록)도 출제 포인트야!
둘 다 복수형으로만 쓰여!

45 **consent**
[kənsént]

consensus n. 의견 일치

동의하다 n. 동의, 허락

consent to the policy 정책에 동의하다
written **consent** 서면 동의

---

46 **expand**
[ikspǽnd]

expansion n. 확대, 확장
expansive a. 광활한; 포괄적인
[유] extend 연장하다, 확장[확대]하다

확장하다, 확대하다

expand operations[services] 업무[서비스]를 확대하다
expand into + 지역/분야 ~로 확장하다

재옥쌤 TIP

expand는 '커지다', extend는 '길어지다' 이미지로 잡아!
▶ 사업·시장·조직을 키울 땐 → expand
▶ 기간·계약·혜택을 늘릴 땐 → extend
다만, 사업 범위나 운영 지역처럼 '영역 확장'을 말할 땐 'extend/expand operations into Europe'처럼 둘 다 가능해!

---

47 **oppose**
[əpóuz]

opposition n. 반대
[유] object to 반대하다
[반] support 지지하다, 옹호하다

반대하다

strongly **oppose** the change 변경안에 강하게 반대하다
be **opposed** to ~ ~에 반대하다

---

48 **prevent**
[privént]

prevention n. 예방, 방지

막다, 예방하다

prevent A from -ing A가 ~하는 것을 막다
prevent accidents 사고를 예방하다

재옥쌤 TIP

〈prevent, prohibit, stop, keep, ban, discourage, deter + A + from -ing〉 구조 기억나지? 의미는 'A가 ~하는 것을 막다[금지하다]'야.

---

49 **distribute**
[distríbjuːt]

distribution n. 배포, 유통
distributor n. 유통업자
[유] hand out 나눠주다, 배포하다

배포하다, 유통하다

distribute flyers 전단을 배포하다
be widely **distributed** 널리 유통되다

---

50 **frustrate**
[frʌ́streit]

frustrating a. 좌절감을 주는
frustrated a. 좌절감을 느끼는

좌절시키다, 실망시키다

frustrate customers 고객을 실망시키다
feel **frustrated** 좌절감을 느끼다

REVIEW TEST

정답 p.346

✦ Check After You Study 이제 이 단어들을 마스터했는지 확인해보세요.

☐ support	☐ handle	☐ secure	☐ define
☐ remind	☐ reserve	☐ decline	☐ outline
☐ enroll	☐ publish	☐ fill out[in]	☐ preserve
☐ maintain	☐ edit	☐ undergo	☐ compliment
☐ donate	☐ refer	☐ install	☐ explore
☐ implement	☐ decrease	☐ perceive	☐ proceed
☐ assign	☐ honor	☐ divide	☐ consent
☐ relocate	☐ anticipate	☐ commute	☐ expand
☐ exceed	☐ examine	☐ differ	☐ oppose
☐ cover	☐ realize	☐ figure out	☐ prevent
☐ operate	☐ store	☐ direct	☐ distribute
☐ deserve	☐ manufacture	☐ claim	☐ frustrate
☐ adopt	☐ invent		

✦ Fill In the Blanks 문맥에 알맞은 말을 골라 빈칸을 채우세요. (필요시 적절한 형태로)

assign	refer	prevent	anticipate	direct	enroll

1 The receptionist ____________ me to the meeting room.
접수원이 나를 회의실로 안내해 주었다.

2 The new policy ____________ employees from working overtime.
새 정책은 직원들이 초과 근무하는 것을 막는다.

3 For the orientation on July 17, you will be ____________ to Group C.
7월 17일 오리엔테이션에서 당신은 C조로 배정될 것입니다.

4 The company ____________ strong demand for the new product.
회사는 신제품에 대한 강한 수요를 예상했다.

5 She ____________ in a digital marketing workshop to enhance her skills.
그녀는 역량 강화를 위해 디지털 마케팅 워크숍에 등록했다.

6 Please ____________ any media inquiries to the PR department.
언론 문의는 홍보팀으로 전달해 주세요.

DAY 09 형용사 1

Check Before You Study

학습을 시작하기 전에, 아는 단어와 모르는 단어를 빠르게 점검해보세요.

□ available	□ international	□ former
□ regular	□ familiar	□ essential
□ annual	□ valid	□ likely
□ comfortable	□ necessary	□ practical
□ ideal	□ administrative	□ current
□ possible	□ particular	□ due
□ helpful	□ profitable	□ significant
□ entire	□ separate	□ educational
□ competitive	□ potential	□ individual
□ local	□ unique	□ affordable
□ professional	□ temporary	□ total
□ creative	□ certain	□ commercial
□ primary	□ further	□ complimentary
□ positive	□ active	□ multiple
□ related	□ formal	□ financial
□ innovative	□ additional	□ domestic
□ impressive	□ efficient	

01 **available**

[əvéiləbl]

availability n. 이용 가능성

㉫ unavailable 이용할 수 없는

이용할 수 있는, 시간이 있는

be **available** for download[purchase]
다운로드[구매]할 수 있다

currently **unavailable** 현재 이용 불가

02 **regular**

[régjulər]

regularly ad. 정기적으로, 규칙적으로

㉫ irregular 불규칙한

정기적인, 규칙적인; 단골의

on a **regular** basis 정기적으로

a **regular** customer 단골 고객

03 **annual**

[ǽnjuəl]

annually ad. 매년

biannual a. 연 2회의, 반년마다의
(= semiannual)

biennial a. 2년에 한 번

매년의, 연례의

an **annual** meeting[conference] 연례 회의[컨퍼런스]

take place **annually** 매년 열리다

재옥쌤 TIP

파트 7에선 보고서나 행사 등이 매년인지, 반년마다인지, 2년에 한 번인지가 정답 단서가 돼. 파생 추가 표현도 꼭 기억해 두자!

04 **comfortable**

[kʌ́mfərtəbl]

comfort n. 편안, 안락

comfortably ad. 편안하게

㉫ uncomfortable 불편한

편안한

comfortable seating 편안한 좌석 배치

feel **comfortable** 편안함을 느끼다

05 **ideal**

[aidí:əl]

이상적인, 가장 알맞은

be **ideal** for ~ ~에 이상적이다

an **ideal** candidate 이상적인 후보자

06 **possible**

[pásəbl]

possibly ad. 아마, 혹시

possibility n. 가능성

㉫ impossible 불가능한

가능한, 가능성 있는

possible solutions 가능한 해결책들

possible candidates 가능성 있는 후보자들

재옥쌤 TIP

possible이 포함된 관용 표현이 자주 나와. 세트로 기억해 둬!

▶ if possible 가능하면

▶ whenever possible 가능할 때마다

▶ wherever possible 가능하다면 어디서든

▶ as soon as possible 가능한 한 빨리(= ASAP)

07 **helpful**
[hélpfəl]

도움이 되는, 유익한

be **helpful** to customers 고객에게 도움이 되다
helpful information 유익한 정보

---

08 **entire**
[intáiər]

entirely ad. 전적으로, 전부
entirety n. 전체, 완전함
㈜ whole 전체의

전체의

the **entire** staff[process] 전체 직원[과정]
in its **entirety** 전부, 온전히

재욱쌤 TIP
entire와 whole은 항상 가산 단수명사만 받아.
그래서 〈관사 + entire[whole] + 단수명사〉 형태로 주로 사용해!

---

09 **competitive**
[kəmpétətiv]

compete v. 경쟁하다
competition n. 경쟁
competitor n. 경쟁자

경쟁력 있는; 경쟁이 치열한

a **competitive** price 경쟁력 있는 가격
a **competitive** market[industry]
경쟁이 치열한 시장[산업]

---

10 **local**
[lóukəl]

locally ad. 지역에서, 현지에서
locality n. 지역, 인근

지역의, 현지의

local businesses 지역 업체들
locally grown food 현지에서 재배된 식품

---

11 **professional**
[prəféʃənl]

professionally ad. 전문적으로, 직업적으로

전문적인, 직업의 n. 전문가

a **professional** cook 전문 요리사
industry **professionals** 업계 전문가들

---

12 **creative**
[kriéitiv]

create v. 만들다, 창조하다
creatively ad. 창의적으로
creativity n. 창의력, 창조성

창의적인, 독창적인

creative thinking 창의적 사고
creative solutions 독창적인 해결책

---

13 **primary**
[práimeri]

primarily ad. 주로

주된, 주요한

a **primary** goal[purpose] 주요 목표[목적]
the **primary** source of revenue 주요 수입원

14 **positive**
[pɑ́zətiv]
[유] confident 확신하는

긍정적인; 확신하는
a **positive** attitude 긍정적인 태도
be **positive** about ~ ~에 대해 확신하다

재옥쌤 TIP
positive는 '긍정적인'이라는 뜻뿐 아니라 토익에서는 '확신하는'의 의미로도 자주 쓰여.
▶ be positive about ~: ~에 대해 확신하다
▶ be positive that 주어+동사: ~라는 것을 확신하다

---

15 **related**
[riléitid]
relate v. 관련시키다
relation n. 관계
[반] unrelated 관련 없는

관련된
be **related** to ~ ~와 관련이 있다
related documents[fields] 관련 문서[분야]

---

16 **innovative**
[ínəvèitiv, -vətiv]
innovate v. 혁신하다
innovation n. 혁신

혁신적인
highly **innovative** 매우 혁신적인
develop **innovative** products 혁신적인 제품을 개발하다

---

17 **impressive**
[imprésiv]
impressively ad. 인상적으로
impression n. 인상, 감명
impressed a. 감명 받은

인상적인
an **impressive** performance 인상적인 공연
be **impressed** by his performance 그의 공연에 감명받다

재옥쌤 TIP
impressive와 impressed는 시험에 자주 함께 등장하니 꼭 구분해 둬!
▶ impressive → 감정을 주는 쪽(사물/상황이 인상적임)
▶ impressed → 감정을 받는 쪽(사람이 감명을 받음)

---

18 **international**
[ìntərnǽʃənəl]
internationally ad. 국제적으로
[반] domestic 국내의

국제적인, 세계적인
international shipping 국제[해외] 배송
mobile apps for **international** calls
국제 전화용 모바일 앱

---

19 **familiar**
[fəmíljər]
familiarize v. 익숙하게 하다
[반] unfamiliar 익숙하지 않은, 생소한

익숙한, 친숙한
be[become] **familiar** with ~ ~에 익숙하다[익숙해지다]
familiarize oneself with the procedures
절차에 익숙해지다

20 **valid**
[vǽlid]

validate v. 입증하다, 인증하다
유 effective, good 유효한
반 invalid 무효한

유효한; 타당한

be no longer **valid** 더 이상 유효하지 않다
a **valid** ID 유효한 신분증

---

21 **necessary**
[nésəsèri]

necessarily ad. 반드시, 필연적으로

필요한, 필수적인

necessary documents 필요한 서류들
it is **necessary** that 주어 (should) 동사 ~하는 것은 필수적이다

재옥쌤 TIP

〈It is + 당위·필요 형용사 + that 주어 (should) 동사〉 구조에서는 that 절의 should가 생략되고 동사원형만 남아! 이런 형태로 쓰이는 형용사들은 '필수·의무·중요'의 의미를 가진 표현들이야.

▶ 필수 → necessary, essential
▶ 중요 → important, critical, vital
▶ 의무 → imperative, mandatory, obligatory

---

22 **administrative**
[ədmínəstrèitiv]

administer v. 관리하다, 집행하다
administration n. 관리[행정] (업무)

관리의, 행정상의

an **administrative** assistant 행정 보조원, 비서
administrative duties[tasks] 행정 업무

---

23 **particular**
[pərtíkjulər]

particularly ad. 특히
particulars n. 세부 사항
유 specific 특정한

특정한; 특별한

in **particular** 특히
a **particular** area[field] 특정 분야

---

24 **profitable**
[prɑ́fitəbl]

profit n. 수익
profitability n. 수익성
유 lucrative 수익성이 있는

수익성이 있는; 유익한

a **profitable** online business
수익성이 있는 온라인 사업
turn **profitable** 수익이 나기 시작하다

---

25 **separate**
[sépərət] v. [sépərèit]

separately ad. 따로, 각자
separation n. 분리, 구분

별도의, 분리된 v. 분리하다

in a **separate** file 별도의 파일 안에
be charged **separately** for each shipment
각 배송에 대해 따로 요금이 부과되다

26 **potential**
[pəténʃəl]

potentially ad. 잠재적으로, 아마도
[유] prospective 장래의, 미래의

잠재적인 n. 잠재력, 가능성

potential customers 잠재 고객들
the full **potential** 최대 잠재력

---

27 **unique**
[juːníːk]

독특한, 유일한

unique designs 독특한 디자인들
a **unique** feature 독특한 기능[특징]

---

28 **temporary**
[témpərèri, -rəri]

temporarily ad. 임시로
[반] permanent 영구적인; 정규직의

임시의, 일시적인

temporary workers[employees] 임시직 근로자들
a **temporary** road closure 일시적인 도로 폐쇄

---

29 **certain**
[sə́ːrtn]

certainly ad. 틀림없이
certainty n. 확실성
[유] sure 확신하는
[반] uncertain 불확실한

확실한; 확신하는; 특정한, 어떤

be **certain** about the result 결과에 대해 확신하다
certain locations[conditions] 특정 장소[조건]

재옥쌤 TIP

certain은 두 가지로 기억해!
▶ be certain about / that절 → '확신하는'
▶ certain + 명사 → '특정한, 어떤'
즉, 명사를 수식하면 '특정한', 보어로 쓰이면 '확신하는'의 의미야!

---

30 **further**
[fə́ːrðər]

[유] additional 추가의

그 이상의, 추가의 ad. 더, 더 나아가

until **further** notice 추후 공지 시까지
discuss the issue **further** 그 문제를 더 논의하다

---

31 **active**
[ǽktiv]

actively ad. 적극적으로
activity n. 활동
activate v. 활성화하다, 작동시키다

활동적인, 적극적인

play[take] an **active** role in ~ ~에 적극 참여하다
an **active** member 활동 중인 회원

---

32 **formal**
[fɔ́ːrməl]

formally ad. 공식적으로
[반] informal 비공식적인

공식적인, 격식을 차린

a **formal** attire 격식 있는 복장
formal invitations[approval] 공식적인 초대장[승인]

33 **additional**
[ədíʃənl]

addition n. 추가
additionally ad. 추가로
㊐ extra 추가의

추가의, 부가적인

an **additional** fee 추가 요금
additional parking spaces 추가 주차 공간

---

34 **efficient**
[ifíʃənt]

efficiently ad. 효율적으로
efficiency n. 효율(성), 능률
㊉ inefficient 비효율적인

효율적인

efficient hiring procedures 효율적인 채용 절차
make deliveries **efficiently** 효율적으로 배송하다

---

35 **former**
[fɔ́:rmər]

formerly ad. 예전에
㊐ previous 이전의

예전의, 전임의; 전자의

a **former** coworker 예전 동료
a **former** manufacturing site 예전 제조 공장 부지

---

36 **essential**
[isénʃəl]

essentially ad. 본질적으로
㊐ vital, crucial 필수적인

필수적인; 본질적인

be **essential** to[for] ~ ~에 필수적이다
essential skills for the job 그 직무에 필요한 필수 기술

---

37 **likely**
[láikli]

likelihood n. 가능성

~할 것 같은; 유력한, 가능성이 높은 ad. 아마도

be **likely** to do ~할 것 같다
a **likely** candidate 유력한 후보

재옥쌤 TIP

likely는 시험에선 거의 〈be likely to부정사〉로 나와.
⋯› The company is likely to expand. 그 회사는 확장할 것 같다.
명사를 직접 수식할 때는 '유력한, 가능성이 높은'이라는 의미야.
⋯› a likely outcome 가능성이 높은 결과

---

38 **practical**
[prǽktikəl]

practically ad. 사실상, 실제로
㊉ impractical 비현실적인

현실적인, 실용적인

practical tips[advice] 실용적인 팁[조언]
practical experience 실제[실무] 경험

39 **current**
[kə́:rənt]

currently ad. 현재
currency n. 통화, 화폐

현재의

current members of the board 현 이사회 구성원들
currently closed 현재 문을 닫은

---

40 **due**
[dju:]

overdue a. 기한이 지난, 연체된

(지불) 만기가 된; ~하기로 되어 있는; ~ 때문에(to)

the **due** date 만기일, 마감일
be **due** to do ~할 예정이다

재옥쌤 TIP

due는 세 가지만 정리해!
▶ 지불 만기 ···› Payment is due. 지불해야 한다. (결제일이다)
▶ 예정 ···› The flight is due to arrive at noon.
비행기는 정오에 도착할 예정이다.
▶ 때문에 ···› The delay was due to rain.
지연은 비 때문이었다. (비때문에 지연되었다)
due to는 전치사처럼 굳어져서 '~ 때문에'로 기억하면 돼!

---

41 **significant**
[signífikənt]

significantly ad. 상당히
significance n. 중요성
㊌ considerable, substantial 상당한
important 중요한

상당한; 중요한

a **significant** amount of time 상당한 시간
a **significant** role 중요한 역할

---

42 **educational**
[èdʒukéiʃənl]

educate v. 교육하다, 가르치다
education n. 교육

교육의, 교육적인

educational background 학력
an **educational** institution[program] 교육 기관[프로그램]

---

43 **individual**
[ìndəvídʒuəl]

individually ad. 각각, 개별적으로
individualized a. 개별화된

개인의, 개별적인 n. 개인

send **individual** messages 개별 메시지를 보내다
groups and **individuals** 단체와 개인들

---

44 **affordable**
[əfɔ́:rdəbl]

afford v. ~할 여유가 있다; 제공하다
affordability n. 감당할 수 있음
affordably ad. 감당할 수 있게

(가격이) 알맞은, 감당할 수 있는

at **affordable** prices 알맞은 가격에
affordable accommodations 저렴한 숙박 시설

45 **total**
[tóutl]
totally ad. 전적으로, 완전히

총, 전체의 n. 합계, 총액 v. 합계가 ~이 되다

total revenue 총수익
in **total** 통틀어

재옥쌤 TIP

total은 형용사뿐 아니라 동사로도 가끔 정답으로 출제돼! 동사로 쓸 때는 금액이나 수치가 목적어 자리에 와.
···› The profit totals $100. 수익이 총 100달러가 된다.
Attendance totaled 350 people. 참석자가 총 350명이었다.

---

46 **commercial**
[kəmə́:rʃəl]
commercially ad. 상업적으로
commerce n. 상업, 무역

상업적인, 상업의 n. 광고

commercial properties 상업용 부동산(건물)
run a **commercial** 광고를 내보내다

---

47 **complimentary**
[kὰmpləméntəri]
㊌ free 무료의

무료의

a **complimentary** shuttle service 무료 셔틀 서비스
complimentary tickets 무료 티켓(초대권)

---

48 **multiple**
[mʌ́ltəpl]
multiply v. 크게 증가시키다, 곱하다
㊌ numerous 많은
various 다양한

많은, 다수의; 다양한

multiple tasks[options] 여러 업무들[선택지들]
published in **multiple** languages 여러 언어로 출판된

재옥쌤 TIP

multiple, various, numerous는 모두 '다양한, 많은'이라는 뜻이고, 셋 다 복수명사와만 쓰여!
···› multiple tasks, various options, numerous benefits

---

49 **financial**
[fainǽnʃəl, fə-]
finance n. 재정, 자금 v. 자금을 대다
financially ad. 재정적으로

재정의, 금융의

financial support 재정적 지원
a **financial** report 재무 보고서

---

50 **domestic**
[dəméstik]
domestically ad. 국내적으로
㊥ international 국제적인

국내의

domestic tourists 국내 여행객들
the **domestic** economy 국내 경제

REVIEW TEST

정답 p.346

✦ Check After You Study 이제 이 단어들을 마스터했는지 확인해보세요.

☐ available	☐ positive	☐ unique	☐ current
☐ regular	☐ related	☐ temporary	☐ due
☐ annual	☐ innovative	☐ certain	☐ significant
☐ comfortable	☐ impressive	☐ further	☐ educational
☐ ideal	☐ international	☐ active	☐ individual
☐ possible	☐ familiar	☐ formal	☐ affordable
☐ helpful	☐ valid	☐ additional	☐ total
☐ entire	☐ necessary	☐ efficient	☐ commercial
☐ competitive	☐ administrative	☐ former	☐ complimentary
☐ local	☐ particular	☐ essential	☐ multiple
☐ professional	☐ profitable	☐ likely	☐ financial
☐ creative	☐ separate	☐ practical	☐ domestic
☐ primary	☐ potential		

✦ Fill In the Blanks 문맥에 알맞은 말을 골라 빈칸을 채우세요. (필요시 적절한 형태로)

certain	available	valid	due	temporary	impressive

1 The coupon is ____________ for a single offer.
이 쿠폰은 1회 제공에 한해 유효합니다.

2 Ms. Kim is the candidate whose résumé is the most ____________.
김 씨는 이력서가 가장 인상적인 후보이다.

3 Repair service is free within a ____________ amount of time.
수리 서비스는 특정 기간 동안 무료이다.

4 The entire membership fee is ____________ upon registration.
전체 회비는 등록 시에 납부되어야 합니다.

5 Updated spreadsheets will be ____________ in the shared folders.
업데이트된 스프레드시트는 공유 폴더에서 이용 가능합니다.

6 The remodeling project caused a ____________ road closure.
리모델링 공사로 인해 도로가 일시적으로 통제되었다.

DAY 10

형용사 2

Check Before You Study

학습을 시작하기 전에, 아는 단어와 모르는 단어를 빠르게 점검해보세요.

☐ official	☐ on-site	☐ timely
☐ generous	☐ relevant	☐ loyal
☐ subject	☐ electronic	☐ appropriate
☐ extensive	☐ responsive	☐ comprehensive
☐ previous	☐ specific	☐ spectacular
☐ initial	☐ senior	☐ outstanding
☐ informative	☐ industrial	☐ empty
☐ confident	☐ dedicated	☐ independent
☐ ongoing	☐ pleasant	☐ surrounding
☐ traditional	☐ eligible	☐ suitable
☐ impressed	☐ corporate	☐ prior
☐ regional	☐ flexible	☐ spacious
☐ enclosed	☐ mandatory	☐ exceptional
☐ extra	☐ similar	☐ reliable
☐ residential	☐ unusual	☐ automated
☐ environmental	☐ reasonable	☐ remarkable
☐ whole	☐ alternative	

01 **official**
[əfíʃəl]

officially ad. 공식적으로

공식적인, 공적인 n. 공무원, 임원

an **official** press release 공식 보도자료
city **officials** 시 공무원들

---

02 **generous**
[dʒénərəs]

generously ad. 관대하게, 후하게
generosity n. 관대, 관용

후한, 넉넉한, 관대한

a **generous** offer 관대한 제안
generous compensation[benefits]
후한 보상[복리후생]

---

03 **subject**
[sʌ́bdʒikt]

subjective a. 주관적인

~될[당할] 수 있는; ~의 대상이 되는 n. 주제; 과목

be **subject** to change[delay] 변경[지연]될 수 있다
be **subject** to approval 승인 대상이다

재옥쌤 TIP

〈be subject to + 명사〉의 핵심은 '~의 영향이나 지배를 받는다'야! 그래서 문맥에 따라 '~의 대상이 되다, ~을 따라야 한다, ~에 달려 있다' 등의 의미로 다양하게 쓰여.
⋯→ Prices are subject to change. 가격은 변동될 수 있다.

---

04 **extensive**
[iksténsiv]

extensively ad. 광범위하게
extend v. 연장하다, 확장하다
extension n. 연장, 확장

광범위한, 대규모의, 폭넓은

extensive knowledge of ~ ~에 대한 광범위한 지식
extensive renovations 대규모 개조 공사

---

05 **previous**
[príːviəs]

previously ad. 이전에, 앞서
㊀ prior 사전의, 이전의

이전의

previous orders 이전 주문들
previous volunteer experience 이전 자원봉사 경험

---

06 **initial**
[iníʃəl]

initially ad. 처음에
initiate v. 시작하다, 개시하다
initiation n. 시작, 개시
initiative n. 계획; 주도권

처음의, 초기의

an **initial** stage[phase] 초기 단계
make an **initial** payment 초기 결제를 진행하다

재옥쌤 TIP

initiative랑 헷갈리지 마! initial은 형용사(처음의), initiative는 명사(계획·주도권)야.

07 **informative**
[infɔ́ːrmətiv]

inform v. 알리다
information n. 정보

유익한

an **informative** seminar 유익한 세미나
an **informative** brochure 유익한 안내책자

---

08 **confident**
[kánfədənt]

confidently ad. 자신 있게
confidence n. 자신감, 확신; 신뢰

자신감 있는, 확신하는

be **confident** that 주어 + 동사 ~라고 확신하다
be **confident** about[of] the result 결과에 대해 확신하다

재옥쌤 TIP

confident는 흔히 '자신감 있는'의 뜻으로 알고 있지만, 토익에서는 '확신하는'의 뜻으로 훨씬 자주 나와!
→ be confident about[of] / be confident that 주어 + 동사
~에 대해 확신하다

---

09 **ongoing**
[ángouiŋ]

계속 진행 중인

ongoing efforts[support] 지속적인 노력[지원]
ongoing projects 진행 중인 프로젝트

---

10 **traditional**
[trədíʃənl]

tradition n. 전통
traditionally ad. 전통적으로

전통적인

a **traditional** ceremony[festival] 전통 행사[축제]
traditional food 전통 음식

---

11 **impressed**
[imprést]

impress v. 감명을 주다, 인상을 남기다
impressive a. 인상적인
impression n. 인상, 감명

감명받은, 감동받은

be **impressed** with[by] the results 결과에 감명받다
deeply **impressed** 깊이 감명받은

---

12 **regional**
[ríːdʒənl]

region n. 지역, 지방

지역의, 지방의

a **regional** magazine 지역 잡지
regional cuisine 지역 요리(향토 음식)

---

13 **enclosed**
[inklóuzd]

enclose v. 동봉하다
enclosure n. 동봉, 동봉된 것
㊌ attached 첨부된

동봉된, 첨부된

Please find the **enclosed** document.
동봉된 문서를 확인해 주십시오.
fill out the **enclosed** form 동봉된 양식을 작성하다

14 **extra**
[ékstrə]
[유] additional 추가의

추가의 n. 추가되는 것

at no **extra** charge[cost] 추가 요금[비용] 없이
hire **extra** maintenance staff 추가 관리 직원을 고용하다

---

15 **residential**
[rèzədénʃəl]
reside v. 거주하다
resident n. 거주자
residence n. 주택, 거주지
[반] commercial 상업의

주거용의, 주택의

a **residential** building[district] 주거용 건물[주택가]
for **residential** use only 주거용으로만 사용

---

16 **environmental**
[invàiərənméntl]
environment n. 환경
environmentally ad. 환경적으로

환경의

environmental experts 환경 전문가들
an **environmental** initiative 환경 관련 계획

---

17 **whole**
[houl]
wholly ad. 완전히, 전적으로
[유] entire 전체의

전체의, 온전한 n. 전체

the **whole** department[company] 부서[회사] 전체
the **whole** process 전체 과정

---

18 **on-site**
[ɑ́nsait]
[반] off-site 외부의 ad. 외부에서

현장의, 현지의 ad. 현장에서

on-site training[inspection] 현장 교육[점검]
work **on-site** 현장에서 근무하다

재옥쌤 TIP

on-site는 형용사·부사 둘 다 가능해!
▶ 형용사 ···› on-site inspection 현장 점검
▶ 부사 ···› The technician will work on-site.
기술자가 현장에서 작업할 것이다.
시험에서는 off-site(현장 밖의)와 대비되어 출제되기도 하니까 같이 기억해 둬!

---

19 **relevant**
[réləvənt]
relevance n. 관련성, 적절성
[반] irrelevant 무관한

관련 있는, 적절한

be **relevant** to ~ ~에 관련되다
all the **relevant** details 모든 관련 사항들

20 **electronic**
[ilektránik]

electronically ad. 컴퓨터로, 온라인으로

전자의, 전자 장비의

an **electronic** device 전자 기기
electronic payments 전자 결제

---

21 **responsive**
[rispánsiv]

respond v. 반응하다
responsible a. 책임 있는

즉각 반응[대응]하는

be **responsive** to customer needs
고객의 요구에 잘 대응하다
be **responsive** to changes 변화에 민감하게 반응하다

재옥쌤 TIP

responsive와 responsible은 같이 오는 전치사와 세트로 구분하면 헷갈리지 않을 거야.
▶ responsive to ~에 잘 반응하는
▶ responsible for ~에 책임이 있는

---

22 **specific**
[spisífik]

specifically ad. 구체적으로

구체적인, 명확한

for a **specific** purpose 특정한 목적을 위해
specific requirements 구체적인 요건

---

23 **senior**
[síːnjər]

반 junior 하급의 n. 하급자

상급의, 고위의; 연장자의 n. 상급자; 고령자

a **senior** designer[manager] 수석 디자이너[고위 관리자]
senior citizens 노인, 어르신들

---

24 **industrial**
[indʌ́striəl]

industry n. 산업

산업의, 공업의

industrial machinery 산업용 기계
for **industrial** use 산업용으로

---

25 **dedicated**
[dédikèitid]

dedicate v. 바치다, 전념하다
dedication n. 헌신, 전념
유 committed, devoted
헌신적인, 전념하는

헌신적인, 전념하는; 전용의

dedicated employees[staff] 헌신적인 직원들
dedicated conference space 회의 전용 공간

재옥쌤 TIP

dedicated, devoted, committed 모두 '헌신적인, 전념하는'이라는 뜻이야. 그리고 전치사 to와 함께 쓰이는 것도 꼭 기억해 두자!
→ be dedicated[devoted, committed] to ~
~에 헌신[전념]하다

26 **pleasant**
[plézənt]
[반] unpleasant 불쾌한, 기분 나쁜

즐거운, 기분 좋은, 쾌적한
a **pleasant** work environment 쾌적한 근무 환경
a **pleasant** living space 기분 좋은 주거 공간

---

27 **eligible**
[élidʒəbl]
eligibility n. 자격, 적격성
[반] ineligible 자격이 없는

자격이 있는, 적격의
be **eligible** for benefits 복지 혜택을 받을 자격이 있다
an **eligible** employee 자격이 있는 직원

재옥쌤 TIP
eligible은 전치사 for와 to부정사 둘 다 잘 어울리는 형용사야.
▶ be eligible for + 명사: ~의 자격이 있다, ~을 받을 수 있다
▶ be eligible to부정사: ~할 자격이 있다

---

28 **corporate**
[kɔ́:rpərət]
corporation n. 주식회사, 법인

기업의, 회사의, 법인의
businesses' **corporate** cultures 사업체들의 기업 문화
a **corporate** attorney 기업 변호사

---

29 **flexible**
[fléksəbl]
flexibility n. 유연성, 융통성
[반] inflexible 융통성 없는, 완강한

유연한, 융통성 있는
flexible working hours[arrangements] 탄력 근무 시간제
have a **flexible** schedule 유연한 일정을 가지다

---

30 **mandatory**
[mǽndətɔ̀:ri]
mandate v. 의무화하다; 명령하다
[유] compulsory, obligatory 의무적인
[반] optional 선택적인

의무적인, 필수적인
mandatory training 의무 교육
Attendance is **mandatory**. 참석은 의무입니다.

---

31 **similar**
[símələr]
similarly ad. 비슷하게, 마찬가지로
similarity n. 유사성

비슷한, 유사한
be **similar** to ~ ~와 비슷하다
similar services 유사한 서비스

---

32 **unusual**
[ənjú:ʒuəl]
unusually ad. 이례적으로, 유난히
[반] usual 흔한

특이한, 흔치 않은
unusual flavors 특이한 풍미
the **unusually** long rainy season 이례적으로 긴 우기

33 **reasonable**
[ríːzənəbl]

reasonably ad. 합리적으로
[유] affordable (가격이) 알맞은
[반] unreasonable 불합리한

합리적인, 적당한

reasonable rates 합리적인 요금
a **reasonable** workload 적당한 업무량

34 **alternative**
[ɔːltə́ːrnətiv]

alternatively ad. 그 대신에
alternate a. 교대의, 번갈아 나오는
v. 번갈아 하다

대체 가능한, 대안의 n. 대안, 대체

cheaper **alternative** transportation 더 저렴한 대체 교통수단
provide[consider] an **alternative** 대안을 제시[검토]하다

✓ 재옥쌤 TIP

alternative와 alternate는 비슷하게 생겨서 좀 헷갈려! alternative는 '대안, 다른 선택지'라는 뜻으로 토익에서 자주 등장하는데, alternate는 '교대로, 번갈아'라는 의미지만 거의 출제되지 않아.

35 **timely**
[táimli]

시기적절한, 때맞춘

a **timely** response 시기적절한 대응
in a **timely** manner 시기적절하게

36 **loyal**
[lɔ́iəl]

loyally ad. 성실히, 충성스럽게
loyalty n. 충성

충성스러운, 충실한

our **loyal** subscribers[customers]
우리의 충성도 높은 구독자들[고객들]
a **loyalty** program 로열티(포인트 적립) 프로그램

✓ 재옥쌤 TIP

토익에서 '단골 고객'은 보통 loyal customers로 자주 나와! 비슷한 표현으로는 regular customers, returning customers가 있어. 모두 '충성도 높은, 재방문하는 고객'을 뜻한다는 점 기억해 둬!

37 **appropriate**
[əpróuprieit]

appropriately ad. 적절하게
[유] suitable 적합한, 알맞은

적절한, 적합한

be **appropriate** for beginners 초보자에게 적합하다
the **appropriate** documentation 적절한 서류

38 **comprehensive**
[kɑ̀mprihénsiv]

comprehend v. 이해하다
comprehension n. 이해(력)
comprehensively adv. 포괄적으로

종합적인, 포괄적인

a **comprehensive** booklet 종합 안내 책자
a **comprehensive** report 종합 보고서

39 **spectacular**
[spektǽkjulər]
㊐ stunning 굉장히 아름다운

장관을 이루는, 극적인

spectacular views of the mountain 산의 멋진 경치
a **spectacular** success 눈부신 성공

---

40 **outstanding**
[autstǽndiŋ]
㊐ exceptional 뛰어난

뛰어난; 미지불된, 미해결된

outstanding performance 뛰어난 성과
outstanding balance 미지불 잔액

재옥쌤 TIP

outstanding은 '뛰어난' vs '미지불된, 미해결된' 이 두 가지 의미로 자주 쓰여. 예를 들어 'an outstanding invoice'라고 하면 '뛰어난 청구서'가 아니라 '미결제 청구서'를 뜻해. 파트 7 회계·재무 관련 지문에서 자주 출제돼.

---

41 **empty**
[émpti]
㊐ unoccupied, vacant
비어 있는

비어 있는 v. 비우다

empty space 빈 공간
empty a trash bin 쓰레기통을 비우다

---

42 **independent**
[ìndipéndənt]
independently ad. 독립적으로
㊔ dependent 의존적인

독립적인, 독자적인

an **independent** contractor
독립 계약자(고용이 아닌 계약으로 일하는 독립 사업자)
an **independent** retailer 개인 소매점

---

43 **surrounding**
[səráundiŋ]
surround v. 둘러싸다

주위의, 주변의

surrounding areas[structures] 주변 지역들[건축물들]
beautiful **surrounding** countryside
아름다운 주변 시골 풍경

---

44 **suitable**
[sú:təbl]
suit v. 맞다, 어울리다
suited a. 적합한
suitability n. 적합성
㊐ appropriate 적절한

적합한, 알맞은

be **suitable** for the role 해당 역할에 적합하다
a **suitable** position 적합한 직책

재옥쌤 TIP

suitable과 suited는 뜻은 비슷하지만 전치사 쓰임이 달라. suitable은 항상 for와만 쓰이고, suited는 for와 to 둘 다 가능해. 예를 들어 'be suited to the role'처럼 전치사 to가 오면 suitable은 쓸 수 없어.

45 **prior**
[práiər]

priority n. 우선(권), 우선 사항
㊊ previous 이전의

사전의, 이전의; 우선하는

without **prior** approval 사전 승인 없이
prior experience 이전 경험[경력]

재옥쌤 TIP

prior to는 before처럼 '~ 전에'라는 뜻이고, 여기서 to는 전치사라서 뒤엔 명사(구)가 와야 해.
··· prior to the event 행사 전에

---

46 **spacious**
[spéiʃəs]

space n. 공간

넓은

a **spacious** three-bedroom apartment
방 3개의 넓은 아파트
a **spacious** patio area 넓은 테라스 공간

---

47 **exceptional**
[iksépʃənl]

exceptionally ad. 유난히
exception n. 예외
㊊ outstanding 뛰어난

예외적인; 뛰어난

exceptional opportunities 드문 기회
exceptional leaders 뛰어난 지도자들

---

48 **reliable**
[riláiəbl]

rely v. 믿다, 의지하다
reliant a. 의존하는
㊊ dependable 믿을 수 있는

믿을 수 있는

a **reliable** product 믿을 수 있는 제품
from a **reliable** source 믿을 만한 소식통으로부터

재옥쌤 TIP

reliable은 '믿을 만한'이라는 뜻으로 a reliable service처럼 명사 앞에서 자주 쓰이고, reliant는 '의존하는'이라는 뜻으로 be reliant on처럼 보어 자리에 주로 쓰여.

---

49 **automated**
[ɔ́:təmèitid]

automate v. 자동화하다
automatic a. 자동의

자동화된

automated checkout kiosks 무인[셀프] 계산대
the **automated** message 자동 응답 메시지

---

50 **remarkable**
[rimɑ́:rkəbl]

remarkably ad. 눈에 띄게, 현저하게
㊊ noticeable 눈에 띄는, 주목할 만한

놀랄 만한, 주목할 만한

remarkable achievements 놀라운 성과
remarkable growth 놀랄 만한 성장

REVIEW TEST

정답 p.346

✦ Check After You Study 이제 이 단어들을 마스터했는지 확인해보세요.

- ☐ official
- ☐ generous
- ☐ subject
- ☐ extensive
- ☐ previous
- ☐ initial
- ☐ informative
- ☐ confident
- ☐ ongoing
- ☐ traditional
- ☐ impressed
- ☐ regional
- ☐ enclosed
- ☐ extra
- ☐ residential
- ☐ environmental
- ☐ whole
- ☐ on-site
- ☐ relevant
- ☐ electronic
- ☐ responsive
- ☐ specific
- ☐ senior
- ☐ industrial
- ☐ dedicated
- ☐ pleasant
- ☐ eligible
- ☐ corporate
- ☐ flexible
- ☐ mandatory
- ☐ similar
- ☐ unusual
- ☐ reasonable
- ☐ alternative
- ☐ timely
- ☐ loyal
- ☐ appropriate
- ☐ comprehensive
- ☐ spectacular
- ☐ outstanding
- ☐ empty
- ☐ independent
- ☐ surrounding
- ☐ suitable
- ☐ prior
- ☐ spacious
- ☐ exceptional
- ☐ reliable
- ☐ automated
- ☐ remarkable

✦ Fill In the Blanks 문맥에 알맞은 말을 골라 빈칸을 채우세요. (필요시 적절한 형태로)

ongoing	eligible	dedicated	outstanding	subject	alternative

1 The ____________ Staff Awards Ceremony will commence at 6 p.m.
우수 직원 시상식이 오후 6시에 시작될 것이다.

2 New subscribers are ____________ for a bonus gift.
신규 가입자는 보너스 선물 수령 자격이 있습니다.

3 They are ____________ to providing excellent customer service.
그들은 훌륭한 고객 서비스를 제공하는 데 전념하고 있다.

4 We accept submissions of digital images on an ____________ basis.
우리는 디지털 이미지 제출을 수시로 접수합니다.

5 Due to the marathon, many city buses will run on ____________ routes.
마라톤으로 인해 많은 시내버스들이 대체 경로로 운행될 것입니다.

6 This is ____________ to change depending on the construction's progress.
이는 공사의 진행 상황에 따라 변경될 수 있습니다.

DAY 11

형용사 3

Check Before You Study

학습을 시작하기 전에, 아는 단어와 모르는 단어를 빠르게 점검해보세요.

☐ attractive	☐ electric	☐ compact
☐ instant	☐ noticeable	☐ sustainable
☐ steady	☐ critical	☐ challenging
☐ sufficient	☐ portable	☐ complicated
☐ eager	☐ optimal	☐ protective
☐ urgent	☐ favorable	☐ considerable
☐ prompt	☐ thorough	☐ knowledgeable
☐ renowned	☐ hesitant	☐ authentic
☐ willing	☐ stable	☐ economic
☐ terrific	☐ contemporary	☐ compatible
☐ state-of-the-art	☐ missing	☐ stunning
☐ seasonal	☐ consistent	☐ friendly
☐ historic	☐ rare	☐ substantial
☐ capable	☐ advanced	☐ effective
☐ grateful	☐ prestigious	☐ adaptable
☐ legal	☐ valuable	☐ adverse
☐ accurate	☐ devoted	

01 **attractive**
[ətrǽktiv]

attract v. (마음을) 끌다, 끌어들이다
attraction n. 매력; 명소
㊌ appealing 마음을 끄는
㊇ unattractive 매력 없는

마음을 끄는, 매력적인

an **attractive** investment opportunity
매력적인 투자 기회
be **attractive** to ~ ~에게 매력적이다

---

02 **instant**
[ínstənt]

instantly ad. 즉시
㊌ immediate 즉각적인

즉각적인; 인스턴트의[즉석의]

instant feedback 즉각적인 피드백
instant access to ~ ~에 대한 즉각적인 접근

---

03 **steady**
[stédi]

steadily ad. 꾸준히

꾸준한, 안정적인

steady demand 꾸준한 수요
maintain a **steady** pace 일정 속도를 유지하다

---

04 **sufficient**
[səfíʃənt]

㊌ adequate 충분한, 적절한
㊇ insufficient 부족한

충분한, 만족스러운

be **sufficient** for ~ ~에[에게] 충분하다
sufficient funds 충분한 자금

---

05 **eager**
[íːgər]

eagerly ad. 간절히
㊌ enthusiastic 열렬한, 열정적인

간절히 바라는, 열렬한

be **eager** to do ~하기를 간절히 바라다
eagerly await the result 결과를 간절히 기다리다

재옥쌤 TIP

be eager는 보통 to부정사나 전치사 for와 함께 쓰여.
⋯→ be eager to succeed 성공하기를 열망하다
be eager for success 성공을 간절히 바라다

---

06 **urgent**
[ə́ːrdʒənt]

urgently ad. 긴급히
urge v. 촉구하다
urgency n. 긴급, 절박함

긴급한, 다급한

an **urgent** matter 긴급한 사안
an **urgent** request 긴급한 요청

07 **prompt**
[prɑːmpt]

promptly ad. 즉시

즉각적인, 신속한 v. 유도하다, 재촉하다

a **prompt** response 즉각적인 응답
prompt A to do A가 ~하도록 유도하다

---

08 **renowned**
[rináund]

㊌ famous, well-known 유명한

유명한, 명성이 있는

a **renowned** speaker 명성 있는 연설자
be **renowned** for ~ ~로 유명하다

재옥쌤 TIP

'~로 유명하다'는 의미의 형용사들은 항상 for와 같이 써. 〈be renowned[famous, noted, known] for ~〉 이 네 개는 꼭 기억해 두자.

---

09 **willing**
[wíliŋ]

willingly ad. 기꺼이, 자발적으로
willingness n. 의지, 자발성
㉥ unwilling, reluctant 꺼리는

기꺼이 ~ 하는, 적극적인

be **willing** to do 기꺼이 ~하다, ~할 의향이 있다
willingness to take risks 위험을 감수할 의지

---

10 **terrific**
[tərífik]

훌륭한, 아주 좋은

a **terrific** opportunity 아주 좋은 기회
a **terrific** job 대단히 잘한 일

---

11 **state-of-the-art**
[stèit əv di ɑ́ːrt]

㊌ cutting-edge 최첨단의

최신식의, 최첨단의

state-of-the-art equipment 첨단 장비
a **state-of-the-art** facility 최신식 시설

---

12 **seasonal**
[síːzənl]

season n. 계절 v. 양념하다
seasonally ad. 계절에 따라

계절의, 계절에 따라 다른

a **seasonal** worker[demand] 계절 근로자[수요]
hold **seasonal** competitions 시즌별 대회를 열다

---

13 **historic**
[histɔ́ːrik]

history n. 역사
historical a. 역사와 관련된
historically ad. 역사적으로

역사적으로 중요한

a **historic** building[site]
역사적으로 중요한 건물[유적지]
a **historical** novel 역사 소설

14 **capable**
[kéipəbl]

capability n. 능력, 역량
[유] competent 유능한
[반] incapable ~할 수 없는, 무능한

~할 수 있는, 유능한

be **capable** of ~ ~할 수 있다
highly experienced and **capable**
경험이 풍부하며 능력 있는

---

15 **grateful**
[gréitfəl]

gratefully ad. 감사히

감사하는

be **grateful** for the support 지원에 감사하다
be **grateful** to customers 고객들에게 감사하다

재옥쌤 TIP
보통 <be grateful for + 감사의 이유>, <be grateful to + 사람> 구조로 쓰이니까, 전치사까지 세트로 기억해 두자!

---

16 **legal**
[líːgəl]

legally ad. 법적으로
[반] illegal 불법적인

법률의, 합법적인

a **legal** expert[representative] 법률 전문가[법정 대리인]
legal obligations 법적 의무들

---

17 **accurate**
[ǽkjərət]

accurately ad. 정확하게
accuracy n. 정확도
[유] precise 정확한, 정밀한
[반] inaccurate 부정확한

정확한, 정밀한

accurate information 정확한 정보
an **accurate** assessment 정확한 평가

---

18 **electric**
[iléktrik]

electricity n. 전기

전기의, 전기를 사용하는

an **electric** vehicle 전기차
an **electric** fan 선풍기

재옥쌤 TIP
electric(전기를 쓰는) vs. electronic(전자식의)
→ an electric heater 전기 히터
electronic devices 전자 기기

---

19 **noticeable**
[nóutisəbl]

noticeably ad. 눈에 띄게, 현저하게
notice v. 주목하다 n. 통지
[유] marked 뚜렷한

눈에 띄는, 뚜렷한, 현저한

a **noticeable** improvement 뚜렷한 개선
a **noticeable** increase in sales 눈에 띄는 매출 증가

20 **critical**
[krítikəl]

critically ad. 비판[비평]적으로
criticize v. 비판하다
criticism n. 비판, 비난
critic n. 비평가

중요한; 비판적인

critical factors 중요한 요소들
critical feedback 비판적인 피드백

재옥쌤 TIP

critical은 크게 두 가지 뜻이 있는데, 토익에서는 둘 다 자주 등장해.
▶ 중요한, 결정적인 ⋯→ a critical role 중요한 역할
▶ 비판적인, 평론하는 ⋯→ a critical review 비평

---

21 **portable**
[pɔ́:rtəbl]

휴대 가능한

lightweight and **portable** 가볍고 휴대 가능한
a **portable** speaker 휴대용 스피커

---

22 **optimal**
[ɑ́ptəməl]

optimize v. 최적화하다
optimization n. 최적화

최적의, 최선의

the **optimal** prices 최적의 가격
in **optimal** conditions 최적의 상태[조건]에

---

23 **favorable**
[féivərəbl]

favor n. 호의, 친절 v. ~을 선호하다
favorably ad. 호의적으로, 유리하게
㉥ unfavorable 불리한

호의적인, 긍정적인, 유리한

favorable media reviews 호의적인 언론 평가들
favorable[unfavorable] conditions 유리한[불리한] 조건

재옥쌤 TIP

favorite과 favorable은 형태가 유사해서 혼동하기 쉬운 단어니까 주의하자.
▶ favorite 가장 좋아하는
▶ favorable 호의적인, 유리한

---

24 **thorough**
[θə́:rou]

thoroughly ad. 철저히, 완전히

철저한, 완전한

a **thorough** inspection[review] 철저한 검사[검토]
a **thorough** understanding 완전한 이해

---

25 **hesitant**
[hézətənt]

hesitate v. 망설이다
㊟ reluctant 꺼리는, 주저하는

주저하는, 망설이는

be **hesitant** to do ~하기를 주저하다
be **hesitant** about ~ ~에 대해 주저하다

26 **stable**
[stéibl]

stability n. 안정(성)
stabilize v. 안정시키다
[반] unstable 불안정한

안정적인

a **stable** job 안정적인 직업
a **stable** distribution network 안정적인 유통망

---

27 **contemporary**
[kəntémpərèri, -rəri]

[유] modern 현대의

현대의, 동시대의

contemporary artwork 현대 미술 작품
contemporary writers 동시대 작가들

---

28 **missing**
[mísiŋ]

miss v. 놓치다; 그리워하다

없어진, 분실된; 누락된

look for a **missing** item 분실물을 찾다
missing information 누락된 정보

재옥쌤 TIP

miss는 '놓치다, 그리워하다'로 쓰이는 타동사야. 반면 형용사 missing은 '없어진, 분실된'이라는 뜻으로 굳어서 '분실된 물건'은 a missing item이라고 표현해야 해. a missed item은 자연스러운 표현이 아니야.

---

29 **consistent**
[kənsístənt]

consistently ad. 일관되게, 꾸준히
consist v. ~로 구성되다(of)
consistency n. 일관성; 농도

일관된, 변함없는; ~과 일치하는

consistent performance 일관된 성과
be **consistent** with ~ ~와 일치하다

---

30 **rare**
[rɛər]

rarely ad. 드물게, 좀처럼 ~하지 않는

드문, 진귀한

a **rare** opportunity 드문 기회
rare species 희귀종

---

31 **advanced**
[ædvǽnst, ədvɑ́:nst]

advance v. 진보하다 n. 발전
[유] state-of-the-art, cutting-edge 최신식의

진보된, 발달한; 상급[고급]의

advanced technology 첨단 기술
an **advanced** degree 고급 학위(보통 석·박사)

---

32 **prestigious**
[prestídʒəs]

명성[명망] 있는, 권위 있는

a **prestigious** university 명문 대학
a **prestigious** award 권위 있는 상

33 **valuable**
[vǽljuəbl]

value n. 가치 v. 소중히 여기다
invaluable a. 매우 귀중한, 값을 매길 수 없는

소중한, 귀중한, 가치 있는

a **valuable** experience 소중한 경험
invaluable information 매우 귀중한 정보

재옥쌤 TIP
value가 동사로 나오면 '소중히 여기다, 높이 평가하다'라는 뜻이야. 파트 7에서는 appreciate(감사하다; 진가를 알아보다)와 동의어로 자주 등장해.

---

34 **devoted**
[divóutid]

devote v. 바치다, 헌신하다
devotion n. 헌신, 전념
유 dedicated, committed 헌신하는, 전념하는

헌신적인, 전념하는

devoted film fans 헌신적인[열성적인] 영화 팬들
be **devoted** to ~ ~에 전념하다

---

35 **compact**
[kəmpǽkt]

소형의

a **compact** car 소형차
a **compact** version of our machine 기계의 소형 버전

---

36 **sustainable**
[səstéinəbl]

sustain v. 지속하다

(환경 파괴 없이) 지속 가능한

sustainable development 지속 가능한 개발
sustainable energy technology 지속 가능한 에너지 기술

---

37 **challenging**
[ʧǽlindʒiŋ]

challenge n. 도전 v. 도전하다
유 demanding 힘든

힘든, 어려운, 도전적인

a **challenging** task 힘든 과제
challenging questions 까다로운 질문들

재옥쌤 TIP
challenging과 demanding은 둘 다 -ing로 굳어진 분사형 형용사로 '힘든, 어려운'이라는 뜻으로 자주 쓰여.

---

38 **complicated**
[kámpləkèitid]

complicate v. 복잡하게 만들다
complication n. (복잡한) 문제; 합병증
유 complex 복잡한

복잡한

complicated instructions 복잡한 지시 사항
unnecessarily **complicated** 불필요하게 복잡한

39 **protective**
[prətéktiv]

protect v. 보호하다
protection n. 보호

보호하는, 보호용의

wear **protective** gear[clothing]
보호 장비를[보호복을] 착용하다
a **protective** barrier 보호막

---

40 **considerable**
[kənsídərəbl]

considerably ad. 상당히, 많이
㊌ substantial, significant
상당한

상당한, 많은

considerable resources[benefits] 상당한 자원[혜택]
a **considerable** amount of effort 상당한 노력

재옥쌤 TIP

'상당한'이란 뜻의 considerable, substantial, significant는 의미·용법이 거의 같으니 통째로 묶어서 외워 둬!

---

41 **knowledgeable**
[nálidʒəbl]

knowledge n. 지식

해박한, 잘 아는

a **knowledgeable** employee 해박한 직원
be **knowledgeable** about regulations
규정에 대해 잘 알고 있다

---

42 **authentic**
[ɔ:θéntik]

authenticity n. 진정성, 진짜임
㊌ genuine 진짜의

진정한, 진품의, 진짜의

authentic Italian cuisine 진정한 이탈리아 요리
a product's **authenticity** 제품의 진위 여부

---

43 **economic**
[èkənámik, i:kə-]

economy n. 경제
economics n. 경제학
economical a. 경제적인, 절약이 되는

경제의

economic development[growth] 경제 개발[성장]
recent **economic** research 최근 경제 조사

---

44 **compatible**
[kəmpǽtəbl]

compatibility n. 호환성

호환되는, 양립 가능한

be **compatible** with ~ ~와 호환되다
a **compatible** device 호환 기기

45 **stunning**
[stʌ́niŋ]

[유] spectacular 장관인

굉장히 아름다운, 멋진

stunning views of the lake 너무나 멋진 호수 경치
the **stunning** works on display 전시 중인 멋진 작품들

---

46 **friendly**
[fréndli]

친절한; ~ 친화적인

friendly staff 친절한 직원들
user-**friendly** 사용자 친화적인

재옥쌤 TIP

-ly로 끝난다고 무조건 부사는 아냐! friendly(친절한, ~ 친화적인), orderly(질서 있는), lively(활기찬), costly(값비싼) 같은 건 형용사니까 기억해 둬!

---

47 **substantial**
[səbstǽnʃəl]

substantially ad. 상당히
[유] considerable, significant 상당한

상당한

the **substantial** sum of money 상당한 액수의 돈
a **substantial** increase 상당한 증가

---

48 **effective**
[iféktiv]

effectively ad. 효과적으로
effectiveness n. 효과

효과적인; 효력이 발생하는, 시행되는

an **effective** performance evaluation 효과적인 성과 평가
effective immediately 즉시 시행되는

재옥쌤 TIP

effective는 형용사지만, 토익에서는 <effective + 날짜>로 날짜 앞에서 전치사처럼 쓰여 '~부로, ~부터'의 의미를 만들어. as of, starting, beginning도 같은 의미이니 따로 챙겨 둬.
··· Effective January 1, the new policy will apply.
1월 1일부터 새 정책이 적용될 것이다.

---

49 **adaptable**
[ədǽptəbl]

adapt v. 적응하다; 조정하다
[유] versatile 다용도의

적응할 수 있는; 조정 가능한; 다용도의

be **adaptable** to various situations
다양한 상황에 적응할 수 있다
an **adaptable** tool 다용도 도구

---

50 **adverse**
[ædvə́:rs]

adversely ad. 불리하게, 부정적으로
adversity n. 역경, 고난
[유] unfavorable 불리한, 좋지 않은

부정적인, 불리한

an **adverse** impact on the economy 경제에 부정적인 영향
adverse conditions 불리한 조건

REVIEW TEST

정답 p.346

✦ Check After You Study 이제 이 단어들을 마스터했는지 확인해보세요.

- ☐ attractive
- ☐ instant
- ☐ steady
- ☐ sufficient
- ☐ eager
- ☐ urgent
- ☐ prompt
- ☐ renowned
- ☐ willing
- ☐ terrific
- ☐ state-of-the-art
- ☐ seasonal
- ☐ historic
- ☐ capable
- ☐ grateful
- ☐ legal
- ☐ accurate
- ☐ electric
- ☐ noticeable
- ☐ critical
- ☐ portable
- ☐ optimal
- ☐ favorable
- ☐ thorough
- ☐ hesitant
- ☐ stable
- ☐ contemporary
- ☐ missing
- ☐ consistent
- ☐ rare
- ☐ advanced
- ☐ prestigious
- ☐ valuable
- ☐ devoted
- ☐ compact
- ☐ sustainable
- ☐ challenging
- ☐ complicated
- ☐ protective
- ☐ considerable
- ☐ knowledgeable
- ☐ authentic
- ☐ economic
- ☐ compatible
- ☐ stunning
- ☐ friendly
- ☐ substantial
- ☐ effective
- ☐ adaptable
- ☐ adverse

✦ Fill In the Blanks 문맥에 알맞은 말을 골라 빈칸을 채우세요. (필요시 적절한 형태로)

considerable	consistent	eager	favorable	noticeable	sustainable

1 This has resulted in a ____________ drop in sales.
이로 인해 매출이 눈에 띄게 감소했다.

2 She is ____________ to take on her new role as a plant manager.
그녀는 공장 관리인으로서 새 역할을 맡기를 간절히 원한다.

3 The packaging design requires a ____________ modification.
포장 디자인에 상당한 수정이 필요하다.

4 Her speeches leave her audiences with ____________ impressions.
그녀의 연설은 청중들에게 호의적인 인상을 남긴다.

5 Solar panels should be added to generate ____________ energy.
지속 가능한 에너지를 생산하기 위해 태양광 패널을 추가해야 한다.

6 Marketing messages should be ____________ with our brand image.
마케팅 메시지는 우리 브랜드 이미지와 일치해야 한다.

DAY 12

형용사 4

Check Before You Study

학습을 시작하기 전에, 아는 단어와 모르는 단어를 빠르게 점검해보세요.

☐ prospective	☐ native	☐ subsequent
☐ visible	☐ thoughtful	☐ entertaining
☐ superb	☐ conscious	☐ ambitious
☐ considerate	☐ artificial	☐ diverse
☐ faulty	☐ classified	☐ crowded
☐ constant	☐ preliminary	☐ vibrant
☐ courteous	☐ ancient	☐ extraordinary
☐ modest	☐ moderate	☐ scenic
☐ enormous	☐ internal	☐ confidential
☐ audiovisual	☐ ambiguous	☐ intense
☐ introductory	☐ urban	☐ existing
☐ comparable	☐ tremendous	☐ crucial
☐ unknown	☐ fragile	☐ straightforward
☐ competent	☐ underway	☐ misleading
☐ disposable	☐ wholesale	☐ harmful
☐ incredible	☐ vivid	☐ memorable
☐ outdated	☐ superior	

01 **prospective**
[prəspéktiv]

prospect n. 전망, 예상
㊌ potential 잠재적인

장래의, 미래의

a **prospective** client 잠재 고객
a **prospective** applicant 예비 지원자

---

02 **visible**
[vízəbl]

㊞ invisible 보이지 않는

눈에 보이는, 뚜렷한

visible from the road 도로에서 보이는
Skylines are **visible** in the distance.
멀리 고층 건물들이 보인다.

재옥쌤 TIP

visible은 '눈에 보이는'이라는 뜻으로, 파트 1 사진 묘사에서 풍경·건물이 배경에 보일 때 자주 써.
⋯→ The tower is visible in the background. 타워가 배경에 보인다.

---

03 **superb**
[supə́:rb]

㊌ excellent 훌륭한
outstanding 뛰어난

최고의, 훌륭한

a **superb** performance 훌륭한 성과[공연]
superb facilities 최고 수준의 시설

---

04 **considerate**
[kənsídərət]

consider v. 고려하다
consideration n. 고려, 숙고; 배려
considerable a. 상당한
㊌ thoughtful 사려 깊은, 친절한

사려 깊은, 배려하는

be **considerate** of ~ ~을 배려하다
provide **considerate** service 세심한 서비스를 제공하다

재옥쌤 TIP

considerable과 considerate는 자주 혼동돼!
▶ considerable은 주로 명사 앞에서 '상당한'
⋯→ considerable resources 상당한 자원
▶ considerate는 주로 〈be considerate of〉 구조로 '배려하는'
⋯→ be considerate of others 다른 사람들을 배려하다

---

05 **faulty**
[fɔ́:lti]

fault n. 잘못, 결점
㊌ defective 결함이 있는

결함이 있는

a **faulty** product 불량 제품
due to a **faulty** sensor 결함 있는 센서 때문에

---

06 **constant**
[kánstənt]

constantly ad. 끊임없이

끊임없는, 변함없는

constant attention[support] 끊임없는 관심[지지]
keep staff numbers **constant**
직원 수를 일정하게 유지하다

07 **courteous**
[kə́:rtiəs]

courtesy n. 예의, 공손함 a. 무료의
㊗ polite 공손한

공손한, 예의 바른

be **courteous** to customers 고객에게 공손하다
a **courteous** employee 예의 바른 직원

---

08 **modest**
[mádist]

㊗ moderate 적당한

(양이나 크기가) 크지 않은, 적당한; 겸손한

a **modest** additional fee 적당한 추가 요금
a **modest** increase 소폭 증가

---

09 **enormous**
[inɔ́:rməs]

enormously ad. 엄청나게
㊗ huge, immense 막대한, 거대한

거대한, 엄청난

an **enormous** success 엄청난 성공
enormously popular 엄청나게 인기 있는

---

10 **audiovisual**
[ɔ̀:diouvíʒuəl]

시청각의

audiovisual materials 시청각 자료
an **audiovisual** presentation 시청각 발표

---

11 **introductory**
[ìntrədʌ́ktəri]

introduction n. 소개, 도입
introduce v. 소개하다, 도입하다

입문용의; (가격·행사) 출시 기념의

introductory courses 입문 과정
a special **introductory** price 출시 기념 특별가

재옥쌤 TIP

introductory는 '입문용'뿐 아니라 신제품이나 서비스의 출시 기념 가격·제안을 말할 때도 자주 써.
⋯▸ an introductory price[offer] 출시 기념 특별가[특별 제안]

---

12 **comparable**
[kámpərəbl, kəmpǽrəbl]

compare v. 비교하다
comparison n. 비교
comparably ad. 비교할 수 있을 만큼, 동등하게

비슷한, 비교할 만한

be **comparable** to[with] ~ ~와 비교할 만하다
comparable benefits 견줄 만한(비슷한) 복지 혜택

---

13 **unknown**
[ənnóun]

㊥ known 알려진

알려지지 않은, 무명의

unknown causes[factors] 알려지지 않은 원인[요인]들
a relatively **unknown** island 비교적 잘 알려지지 않은 섬

14 **competent**
[kάmpətənt]

competently ad. 능숙하게
competence n. 능력, 역량

유능한, 능숙한

a **competent** employee 유능한 직원
be **competent** in[at] ~ ~에 능숙하다

---

15 **disposable**
[dispóuzəbl]

dispose v. 처리하다, 처분하다(of)
disposal n. 처분, 폐기

일회용의; 마음대로 쓸 수 있는

disposable containers 일회용 용기
disposable income 가처분 소득

재옥쌤 TIP

disposable은 토익에서 두 갈래로만 기억하면 돼!
▶ 일회용의 ··· disposable products[cups,gloves]
일회용 제품[컵,장갑]
▶ (마음대로) 쓸 수 있는 ··· disposable income
세금 · 공과금 제외 후 실제로 쓸 수 있는 소득

---

16 **incredible**
[inkrédəbl]

incredibly ad. 믿을 수 없을 정도로

믿을 수 없는, 놀라운

at **incredible** prices 놀라운 가격에(주로 매우 저렴한 가격)
an **incredible** experience 놀라운 경험

---

17 **outdated**
[autdéitid]

㈜ obsolete, old-fashioned
구식의

구식의, 시대에 뒤떨어진

outdated electronic devices 구형 전자 기기
an **outdated** logo 구식 로고

---

18 **native**
[néitiv]

태어난 곳의, 토착의 n. 토박이

native plants 토착 식물
the Los Angeles **native** 로스앤젤레스 출신 사람

재옥쌤 TIP

〈be native to + 장소〉는 '~가 원산지이다' 또는 '~에 자생하다' 뜻으로,
특정 동식물이 어느 지역에서 유래했는지 말할 때 써.
··· The plant is native to Brazil. 그 식물은 브라질에 자생한다.

---

19 **thoughtful**
[θɔ́:tfəl]

thoughtfully ad. 사려 깊게, 신중하게
㈜ considerate 사려 깊은

사려 깊은, 배려심 있는

thoughtful feedback 사려 깊은 피드백
give **thoughtful** answers 사려 깊은 대답을 하다

20 **conscious**
[kάnʃəs]

consciously ad. 의식적으로
㈜ aware 알고 있는

알고 있는, 의식하는

an environmentally **conscious** consumer
환경 문제에 관심 있는 소비자

be **conscious** of ~ ~을 알고 있다, 인식하고 있다

---

21 **artificial**
[ὰːrtəfíʃəl]

artificially ad. 인위적으로, 부자연스럽게
㊥ natural 자연적인, 천연의

인공의, 인위적인

artificial intelligence 인공 지능(AI)
artificial flavors 인공 향료

---

22 **classified**
[klǽsəfàid]

classify v. 분류하다
㈜ confidential 기밀의

기밀의; 분류된

classified documents 기밀 문서들
classified ads 구인·구직 광고

재옥쌤 TIP

classified는 원래 '분류된'이란 뜻이지만, 신문에서는 구인·구직·매매 광고 같은 분류 광고를 가리켜.
→ classified ads 구인·구직 광고
a classified section 분류 광고 지면

---

23 **preliminary**
[prilímənèri, -nəri]

preliminarily ad. 예비적으로, 사전에

예비의, 사전의

a **preliminary** version of a document
문서의 예비 초안

preliminary discussions 사전 논의

---

24 **ancient**
[éinʃənt]

㊥ modern 현대의

오래된, 고대의

ancient traditions 오랜 전통
ancient ruins 고대 유적

---

25 **moderate**
[mάdərət] v. [mάdərèit]

moderately ad. 적당하게, 알맞게
㈜ modest 적당한

적당한, 보통의 v. 사회를 보다; 완화[조절]하다

moderate increase 적당한 증가
moderate a discussion 토론회의 사회를 보다

재옥쌤 TIP

moderate는 형용사로 '적당한', 동사로 '완화하다, 조절하다'라는 뜻이 자주 나와! '사회를 보다'의 의미도 있지만 토익에서는 드물게 쓰이는 편이야.

26 **internal**
[intə́:rnl]

internally ad. 내부에, 내부적으로
반 external 외부의

내부의

internal[external] communication 사내[대외] 소통
internal[external] materials 내부[외부] 자료

---

27 **ambiguous**
[æmbígjuəs]

유 vague, obscure
애매한, 모호한

애매한, 모호한

ambiguous instructions 모호한 지시 사항
ambiguous results 불분명한 결과

---

28 **urban**
[ə́:rbən]

suburban a. 교외의
반 rural 시골의, 지방의

도시의

urban planning 도시계획
an **urban** renewal project 도시 재개발 프로젝트

---

29 **tremendous**
[triméndəs]

tremendously ad. 엄청나게, 굉장히

엄청난, 굉장한

a **tremendous** success 엄청난 성공
a **tremendous** honor 대단한 영광

---

30 **fragile**
[frǽdʒəl, -dʒail]

깨지기 쉬운, 부서지기 쉬운

fragile items 깨지기 쉬운 물품
'**Fragile**' stickers '취급 주의' 스티커

---

31 **underway**
[əndərwéi]

유 ongoing 진행 중인

진행 중인

get **underway** 시작되다, 진행되다
Construction is **underway**. 공사가 진행 중이다.

재옥쌤 TIP

underway는 보통 be underway 형태로 '진행 중이다, 이미 시작됐다'는 뜻으로 쓰여.
→ Negotiations[Renovations] are underway.
협상이[보수 공사가] 진행 중이다.

---

32 **wholesale**
[hóulseil]

wholesaler n. 도매상
반 retail 소매의 n. 소매

도매의, 대량의 n. 도매(업)

wholesale purchases 도매[대량] 구매
a **wholesale** market 도매 시장

33 **vivid**
[vívid]
vividly ad. 생생하게

생생한, 선명한

vivid colors 선명한 색깔
a **vivid** description 생생한 묘사

---

34 **superior**
[səpíəriər]
superiority n. 우월
㉮ inferior a. 열등한 n. 하급자

우수한, 더 나은 n. 상사, 윗사람

be **superior** to ~ ~보다 우수하다
superior quality 우수한 품질

재옥쌤 TIP
비교 느낌이지만 than이 아니라 to를 사용한다는 걸 기억해!
→ be superior[inferior] to ~ ~보다 우수하다[열등하다]

---

35 **subsequent**
[sʌ́bsikwənt]
subsequently ad. 그 후에, 나중에
㉲ following 그 다음의

그 다음의, 이후의

subsequent events 이후의 사건들
subsequent years 이후 몇 년

---

36 **entertaining**
[èntərtéiniŋ]
entertain v. 즐겁게 해 주다
entertainment n. 오락, 여흥

즐거움을 주는, 재미있는

an **entertaining** movie 재미있는 영화
live **entertainment** 라이브 공연

---

37 **ambitious**
[æmbíʃəs]
ambitiously ad. 야심차게
ambition n. 야심, 야망
㉲ aspiring 포부가 있는

야심 있는

an **ambitious** businessperson 야망 있는 사업가
an **ambitious** project 야심적인 프로젝트

---

38 **diverse**
[daivə́ːrs]
diversity n. 다양성
diversify v. 다양화하다
㉲ various, multiple 다양한

다양한

a **diverse** range[array] of ~ 다양한 범위[종류]의 ~
diverse cultural backgrounds 다양한 문화적 배경

재옥쌤 TIP
various, multiple, diverse 셋 다 '여러 가지의, 다양한'이라는 뜻이야.
▶ various, multiple은 항상 가산 복수명사와 써.
▶ diverse는 기본적으로 복수명사와 쓰이지만, 집합을 뜻하는 단수명사(range, group, audience 등)와도 함께 쓸 수 있어.

39 **crowded**

[kráudid]

crowd n. 군중

㊐ congested 붐비는, 혼잡한

혼잡한, 붐비는

crowded city roads 혼잡한 시내 도로

be **crowded** with customers 고객들로 붐비다

재옥쌤 TIP

〈be crowded with ~〉는 '~로 붐비다, 가득 차 있다'는 뜻으로 토익에서 자주 출제되는 고정 패턴이니 알아 둬!

---

40 **vibrant**

[váibrənt]

vibrantly ad. 활기차게; 선명하게

㊐ vivid 선명한

활기찬; (색깔 · 빛깔이) 선명한

a **vibrant** city 활기찬 도시

vibrant colors 선명한 색상

---

41 **extraordinary**

[ikstrɔ́:rdənèri, -nəri]

extraordinarily ad. 비범하게

㊐ exceptional, outstanding 뛰어난

㊥ ordinary 평범한, 보통의

비범한, 대단한

take **extraordinary** measures 특단의 조치를 취하다

an **extraordinary** publication 뛰어난 출판물

---

42 **scenic**

[sí:nik]

scene n. 장면, 광경; 현장

경치가 좋은

a **scenic** road 경치가 좋은 도로

scenic viewpoints 경치가 좋은 전망 포인트

---

43 **confidential**

[kὰnfədénʃəl]

confidentially ad. 은밀히

confidentiality n. 비밀, 기밀성

기밀의, 은밀한

confidential information 기밀 정보

remain **confidential** 기밀로 유지되다

재옥쌤 TIP

confidential과 confident는 어원이 같아서 헷갈리기 쉬워. confidential은 정보나 문서를 수식할 때 '기밀의'를 뜻하고, confident는 사람의 태도를 나타낼 때 '확신하는'을 뜻해.

---

44 **intense**

[inténs]

intensity n. 강도, 강렬함

intensify v. 강화하다, 심화하다

㊐ extreme 극심한

극심한, 강렬한, 치열한

intense heat 극심한 더위

intense competition 치열한 경쟁

45 **existing**
[igzístiŋ]

exist v. 존재하다
existence n. 존재

기존의, 현재의

existing customers 기존 고객들
update the **existing** version 기존 버전을 업데이트하다

재옥쌤 TIP

exist, remain, emerge, last 같은 1형식 자동사에서 파생된 형용사는 -ed 형태는 불가능하고 -ing만 가능해.
··· existing customers 기존 고객
remaining tickets 남은 티켓
emerging markets 신흥 시장
lasting impression 오래가는 인상

---

46 **crucial**
[krúːʃəl]

[유] critical, vital, essential 중요한

중요한, 결정적인; 필수적인

play a **crucial** role 중요한 역할을 하다
be **crucial** to success 성공에 필수적이다

---

47 **straightforward**
[streitfɔ́ːrwərd]

간단한; 솔직한

straightforward designs 간단한 디자인
straightforward responses 솔직한 답변

---

48 **misleading**
[mislíːdiŋ]

mislead v. 잘못 인도하다, 속이다
[반] straightforward 솔직한, 직설적인

오해의 소지가 있는, 현혹시키는

misleading advertisements 오해의 소지가 있는 광고
be **misleading** to consumers 소비자들에게 혼란을 주다

---

49 **harmful**
[háːrmfəl]

harm n. 해 v. 해를 끼치다

해로운, 유해한

harmful substances[chemicals] 유해 물질[화학 물질]
be **harmful** to ~ ~에 해롭다

---

50 **memorable**
[mémərəbl]

memory n. 기억
memorize v. 암기하다
[유] unforgettable 잊을 수 없는

기억할 만한, 인상적인

a **memorable** speech 잊지 못할 연설
visually **memorable** 시각적으로 인상적인

REVIEW TEST 정답 p.346

◆ Check After You Study 이제 이 단어들을 마스터했는지 확인해보세요.

- ☐ prospective
- ☐ visible
- ☐ superb
- ☐ considerate
- ☐ faulty
- ☐ constant
- ☐ courteous
- ☐ modest
- ☐ enormous
- ☐ audiovisual
- ☐ introductory
- ☐ comparable
- ☐ unknown
- ☐ competent
- ☐ disposable
- ☐ incredible
- ☐ outdated
- ☐ native
- ☐ thoughtful
- ☐ conscious
- ☐ artificial
- ☐ classified
- ☐ preliminary
- ☐ ancient
- ☐ moderate
- ☐ internal
- ☐ ambiguous
- ☐ urban
- ☐ tremendous
- ☐ fragile
- ☐ underway
- ☐ wholesale
- ☐ vivid
- ☐ superior
- ☐ subsequent
- ☐ entertaining
- ☐ ambitious
- ☐ diverse
- ☐ crowded
- ☐ vibrant
- ☐ extraordinary
- ☐ scenic
- ☐ confidential
- ☐ intense
- ☐ existing
- ☐ crucial
- ☐ straightforward
- ☐ misleading
- ☐ harmful
- ☐ memorable

◆ Fill In the Blanks 문맥에 알맞은 말을 골라 빈칸을 채우세요. (필요시 적절한 형태로)

diverse	introductory	confidential	fragile	prospective	conscious

1 Handle the package carefully because it contains ____________ items.
깨지기 쉬운 물건들이 들어 있으니 조심히 다루세요.

2 The food here would appeal to health-____________ diners.
이곳 음식은 건강을 의식하는 손님들에게 호응을 얻을 것이다.

3 An ____________ discount is available for first-time buyers.
첫 구매 고객에게는 첫 구매 할인이 제공됩니다.

4 The technology saves ____________ homebuyers hours of travel time.
그 기술은 예비 주택 구매자들의 이동 시간을 몇 시간이나 절약해 준다.

5 It helps you store ____________ data securely on your PC.
그것은 컴퓨터에 기밀 정보를 안전하게 저장할 수 있도록 해 준다.

6 The new cookbook includes a ____________ range of simple recipes.
그 새 요리책은 다양한 간단 요리법을 포함하고 있다.

DAY 13

부사 1

Check Before You Study

학습을 시작하기 전에, 아는 단어와 모르는 단어를 빠르게 점검해보세요.

☐ generally	☐ approximately	☐ definitely
☐ shortly	☐ diligently	☐ virtually
☐ carefully	☐ overseas	☐ eventually
☐ highly	☐ eagerly	☐ consequently
☐ frequently	☐ reportedly	☐ formerly
☐ immediately	☐ unfortunately	☐ occasionally
☐ suddenly	☐ relatively	☐ rapidly
☐ hardly	☐ unusually	☐ instantly
☐ obviously	☐ especially	☐ closely
☐ normally	☐ gradually	☐ accidentally
☐ absolutely	☐ slightly	☐ accordingly
☐ nearly	☐ automatically	☐ ultimately
☐ conveniently	☐ remotely	☐ thoroughly
☐ properly	☐ abroad	☐ briefly
☐ exclusively	☐ evenly	☐ increasingly
☐ instead	☐ greatly	☐ periodically
☐ strictly	☐ typically	

01 **generally** [dʒénərəli]

general a. 일반적인
㊙ normally, usually 보통

일반적으로, 대체로, 보통

Customers **generally** prefer lower prices.
고객들은 일반적으로 더 낮은 가격을 선호한다.

be **generally** considered the best option
대체로 최선의 선택으로 여겨지다

---

02 **shortly** [ʃɔ́:rtli]

short a. 짧은; 부족한
㊙ soon 곧, 머지않아

곧, 머지않아

will arrive **shortly** 곧 도착할 것이다
shortly after[before] the meeting 회의 직후[직전]

---

03 **carefully** [kέərfəli]

careful a. 주의 깊은, 조심하는
㊙ cautiously, attentively 주의 깊게, 신중하게
㊥ carelessly 부주의하게

주의 깊게, 신중하게

carefully review the contract
계약서를 주의 깊게 검토하다

carefully consider the options
선택지를 신중히 고려하다

---

04 **highly** [háili]

매우, 대단히; 높이 평가하여

highly qualified 매우 자격이 높은
speak **highly** of ~ ~에 대해 칭찬하다, ~을 높이 평가하다

재옥쌤 TIP

highly는 일반적으로 형용사나 분사를 수식하는 부사야.
→ highly qualified[competitive, effective]
매우 자격이 뛰어난[경쟁이 치열한, 효과적인]
다만 예외적으로 highly recommend, highly appreciate, speak highly of처럼 동사를 수식하기도 해!

---

05 **frequently** [frí:kwəntli]

frequent a. 잦은, 빈번한
㊙ often 자주

자주, 빈번히

travel **frequently** 자주 출장 가다
frequently asked questions 자주 묻는 질문들(FAQ)

---

06 **immediately** [imí:diətli]

immediate a. 즉각적인
㊙ instantly, promptly, at once 즉시

즉시, 곧바로

take effect **immediately** 즉시 효력이 발생하다
immediately before the deadline 마감 직전

07 **suddenly**
[sʌ́dnli]

sudden a. 갑작스러운
㊞ unexpectedly 뜻밖에
abruptly 갑자기

갑자기

suddenly appear[disappear] 갑자기 나타나다[사라지다]
suddenly increase[decrease] 갑자기 증가[감소]하다

---

08 **hardly**
[hɑ́:rdli]

hard a. 어려운, 힘든 ad. 열심히
㊞ scarcely, barely 거의 ~ 않다

거의 ~ 않다

hardly ever make mistakes 거의 실수를 하지 않는다
hardly anyone[anything] ~ 거의 누구도[아무것도] ~않다

✓ 재옥쌤 TIP

부정 부사는 토익의 단골 정답이야. hardly, scarcely, barely, seldom, rarely 모두 '거의 ~하지 않다'로 기억해!

---

09 **obviously**
[ɑ́bviəsli]

obvious a. 분명한, 명백한
㊞ clearly, evidently 분명히

분명히, 확실히

Obviously, the contract has expired.
분명히 계약이 만료되었다.
obviously true[wrong] 명백히 사실인[잘못된]

---

10 **normally**
[nɔ́:rməli]

normal a. 보통의
㊞ usually, generally 보통

보통, 통상적으로

normally take two weeks 보통 2주 걸리다
normally require proof of ID 보통 신분증을 요구하다

---

11 **absolutely**
[ǽbsəlu:tli]

absolute a. 절대적인, 완전한
㊞ completely 완전히

절대적으로, 완전히

absolutely necessary 절대적으로 필요한
absolutely free of charge 완전히 무료로

---

12 **nearly**
[níərli]

㊞ almost 거의

거의

nearly 100 employees 거의(대략) 100명의 직원들
nearly complete 거의 완성된

---

13 **conveniently**
[kənví:njəntli]

convenient a. 편리한
convenience n. 편리, 편의
㉥ inconveniently 불편하게

편리하게, 알맞게

be **conveniently** located[situated] near the station
역 근처에 편리하게 위치해 있다
a **conveniently** arranged schedule 편리하게 짜인 일정

14 **properly**
[prápərli]

proper a. 적절한, 제대로 된
㊀ appropriately 적절히
㊁ improperly 부적절하게

제대로, 적절히

function[operate] **properly** 제대로 작동하다[운영되다]
be expected to dress **properly** for the ceremony
행사에 맞게 적절히 차려입을 것으로 기대[요구]되다

---

15 **exclusively**
[iksklú:sivli]

exclusive a. 독점적인; 전용의
㊀ solely 오로지, 단독으로

독점적으로; 오로지 (~에만)

available **exclusively** to members 회원들만 이용 가능한
manufactured **exclusively** by ~ ~에 의해 독점적으로 제조된

---

16 **instead**
[instéd]

대신에

He didn't go to the meeting. **Instead**, he worked from home. 그는 회의에 가지 않았다. 대신 재택근무했다.
use cash **instead** of a credit card
신용카드 대신 현금을 사용하다

✓ 재옥쌤 TIP

▶ instead → 단독으로 쓰는 부사
▶ instead of → 뒤에 명사/동명사가 오는 전치사구

---

17 **strictly**
[stríktli]

strict a. 엄격한
㊀ rigidly, rigorously 엄격히

엄격히, 철저히

strictly prohibited[limited] 엄격히 금지[제한]된
strictly confidential 철저히 기밀인

---

18 **approximately**
[əprάksəmətli]

approximate a. 대략적인

대략, 거의

approximately 200 employees 약 200명의 직원들
cost **approximately** $500 비용이 약 500달러 들다

✓ 재옥쌤 TIP

토익에서 숫자 앞에 붙는 approximately, about, around, roughly, nearly, almost는 모두 '대략, 거의'라는 의미로 수량을 수식하는 부사들이야. 뉘앙스 차이는 있지만 사실상 동의어 그룹으로 봐도 돼!

---

19 **diligently**
[dílədʒəntli]

diligent a. 부지런한, 성실한

부지런히, 성실히

work **diligently** on a project 프로젝트에 부지런히 매진하다
diligently follow procedures 절차를 성실히 따르다

20 **overseas**
[ouvərsíːz]

[유] abroad 해외로, 해외에

해외로, 해외에 a. 해외의

travel **overseas** for business 해외 출장을 가다
overseas branches 해외 지점들

재옥쌤 TIP

overseas는 부사, 형용사 겸용이야. work overseas, travel overseas 처럼 동사 뒤에 쓰이면 부사, overseas markets, overseas branches 처럼 명사 앞에 쓰이면 형용사!

---

21 **eagerly**
[íːgərli]

eager a. 열망하는, 간절히 바라는
[유] enthusiastically 열정적으로
keenly 간절히, 열망하여

간절히; 적극적으로

eagerly await the results 결과를 간절히 기다리다
eagerly apply for the position
그 직위에 적극적으로 지원하다

---

22 **reportedly**
[ripɔ́ːrtidli]

전하는 바에 따르면, 보도에 따르면

Reportedly, the merger negotiations have been delayed. 전하는 바에 따르면, 합병 협상은 지연되었다.
The CEO will **reportedly** resign.
전하는 바에 따르면, CEO가 사임할 것이라고 한다.

---

23 **unfortunately**
[ənfɔ́rtʃənətli]

[유] regrettably 유감스럽게도
sadly 안타깝게도
[반] fortunately 다행히도
luckily 운 좋게도

안타깝게도, 불행히도

Unfortunately, the meeting was canceled.
안타깝게도 회의가 취소되었다.
Unfortunately, we cannot offer a refund.
안타깝게도 환불해 드릴 수 없습니다.

재옥쌤 TIP

unfortunately는 문장 전체 수식 부사로 토익에서 자주 나와. 보통 문장 맨 앞에 붙어서 상황에 대한 아쉬움을 나타내지!

---

24 **relatively**
[rélətivli]

relative a. 상대적인 n. 친척

비교적, 상대적으로

at a **relatively** low cost 비교적 저렴한 비용으로
relatively successful 비교적 성공적인

---

25 **unusually**
[ənjúʒuəli]

unusual a. 드문, 이례적인
[반] usually 보통, 대개

이례적으로, 유난히

unusually high demand 이례적으로 높은 수요
unusually strong performance 이례적으로 뛰어난 실적

26 **especially** [ispéʃəli, es-]

㊤ particularly 특히

(그중에서도) 특히

especially important information 특히 중요한 정보
especially for new employees 특히 신입 사원들을 위해

---

27 **gradually** [grǽdʒuəli]

gradual a. 점진적인
㊤ slowly 천천히
㊥ suddenly, abruptly 갑자기

서서히, 점차적으로

gradually decrease over time
시간이 지나면서 점차적으로 감소하다
gradually recover from a recession
불황에서 서서히 회복하다

---

28 **slightly** [sláitli]

slight a. 약간의, 조금의

약간, 조금

slightly increase[decrease] 약간 증가[감소]하다
a **slightly** higher[lower] price 조금 더 높은[낮은] 가격

재옥쌤 TIP

slightly는 두 가지만 기억해.
▶ 비교급 강조 ··· a slightly higher price
slightly better performance
▶ 증감 동사와 함께 ··· sales slightly increased[decreased]

---

29 **automatically** [ɔ̀:təmǽtikəli]

automatic a. 자동의
automation n. 자동화
㊥ manually 수동으로, 손으로

자동으로

shut down **automatically** 자동으로 꺼지다
automatically receive updates
업데이트를 자동으로 받다

---

30 **remotely** [rimóutli]

remote a. 외딴, 먼; 원격의

원격으로, 멀리서

work **remotely** 원격 근무하다
remotely monitor equipment 원격으로 장비를 모니터링하다

---

31 **abroad** [əbrɔ́:d]

㊤ overseas 해외에, 해외로

해외에, 해외로

expand **abroad** 해외로 확장하다
travel **abroad** 해외 여행[출장] 가다

---

32 **evenly** [í:vənli]

even a. 균등한, 평평한
ad. 심지어, ~조차도
㊥ unevenly 불균등하게

균등하게, 골고루

evenly distribute[divide] 균등하게 분배하다[나누다]
The paint covers the surface **evenly**.
페인트가 표면에 고르게 칠해져 있다.

33 **greatly**
[gréitli]

대단히, 크게

be **greatly** appreciated 대단히 감사히 여겨지다
greatly increase 크게 증가하다

---

34 **typically**
[típikəli]

typical a. 전형적인, 일반적인

보통, 일반적으로

typically take two weeks 보통 2주 걸리다
The warranty **typically** covers one year.
보증 기간은 일반적으로 1년이다.

---

35 **definitely**
[défənitli]

definite a. 명확한, 확실한
indefinite a. 무기한의; 명확하지 않은
㊤ certainly, absolutely 분명히
㊥ indefinitely 무기한으로; 막연히

분명히, 확실히

There is **definitely** a problem. 분명히 문제가 있다.
definitely draw visitors 확실히 방문객을 끌다

---

36 **virtually**
[və́:rtʃuəli]

virtual a. 사실상의; 가상의

사실상, 거의; 가상으로

virtually every employee 사실상 모든 직원
virtually identical 거의 동일한

재옥쌤 TIP

virtual이 형용사로 '가상의'라는 뜻이라서 virtually가 '가상으로'의 의미도 되지만, 토익에서는 주로 '사실상, 거의'라는 의미로 쓰여.

---

37 **eventually**
[ivéntʃuəli]

eventual a. 최종적인, 궁극적인
㊤ finally, ultimately 결국, 마침내

결국, 마침내

eventually expand operations 마침내 운영을 확장하다
eventually agree to do 결국 ~하기로 동의하다

---

38 **consequently**
[kάnsəkwèntli]

consequence n. 결과
㊤ therefore, thus 그러므로
as a result 그 결과로

그 결과(로서), 따라서

The company expanded rapidly. **Consequently**, it hired more staff.
회사는 빠르게 확장했다. 이에 따라 직원을 더 고용했다.
Consequently, sales declined. 그 결과 매출이 감소했다.

재옥쌤 TIP

therefore, thus, as a result, consequently는 모두 '그 결과, 그러므로' 뜻의 접속부사야. 의미 차이는 거의 없으니 한 묶음으로 기억해 둬!

39 **formerly**
[fɔ́ːrmərli]

former a. 이전의, 전임의
㊇ previously 이전에
once 한때
㊉ currently 현재

이전에, 예전에

formerly known as ~ 이전에 ~로 알려진
formerly a member of ~ 이전에 ~의 일원이었던

---

40 **occasionally**
[əkéiʒənəli]

occasion n. 경우; 행사
occasional a. 가끔의
㊇ sometimes, at times
가끔, 때때로

가끔, 이따금

occasionally hold workshops 가끔 워크숍을 열다
experience delays **occasionally** 가끔 지연을 겪다

---

41 **rapidly**
[rǽpidli]

rapid a. 빠른, 신속한
㊇ quickly, swiftly 빨리

빠르게, 신속하게

a **rapidly** changing market 빠르게 변하는 시장
grown **rapidly** 급성장한

---

42 **instantly**
[ínstəntli]

instant a. 즉각적인
㊇ immediately 즉시

즉시, 곧바로

instantly recognize 즉시 알아보다
instantly identify the problem 문제를 즉시 파악하다

---

43 **closely**
[klóusli]

close a. 가까운, 밀접한 ad. 가까이

면밀히; 밀접하게, 긴밀히

closely examine the details 세부 사항을 면밀히 조사하다
work **closely** with the team 팀과 긴밀히 협력하다

재옥쌤 TIP

공간적으로 '가까이'라고 말할 때는 close를 사용해.
··· live close to the station 역 가까이 살다
토익에선 closely가 훨씬 중요해! closely monitor, work closely with 처럼 '면밀히, 밀접하게' 뉘앙스로 자주 나와.

---

44 **accidentally**
[æksədéntəli]

accident n. 사고; 우연
accidental a. 우연한, 뜻밖의
㊇ mistakenly 실수로; 오해하여
㊉ deliberately 고의로

우연히; 실수로, 의도치 않게

accidentally send an e-mail 실수로 이메일을 보내다
accidentally lock the door 실수로 문을 잠그다

45 **accordingly**
[əkɔ́:rdiŋli]

according to prep. ~에 따르면
㊀ correspondingly 그에 맞게

그에 맞게; (그에) 따라서

act **accordingly** 그에 맞게 행동하다
The regulation was revised. **Accordingly**, all employees must follow the new rule.
규정이 개정되었다. 그에 따라 모든 직원은 새 규정을 지켜야 한다.

재옥쌤 TIP
accordingly는 파트 6에서 정답으로 자주 나오는 접속부사야. 문장 앞에서는 '(그에) 따라서', 동사와 함께 쓰이면 '그에 맞게'의 뜻으로 자주 나와.
··· The report was inaccurate. Accordingly, it was revised.
그 보고서는 부정확했다. 그에 따라 보고서는 수정되었다.
Please act[respond, plan] accordingly.
그에 맞게 행동[대응, 계획]해 주세요.

---

46 **ultimately**
[ʌ́ltəmətli]

ultimate a. 궁극적인, 최종의
㊀ eventually, finally, in the end 결국, 마침내

결국, 마침내; 궁극적으로

ultimately lead to ~ 결국 ~로 이어지다
Ultimately, the decision is up to the manager.
결국 그 결정은 관리자에게 달려 있다.

---

47 **thoroughly**
[θə́:rouli]

thorough a. 철저한, 완전한

철저히, 완전히; 대단히

thoroughly investigate[review] 철저히 조사[검토]하다
thoroughly satisfied 대단히 만족한

---

48 **briefly**
[brí:fli]

brief a. 짧은, 간단한
v. ~에게 보고하다

잠깐 동안; 간단히

meet **briefly** with the manager 관리자와 잠깐 회의하다
He stopped by **briefly** before the meeting.
그는 회의 전에 잠깐 들렀다.

---

49 **increasingly**
[inkrí:siŋli]

increase v. 증가하다 n. 증가
increasing a. 증가하는
㊀ progressively 점점 더

점점 더

become **increasingly** popular 점점 더 인기를 얻다
increasingly competitive 점점 더 경쟁이 치열한

---

50 **periodically**
[pìəriɑ́dikəli]

period n. 기간, 시기
periodic a. 주기적인
㊀ regularly 정기적으로

정기적으로, 주기적으로

conduct safety checks **periodically**
안전 점검을 정기적으로 실시하다
be updated **periodically** 정기적으로 업데이트되다

REVIEW TEST

정답 p.346

✦ Check After You Study 이제 이 단어들을 마스터했는지 확인해보세요.

☐ generally	☐ properly	☐ gradually	☐ formerly
☐ shortly	☐ exclusively	☐ slightly	☐ occasionally
☐ carefully	☐ instead	☐ automatically	☐ rapidly
☐ highly	☐ strictly	☐ remotely	☐ instantly
☐ frequently	☐ approximately	☐ abroad	☐ closely
☐ immediately	☐ diligently	☐ evenly	☐ accidentally
☐ suddenly	☐ overseas	☐ greatly	☐ accordingly
☐ hardly	☐ eagerly	☐ typically	☐ ultimately
☐ obviously	☐ reportedly	☐ definitely	☐ thoroughly
☐ normally	☐ unfortunately	☐ virtually	☐ briefly
☐ absolutely	☐ relatively	☐ eventually	☐ increasingly
☐ nearly	☐ unusually	☐ consequently	☐ periodically
☐ conveniently	☐ especially		

✦ Fill In the Blanks 문맥에 알맞은 말을 골라 빈칸을 채우세요. (필요시 적절한 형태로)

hardly	exclusively	remotely	accordingly	highly	virtually

1 This product has been ____________ rated by industry experts.
이 제품은 업계 전문가들로부터 매우 높은 평가를 받았다.

2 This service is ____________ offered through our Web site.
이 서비스는 오직 우리 웹사이트를 통해서만 제공됩니다.

3 Our budget has ____________ changed over the past few years.
우리의 예산은 지난 몇 년 동안 거의 변하지 않았다.

4 You can attend the meeting ____________ via video conference.
화상 회의를 통해 회의에 원격으로 참여할 수 있다.

5 It's ____________ impossible to meet the deadline without help.
도움 없이 마감을 지키는 것은 거의 불가능하다.

6 The policy changed. ____________, we updated our system.
정책이 변경되었다. 그에 따라 시스템을 업데이트했다.

DAY 14

부사 2

Check Before You Study

학습을 시작하기 전에, 아는 단어와 모르는 단어를 빠르게 점검해보세요.

☐ apparently	☐ dramatically	☐ boldly
☐ firmly	☐ overly	☐ overall
☐ carelessly	☐ unexpectedly	☐ allegedly
☐ undoubtedly	☐ rarely	☐ profoundly
☐ necessarily	☐ altogether	☐ faithfully
☐ affirmatively	☐ fondly	☐ largely
☐ admirably	☐ regrettably	☐ seemingly
☐ skillfully	☐ extremely	☐ badly
☐ repeatedly	☐ decidedly	☐ forcefully
☐ heavily	☐ fundamentally	☐ collectively
☐ simultaneously	☐ utterly	☐ manually
☐ routinely	☐ deliberately	☐ conditionally
☐ expressly	☐ forward	☐ respectively
☐ casually	☐ randomly	☐ habitually
☐ commonly	☐ partially	☐ readily
☐ markedly	☐ unbearably	☐ thereafter
☐ enthusiastically	☐ inherently	

01 **apparently**
[əpǽrəntli]

apparent a. 분명한
㊌ seemingly, outwardly
겉보기에, 보아하니

보아하니, 듣자 하니; 겉보기에

Apparently, the project has been canceled.
보아하니 그 프로젝트는 취소된 것 같다.

an **apparently** minor issue 겉보기에 사소한 문제

---

02 **firmly**
[fə́:rmli]

firm a. 확고한, 단단한 n. 회사

확고히, 단호히

firmly established 확고히 자리잡은
press[hold] **firmly** 꽉 누르다[잡다]

---

03 **carelessly**
[kɛ́ərlisli]

㊙ carefully, cautiously
주의 깊게, 신중하게

부주의하게, 무심코

carelessly discard documents 부주의하게 서류를 버리다
be **carelessly** left unattended 부주의하게 방치되다

---

04 **undoubtedly**
[ʌndáutidli]

doubt n. 의심 v. 의심하다
doubtful a. 의심스러운

틀림없이, 의심할 여지없이

Undoubtedly, the plan will succeed.
틀림없이 그 계획은 성공할 것이다.

undoubtedly affect results 틀림없이 결과에 영향을 주다

---

05 **necessarily**
[nèsəsérəli]

necessary a. 필요한, 필수의

반드시(주로 not과 함께: 반드시 ~은 아닌)

It is not **necessarily** true. 반드시 사실인 것은 아니다.

Higher prices do not **necessarily** mean better quality.
더 비싼 가격이 반드시 더 좋은 품질을 의미하는 것은 아니다.

재옥쌤 TIP

necessarily는 not과 세트야! not necessarily는 '반드시 ~인 것은 아니다'라는 의미로 쓰여. 이 표현 자체가 그대로 기출 포인트라서 반드시 챙겨둬야 해.

---

06 **affirmatively**
[əfə́:rmətivli]

affirm v. 단언하다, 확언하다
affirmative a. 긍정의, 찬성의

긍정적으로, 확정적으로

affirmatively answer[respond] 긍정적으로 대답하다

speak **affirmatively** about the plan
그 계획에 대해 긍정적으로 말하다

07 **admirably**
[ǽdmərəbli]
admire v. 존경하다, 감탄하다
admirable a. 훌륭한, 감탄할 만한
[유] excellently 훌륭하게

훌륭하게, 감탄할 만하게
handle the situation **admirably** 상황을 훌륭히 처리하다
lead the team **admirably** 팀을 훌륭히 이끌다

08 **skillfully**
[skílfəli]
skillful a. 능숙한, 솜씨 좋은
skilled a. 숙련된

능숙하게, 솜씨 있게
skillfully handle complaints 불만을 능숙하게 처리하다
skillfully written content 능숙하게 작성된 내용

09 **repeatedly**
[ripí:tidli]
repeat v. 반복하다
repeated a. 반복되는

반복적으로, 되풀이하여
be **repeatedly** delayed 여러 차례 지연되다
repeatedly request[emphasize] 거듭 요청[강조]하다

10 **heavily**
[hévili]
heavy a. 무거운; 심한, 많은

(양·정도가) 심하게, 많이, 크게
rely[depend] **heavily** on ~ ~에 많이 의존하다
be **heavily** damaged 심하게 손상되다

11 **simultaneously**
[sàiməltéiniəsli, sìm-]
simultaneous a. 동시에 일어나는
[유] at the same time 동시에

동시에
occur **simultaneously** 동시에 발생하다
be **simultaneously** broadcast on TV and radio
TV와 라디오에서 동시에 방송되다

12 **routinely**
[ru:tí:nli]
routine a. 일상적인, 정기적인 n. 일상
[유] regularly 정기적으로

정기적으로, 일상적으로
routinely check[inspect] 정기적으로 점검[검사]하다
routinely offer discounts 정기적으로 할인을 제공하다

13 **expressly**
[iksprésli]
express v. 표현하다 a. 분명한
expression n. 표현
[유] explicitly 분명하게

분명히, 명확히
expressly state 분명히 명시하다
expressly prohibit[forbid] 명확히 금지하다

14 **casually**
[kǽʒuəli]
casual a. 비격식적인, 무심한
㊌ informally 격식 없이, 비공식적으로
㊍ formally 격식을 차려, 공식적으로

편하게, 격식을 차리지 않고
dress **casually** 평상복 차림을 하다
casually discuss 가볍게 논의하다, 편하게 이야기하다

---

15 **commonly**
[kámənli]
common a. 흔한; 공통의
㊌ generally, usually
일반적으로, 보통

흔히, 보통
a **commonly** used method 흔히 사용되는 방법
be **commonly** found in offices 사무실에서 흔히 보이다

재옥쌤 TIP
commonly는 형용사나 분사 앞에서 '흔히 ~되는'의 의미로 자주 나와!
··· commonly asked questions 흔히 묻는 질문들

---

16 **markedly**
[má:rkidli]
marked a. 현저한, 두드러진
㊌ noticeably 눈에 띄게

현저하게, 두드러지게
markedly higher[lower] 현저히 더 높은[낮은]
improve **markedly** 뚜렷하게 개선되다

---

17 **enthusiastically**
[inθù:ziǽstikəli]
enthusiastic a. 열정적인, 적극적인
enthusiasm n. 열정, 열의
㊌ eagerly 열심히, 적극적으로
passionately 열정적으로

열정적으로, 적극적으로
enthusiastically participate in the event
행사에 열정적으로 참여하다
enthusiastically accept the new policy
새로운 정책을 적극적으로 수용하다

---

18 **dramatically**
[drəmǽtikəli]
dramatic a. 급격한, 극적인
㊌ drastically 급격하게, 현저하게

급격하게, 현저하게
rise **dramatically** 급등하다
improve **dramatically** 현저히 개선되다

재옥쌤 TIP
dramatically, drastically는 토익에서 거의 '증감·변화 동사'와 결합돼.
증감·변화 동사에는 increase, decrease, improve, change 등이 있어.

---

19 **overly**
[óuvərli]
㊌ excessively 지나치게, 과도하게

지나치게, 과도하게
overly optimistic 지나치게 낙관적인
overly dependent 지나치게 의존적인

20 **unexpectedly**
[ənikspéktidli]

unexpected a. 뜻밖의, 예기치 못한
expected a. 예상된

예상치 못하게, 뜻밖에

The store closed **unexpectedly**.
그 가게는 예기치 않게 문을 닫았다.
happen[occur] **unexpectedly** 불시에 일어나다[발생하다]

---

21 **rarely**
[rέərli]

rare a. 드문, 희귀한

드물게, 거의 ~않다

rarely occur 거의 발생하지 않다
The east entrance is **rarely** used.
동쪽 출입구는 거의 사용되지 않는다.

---

22 **altogether**
[ɔ̀:ltəgéðər]

㊌ completely 완전히
in total 합쳐서

전적으로, 완전히; 모두 합쳐서

altogether different 전적으로 다른
The tickets cost $120 **altogether**.
티켓은 모두 합쳐서 120달러가 들었다.

재옥쌤 TIP

altogether는 크게 두 가지만 기억해!
▶ 전적으로, 완전히 ··· altogether different 전적으로 다른
disappear altogether 완전히 사라지다
▶ 모두 합쳐서 ··· cost $500 altogether 모두 합쳐서 500달러가 들다

---

23 **fondly**
[fάndli]

fond a. 좋아하는, 다정한

애정을 담아, 다정하게

speak **fondly** of ~ ~에 대해 애정을 담아 말하다
be **fond** of ~ ~을 좋아하다

---

24 **regrettably**
[rigrétəbli]

regrettable a. 유감스러운
㊌ unfortunately 불행하게도

유감스럽게도, 안타깝게도

Regrettably, the item is no longer available.
유감스럽게도 그 상품은 품절되었다.
Regrettably, the event has been canceled.
안타깝게도 행사가 취소되었다.

---

25 **extremely**
[ikstrí:mli]

extreme a. 극도의, 극단적인
㊌ exceedingly 극도로, 대단히

극도로, 대단히

an **extremely** difficult task 극히 어려운 과제
an **extremely** successful campaign 대단히 성공적인 캠페인

재옥쌤 TIP

extremely, exceedingly 같은 '극도로, 매우' 계열 부사들은 동사는 수식하지 않고, 형용사나 부사만 꾸민다고 기억해!

26 **decidedly**
[disáididli]

decided a. 확실한
decisive a. 결단력 있는; 결정적인

확실히, 분명히

a **decidedly** different approach 확실히 다른 접근법
a **decidedly** unfavorable outcome 확실히 불리한 결과

---

27 **fundamentally**
[fʌ̀ndəméntəli]

fundamental a. 근본적인, 중요한
n. 기본, 기초

근본적으로, 본질적으로

a **fundamentally** flawed design 근본적으로 결함 있는 설계
fundamentally change a system 근본적으로 제도를 바꾸다

---

28 **utterly**
[ʌ́tərli]

[유] completely, totally 완전히

완전히, 전적으로

an **utterly** impossible task 완전히 불가능한 과제
utterly unacceptable behavior 도저히 용납할 수 없는 행동

---

29 **deliberately**
[dilíbərətli]

deliberate a. 고의적인; 신중한
v. 숙고하다
[유] intentionally 의도적으로
on purpose 고의로

의도적으로, 고의로; 신중하게

deliberately ignore a request
의도적으로 요청을 무시하다
proceed **deliberately** 신중하게 진행하다

---

30 **forward**
[fɔ́:rwərd]

[유] ahead 앞으로
onward 앞으로; (특정 시간부터) 계속

(시간적, 공간적) 앞으로 v. 전달하다

move **forward** 앞으로 나아가다
forward an e-mail 이메일을 전달하다

재욱쌤 TIP

forward는 익숙하지만, onward는 낯설 수 있어. 두 단어는 같은 뜻이야. 그리고 토익에서는 onward가 정답으로 나온 적도 있어!
⋯→ from 2025 onward 2025년 이후부터 (계속)

---

31 **randomly**
[rǽndəmli]

random a. 무작위의, 임의의
[유] arbitrarily 임의로

무작위로, 임의로

randomly assign seats 좌석을 무작위로 배정하다
randomly distributed data 무작위로 분포된 데이터

---

32 **partially**
[pá:rʃəli]

partial a. 부분적인; 편파적인
[유] partly 부분적으로

부분적으로; 불공평하게

a **partially**[partly] completed project
부분적으로 완료된 프로젝트
partially cover the expenses 경비의 일부를 부담하다

33 **unbearably**
[ənbέərəbli]
unbearable a. 견딜 수 없는

견딜 수 없을 정도로

be **unbearably** hot 견딜 수 없을 정도로 덥다
an **unbearably** long delay 견딜 수 없을 정도로 긴 지연

---

34 **inherently**
[inhíərəntli, inhé-]
inherent a. 내재하는, 본질적인
[유] essentially 본질적으로

본질적으로, 본래부터

The task is **inherently** risky. 그 업무는 본질적으로 위험하다.
an **inherently** complex process 본질적으로 복잡한 절차

---

35 **boldly**
[bóuldli]
bold a. 대담한; 선명한

대담하게, 용감하게; 선명하게

boldly state 대담하게 말하다
a **boldly** colored design 선명한 색상의 디자인

---

36 **overall**
[ouvərɔ́l]

전반적으로, 종합적으로 a. 전반[종합]적인

Overall, the project was successful.
전반적으로 그 프로젝트는 성공적이었다.
be ranked **overall** in the top 5
종합적으로 상위 5위 안에 들다

재옥쌤 TIP

overall은 두 가지로 딱 잡아 둬.
▶ 문장 전체 수식 → 문장 맨 앞이나 끝에서 '전반적으로'
⋯→ Overall, sales increased. 전반적으로 매출이 증가했다.
▶ 순위·평가 맥락 → 종합 기준으로 순위를 매길 때
⋯→ She was ranked third overall. 그녀는 종합적으로 3등이었다.

---

37 **allegedly**
[əlédʒidli]
allege v. (증거 없이) 주장하다
allegation n. (증거 없는) 주장, 혐의

주장하는 바에 따르면

be **allegedly** involved in ~
주장에 따르면 ~에 연루되어 있다
The issue **allegedly** occurred during the software update.
전해진 바로는, 그 문제는 소프트웨어 업데이트 중에 발생했다고 한다.

---

38 **profoundly**
[prəfáundli]
profound a. 심오한, 깊은

깊이, 심오하게, 엄청나게

profoundly grateful 깊이 감사하는
profoundly different 엄청나게 다른

39 **faithfully**

[féiθfəli]

faithful a. 충실한, 성실한

㊐ loyally 충실히

충실하게, 성실하게

follow instructions **faithfully** 지시 사항을 충실히 따르다

carry out duties **faithfully** 의무를 성실히 수행하다

40 **largely**

[lɑ́:rdʒli]

large a. 큰, (양이) 많은

㊊ partly 부분적으로

주로, 대체로

largely due to[because of] ~ 주로 ~ 때문에

consist **largely** of ~ 대체로 ~로 이루어져 있다

재옥쌤 TIP

largely, mostly, mainly, primarily, principally, chiefly, predominantly
전부 '주로'라는 뜻으로, 토익에서는 의미 차이 없이 같은 부류로 봐도 돼.

41 **seemingly**

[sí:miŋli]

㊐ apparently 보아하니, 겉보기에

겉보기에는, 외견상으로는

seemingly simple tasks 언뜻 보기에 단순한 업무

a **seemingly** successful project 겉보기엔 성공한 프로젝트

42 **badly**

[bǽdli]

bad a. 나쁜

㊐ heavily 몹시, 심하게

poorly 저조하게, 형편없이

몹시, 심하게; 나쁘게, 저조하게

The machine is **badly** damaged. 기계가 심하게 파손됐다.

badly need additional staff 추가 인력이 몹시 필요하다

재옥쌤 TIP

badly는 토익에서 '나쁘게'라는 뜻보다는 '몹시, 심하게'의 의미로 훨씬 자주 쓰여.

▶ 몹시 ··· badly need[want] 몹시 필요하다[원하다]

▶ 심하게 ··· badly injured[damaged] 심하게 다친[손상된]

43 **forcefully**

[fɔ́:rsfəli]

forceful a. 강력한, 단호한

강력하게, 단호하게

Avoid closing the copier lid **forcefully**.
복사기 뚜껑을 세게 닫지 마세요.

forcefully argue[oppose] 단호하게 주장[반대]하다

44 **collectively**

[kəléktivli]

collective a. 집단적인, 공동의

집단으로, 공동으로; 전체적으로

act **collectively** to achieve a goal
목표 달성을 위해 집단으로 행동하다

be **collectively** responsible for the outcome
결과에 대해 공동 책임이 있다

45 **manually**
[mǽnjuəli]

manual a. 수동의 n. 설명서
㊥반 automatically 자동으로

수동으로, 손으로

enter data **manually** 데이터를 수동으로 입력하다
a **manually** controlled system 수동 제어 시스템

46 **conditionally**
[kəndíʃənəli]

condition n. 조건; 상태
conditional a. 조건부의

조건부로, 조건에 따라

conditionally approved[accepted] 조건부 승인된[수락된]
The offer was made **conditionally**.
그 제안은 조건부로 이루어졌다.

47 **respectively**
[rispéktivli]

respective a. 각각의, 개별적인
respectful a. 정중한, 공손한
respectfully ad. 공손하게

각각, 제각기

Sales of books and magazines increased 5% and 7%, **respectively**.
도서와 잡지 판매가 각각 5%와 7% 증가했다.
John and Lisa were promoted to director and manager, **respectively**.
존과 리사는 각각 이사와 관리자로 승진했다.

재옥쌤 TIP

respectively는 항상 문장 끝에서 두 개 이상의 항목을 순서대로 연결할 때 써! 철자 비슷한 respectfully(공손하게)랑 구분해 둬야 해!

48 **habitually**
[həbítʃuəli]

habit n. 습관
habitual a. 습관적인

습관적으로, 늘

be **habitually** late for work 습관적으로 회사에 지각하다
habitually complain about work
습관적으로 일에 대해 불평하다

49 **readily**
[rédəli]

ready a. 준비된, 기꺼이 하는

쉽게; 기꺼이, 선뜻

All ingredients are **readily** available from local stores. 모든 재료는 현지 상점에서 손쉽게 구할 수 있다.
accept the offer **readily** 제안을 기꺼이 받아들이다

50 **thereafter**
[ðɛərǽftər]

㊥유 subsequently, afterward(s)
그 후에

그 후에

shortly[immediately] **thereafter** 그 직후에
be effective **thereafter** 그 이후로 효력이 발생하다

REVIEW TEST

정답 p.346

✦ Check After You Study 이제 이 단어들을 마스터했는지 확인해보세요.

- ☐ apparently
- ☐ firmly
- ☐ carelessly
- ☐ undoubtedly
- ☐ necessarily
- ☐ affirmatively
- ☐ admirably
- ☐ skillfully
- ☐ repeatedly
- ☐ heavily
- ☐ simultaneously
- ☐ routinely
- ☐ expressly
- ☐ casually
- ☐ commonly
- ☐ markedly
- ☐ enthusiastically
- ☐ dramatically
- ☐ overly
- ☐ unexpectedly
- ☐ rarely
- ☐ altogether
- ☐ fondly
- ☐ regrettably
- ☐ extremely
- ☐ decidedly
- ☐ fundamentally
- ☐ utterly
- ☐ deliberately
- ☐ forward
- ☐ randomly
- ☐ partially
- ☐ unbearably
- ☐ inherently
- ☐ boldly
- ☐ overall
- ☐ allegedly
- ☐ profoundly
- ☐ faithfully
- ☐ largely
- ☐ seemingly
- ☐ badly
- ☐ forcefully
- ☐ collectively
- ☐ manually
- ☐ conditionally
- ☐ respectively
- ☐ habitually
- ☐ readily
- ☐ thereafter

✦ Fill In the Blanks 문맥에 알맞은 말을 골라 빈칸을 채우세요. (필요시 적절한 형태로)

necessarily	casually	altogether	dramatically	respectively	badly

1 Sales have increased ____________ since the product launch.
제품 출시 이후 매출이 급격히 증가했다.

2 The company ____________ needs to improve its customer service.
회사는 고객 서비스를 몹시 개선할 필요가 있다.

3 She dressed ____________ for the team-building event.
그녀는 팀 빌딩 행사에 편안한 복장으로 참석했다.

4 More work doesn't ____________ mean better results.
일을 더 많이 하는 것이 반드시 더 나은 결과를 의미하는 것은 아니다.

5 The two projects were completed in March and April, ____________.
두 프로젝트는 각각 3월과 4월에 완료되었다.

6 ____________, the project took six months to complete.
모두 합쳐서, 이 프로젝트는 완료하는 데 6개월이 걸렸다.

ACTUAL TEST CHAPTER 01

1 The ------- of a MimEx smartphone may be extended by filling out an online form.

(A) warranty (B) lifespan
(C) design (D) vendor

2 Mr. Ardary expressed concern that the proposed candidate ------- the required organizational skills.

(A) fails (B) struggles
(C) lacks (D) limits

3 Taskko software helps managers ensure that tasks are being distributed ------- among the members of their team.

(A) briefly (B) loosely
(C) evenly (D) newly

4 The year-end report your department will produce must include summaries of both concluded and ------- projects.

(A) multiple (B) ambitious
(C) tailored (D) ongoing

5 Alonta Associates requires its employees to ------- the company of a change in their home address.

(A) note (B) reveal
(C) educate (D) inform

6 In order to maintain your wooden furniture, Hilge Home recommends ------- rubbing coconut oil into its surface.

(A) carelessly (B) occasionally
(C) unexpectedly (D) recently

7 The casting director conducted an ------- search to find the perfect performer for the film's starring role.

(A) absolute (B) eligible
(C) exhausted (D) extensive

8 The new ward was named after Dr. Suzuki in ------- of his valuable contributions to the hospital.

(A) association (B) obligation
(C) recognition (D) occasion

Questions 9-10 refer to the following e-mail.

Dear Goldstein Dental Clinic Patients,

Goldstein Dental Clinic is proud to announce that our new Web site has been launched. Now patients can book their appointments online. No special computer skills are needed to set up your account. Simply click here and fill out the text boxes. It only takes a moment, and you'll enjoy the convenience of having your patient information -------(9) available. The -------(10) of our booking process frees up our reception staff to provide better quality service at the clinic. However, those of you who prefer to make appointments by phone will still be able to do so.

Sincerely,
The Goldstein Dental Clinic Staff

9 (A) noticeably
(B) widely
(C) primarily
(D) readily

10 (A) continuation
(B) interval
(C) automation
(D) stability

Question 11 refers to the following text message.

From: Cathy Fairfield, 704-555-0141
To: Samuel Goetz, 617-555-0186
July 8, 11:24 A.M.

We're so pleased that you'll be able to visit us. I will need your ID information in order to book the plane tickets. Please get this to me as quickly as possible so that I can secure the current low fare. Thanks, and let me know if you have any questions!

11 The word "secure" in paragraph 1, line 3, is closest in meaning to
(A) defend (B) convince (C) attach (D) guarantee

Chapter 02

2순위 토익 단어 500

DAY 15 명사 1

Check Before You Study

학습을 시작하기 전에, 아는 단어와 모르는 단어를 빠르게 점검해보세요.

□ popularity	□ debate	□ structure
□ anniversary	□ checkout	□ risk
□ collection	□ aid	□ surface
□ row	□ authority	□ correspondence
□ circumstance	□ clearance	□ duration
□ trade	□ signature	□ border
□ array	□ complex	□ questionnaire
□ household	□ absence	□ consumption
□ belongings	□ balance	□ prototype
□ source	□ pollution	□ acquisition
□ violation	□ coverage	□ transaction
□ prerequisite	□ auditorium	□ loan
□ spot	□ trait	□ majority
□ hospitality	□ portion	□ stain
□ average	□ scale	□ tuition
□ packet	□ phase	□ scope
□ cooperation	□ congestion	

01 **popularity**
[pɑ̀pjulǽrəti]
popular a. 인기 있는

인기, 대중성
gain **popularity** 인기를 얻다
the growing **popularity** of ~ ~의 증가하는 인기

---

02 **anniversary**
[æ̀nəvə́:rsəri]

기념일
celebrate an **anniversary** 기념일을 축하하다
the company **anniversary** 회사의 창립기념일

---

03 **collection**
[kəlékʃən]
collect v. 모으다

수집(품), 모음
a wide **collection** of photographs 다양한 사진 모음
garbage **collection** 쓰레기 수거

---

04 **row**
[rou]
㊌ line 줄, 열

줄, 열 v. 노를 젓다
in a **row** 한 줄로, 연속으로
sit in the front **row** 맨 앞줄에 앉다

재옥쌤 TIP
in a row는 두 가지로 기억해 둬!
▶ 연속으로 ···› three days in a row 3일 연속
▶ 한 줄로 ···› The chairs are in a row. 의자들이 한 줄로 놓여 있다.

---

05 **circumstance**
[sə́:rkəmstæ̀ns]

환경, 상황
under any **circumstances** 어떠한 상황에서도
some unavoidable **circumstances** 불가피한 상황

---

06 **trade**
[treid]

무역, 거래; 업계 v. 거래하다
exhibit at a **trade** show[fair] 무역 박람회에 전시하다
the construction **trade** 건설업계

재옥쌤 TIP
trade는 보통 '무역, 거래'만 떠올리는데, 토익에서는 '업계(분야)' 의미로 도 자주 쓰여.
···› people in the trade 그 업계 사람들
즉 trade show도 단순 무역이 아니라 업계 전시회라는 느낌이야.

07 **array**
[əréi]
㊌ assortment 모음

집합체, 모음, 무리

a wide **array** of options 폭넓은 선택지
an impressive **array** of products 인상적인 제품군

08 **household**
[háushòuld]

가구 a. 가정의

a **household** appliance 가전제품
household income 가구 소득

09 **belongings**
[bilɔ́:ŋiŋz]
belong v. 속하다(to)
㊌ possession 소지품

소지품, 소유물

personal **belongings** 개인 소지품
carry minimal **belongings** 최소한의 소지품을 휴대하다

10 **source**
[sɔ:rs]

원천, 출처; 공급처 v. 조달하다, (~에서) 얻다

a **source** of income[revenue] 수입원
a reliable **source** of raw materials
신뢰할 만한 원자재 공급처(공급업체)

재옥쌤 TIP

source는 '출처, 원천'이라는 뜻도 있지만, 비즈니스 맥락에서는 '공급처, 공급업체' 의미로도 쓰여. 그리고 보통 명사로만 기억하는데, 동사로도 계속 등장해.
→ The company sources its ingredients locally.
그 회사는 재료를 지역에서 조달한다.

11 **violation**
[vàiəléiʃən]
violate v. 위반하다

위반, 위배

a parking **violation** 주차 위반
a copyright **violation** 저작권 침해

12 **prerequisite**
[prirékwəzit]
㊌ requirement 필요 조건
qualification 자격 요건

전제 조건, 필수 조건

a **prerequisite** for employment 취업의 전제 조건
prerequisite courses 선행 필수 과목

13 **spot**
[spat]

장소, 자리; 얼룩, 점 v. 발견하다, 알아보다

a parking **spot** 주차 자리
spot an error 실수를 발견하다

14 **hospitality**
[hὰspətǽləti]

hospitable a. 환대하는

환대, 접대

the **hospitality** industry 서비스업
with **hospitality** 정성껏, 환대하며

재옥쌤 TIP

hospitality(환대, 접대)라는 말이 추상적으로 느껴질 수 있는데, 토익에서는 거의 항상 산업명, 업종명으로 쓰여서, 호텔·레스토랑·여행 관련 '서비스업'을 떠올리면 돼.

---

15 **average**
[ǽvəridʒ]

평균, 평균치 a. 평균의

on **average** 평균적으로
above[below] **average** 평균 이상[이하]

---

16 **packet**
[pǽkit]

㊌ package 꾸러미, 소포

(작은) 소포, 꾸러미; 자료집

a welcome **packet** 웰컴 자료집
an information **packet** for attendees
참석자들을 위한 안내 자료 묶음

---

17 **cooperation**
[kouὰpəréiʃən]

cooperate v. 협력하다
cooperative a. 협력하는
cooperatively ad. 협조적으로

협력, 협동

Thank you for your **cooperation.**
협조해 주셔서 감사합니다.
in **cooperation** with ~ ~와 협력하여

---

18 **debate**
[dibéit]

㊌ discussion 토론

토론, 논쟁 v. 토론하다, 논의하다

the **debate** over the issue 그 사안을 둘러싼 논쟁
debate the merits of a proposal
제안의 장점에 대해 토론하다

---

19 **checkout**
[tʃékaut]

(상점·온라인) 계산(대); (호텔) 체크아웃

a sales associate at the **checkout** 계산대 판매 직원
Enter the discount code upon[at] **checkout.**
결제할 때 할인 코드를 입력하세요.

재옥쌤 TIP

호텔 체크아웃은 누구나 아는 말이라 어렵지 않아. 토익에선 결제 맥락의 checkout이 더 자주 나오니까 꼭 챙겨야 돼.

20 **aid**
[eid]

원조, 지원, 도움

financial **aid** 재정 지원
government **aid** 정부 지원

21 **authority**
[əθɔ́:rəti]

authorize v. 허가하다, 권한을 부여하다
authorization n. 허가, 인가

권한; 당국

have the **authority** to approve 승인할 권한을 가지다
transit[health] **authorities** 교통[보건] 당국

재옥쌤 TIP

authority는 불가산일 땐 '권한'이라는 뜻이고, 가산일 땐 보통 복수형 (authorities)으로 써서 '당국'을 말해!

22 **clearance**
[klíərəns]

정리; 허가, 승인

a **clearance** sale 재고 정리 세일
obtain **clearance** from headquarters 본사로부터 승인을 얻다

23 **signature**
[sígnətʃər]

sign v. 서명하다

서명; 특징 a. 대표적인, 상징적인

collect customer **signatures** 고객 서명을 받다
a **signature** dish[product] 대표 요리[상품]

24 **complex**
[kámpleks] a. [kəmpléks]

㊐ complicated a. 복잡한

복합 건물, (건물) 단지 a. 복잡한, 복합의

a public sports **complex** 공공 체육 단지
a **complex** topic 복잡한 주제

재옥쌤 TIP

보통 형용사로 '복잡한'이라는 뜻으로 알고 있지만, 토익에서는 명사로 '(건물) 단지' 의미로 자주 써. an apartment complex(아파트 단지), an office complex(사무 단지)는 기출 단골 표현이야.

25 **absence**
[ǽbsəns]

absent a. 결석한, 부재 중인
㊥ presence 출석; 존재

결석, 결근; 부재, 없음

absence from work 결근
in the **absence** of ~ ~이 없는 경우

26 **balance**
[bǽləns]

균형; 잔고, 잔액 v. 균형을 맞추다

balance due 미납(지불해야 할) 잔액
pay the remaining **balance** 잔액을 지불하다

재옥쌤 TIP
balance는 일상에선 '균형'이라는 뜻으로 많이 쓰지만, 토익에선 주로 '잔액, 잔고'라는 의미로 나와!

---

27 **pollution**
[pəlúːʃən]

pollute v. 오염시키다
pollutant n. 오염 물질

오염, 공해

water[noise] **pollution** 수질 오염[소음 공해]
dump **pollutants** in the water
물에 오염 물질을 버리다

---

28 **coverage**
[kʌ́vəridʒ]

cover v. 덮다; 다루다; 보장하다

보도, 방송; (보장, 서비스 등의) 범위

media[newspaper] **coverage** 언론[신문]의 보도
nationwide **coverage** 전국적 서비스 범위

---

29 **auditorium**
[ɔ̀ːditɔ́ːriəm]

(대)강당; 객석

a school[company] **auditorium** 학교[회사] 강당
Please gather in the main **auditorium.**
본관 강당에 모여 주시기 바랍니다.

---

30 **trait**
[treit]

[유] feature 특징
characteristic 특징

(성격의) 특성, 특징

personality **traits** 성격 특성
leadership **traits** 리더십 자질

---

31 **portion**
[pɔ́ːrʃən]

부분, 일부; (음식의) 1인분

a **portion** of the profits 이익의 일부
a generous **portion** of meat 넉넉한 양의 고기 1인분

---

32 **scale**
[skeil]

규모; 등급; 저울

on a large[small] **scale** 대규모[소규모]로
a pay **scale** 임금 등급

33 **phase**
[feiz]

단계

consist of three **phases** 세 단계로 구성되다
the design **phase** of this project 이 프로젝트의 설계 단계

---

34 **congestion**
[kəndʒéstʃən]

congest v. 혼잡하게 하다
㊥ traffic jam 교통 체증

(교통) 혼잡, 정체

ease[relieve, alleviate] **congestion** 혼잡을 완화하다
heavy[severe] **congestion** 극심한 정체

---

35 **structure**
[strʌ́ktʃər]

structural a. 구조적인
structurally ad. 구조적으로

건물, 구조물; 구조 v. 조직하다

remodel the vacant **structure** 빈 건물을 개조하다
the price **structure** 가격 체계[구조]

---

36 **risk**
[risk]

risky a. 위험한

위험 (요소) v. 위험을 무릅쓰다

reduce the **risk** of ~ ~의 위험을 줄이다
risk -ing ~할 위험을 무릅쓰다

재옥쌤 TIP

토익에서 risk는 동사 용법이 오히려 시험 포인트야. 이때는 주로 〈risk -ing〉 형태로만 쓰여.
→ risk losing customers (O) 고객을 잃을 위험을 무릅쓰다
risk to lose customers (X)

---

37 **surface**
[sə́:rfis]

resurface v. 다시 포장하다

표면 v. (도로 등을) 포장하다

the **surface** of the parking lot 주차장의 표면
on the **surface** 겉보기에는, 표면적으로는

---

38 **correspondence**
[kɔ̀:rəspɑ́ndəns]

correspond v. 일치하다, 해당하다; 서신을 주고받다
correspondent n. 특파원, 기자

서신, 편지; 일치

business **correspondence** 업무 서신
in **correspondence** with ~ ~와 일치하여

재옥쌤 TIP

correspondence는 '서신'의 의미로 불가산, correspondent는 '특파원, 통신원'처럼 사람을 가리키는 가산명사야.

39 **duration**
[djuréiʃən]

지속, (지속되는) 기간

the **duration** of the contract 계약 기간
for the **duration** of ~ ~이 지속되는 동안

---

40 **border**
[bɔ́:rdər]

경계, 국경 v. ~에 접하다, 경계를 이루다

beyond[across] the **border** 국경을 넘어[가로질러]
border a garden[yard] 정원[마당]에 접하다

재옥쌤 TIP

border는 동사로 '~와 접하다'라는 뜻도 있어. 특히, 파트 1에서 수동태 형태로 잘 나오는데 be bordered by trees[fences, walls] 등의 표현이 가끔 나와.
··· The property is bordered by trees.
그 부지는 나무들로 둘러싸여 있다.

---

41 **questionnaire**
[kwèstʃənέər]

[유] survey 설문조사

설문지

paper[electronic] **questionnaires** 종이[전자] 설문지
a follow-up **questionnaire** 추가[후속] 설문지

---

42 **consumption**
[kənsʌ́mpʃən]

consume v. 소비하다
consumer n. 소비자

소비(량), 소모; 섭취

reduce energy[fuel, electricity] **consumption**
에너지[연료, 전력] 소비를 줄이다
consumer demand 소비자 수요

---

43 **prototype**
[próutətàip]

시제품; 원형

develop[build] a **prototype** 시제품을 개발[제작]하다
the demonstration of our **prototype**
자사 시제품 시연

재옥쌤 TIP

prototype은 출시 전에 만드는 첫 모델, 시험용 제품이야.
··· a prototype car 시제품 차량

---

44 **acquisition**
[ækwizíʃən]

acquire v. 얻다, 획득하다

인수; 습득, 획득

merger and **acquisition** 인수 합병
acquisition of assets 자산 취득

45 **transaction**
[trænsǽkʃən, trænz-]

(상)거래; 처리

complete a **transaction** 거래를 완료하다
secure online **transactions** 안전한 온라인 거래

---

46 **loan**
[loun]

대출(금), 대여

a **loan** application 대출 신청(서)
be on **loan** from the National Gallery
국립 미술관으로부터 대여 중이다

---

47 **majority**
[mədʒɔ́:rəti]

㉥ minority 소수

대다수, 과반수

a **majority** of employees 직원의 대다수
The **majority** voted in favor. 대다수가 찬성표를 던졌다.

재옥쌤 TIP

majority는 동사의 수일치를 뒤에 오는 명사에 맞춰야 해.
▶ a[the] majority of + 가산 복수명사 → 복수 동사
⋯➝ a[the] majority of employees are ~
▶ a[the] majority of + 불가산명사 → 단수 동사
⋯➝ a[the] majority of the information is ~
▶ the majority 단독 사용 → 보통 단수 동사
⋯➝ the majority is ~

---

48 **stain**
[stein]

stainless a. 얼룩이 없는, 녹슬지 않는

얼룩, 자국 v. 얼룩지게 하다, 얼룩지다

remove a **stain** from clothing 옷에서 얼룩을 제거하다
stain-resistant fabrics 얼룩 방지 직물

---

49 **tuition**
[tju:íʃən]

수업(료)

the **tuition** fee 수업료
a **tuition** assistance program 학비 지원 프로그램

---

50 **scope**
[skoup]

범위, 영역; 기회

broaden[expand] the **scope** 범위를 넓히다
within[beyond] the **scope** of ~
~의 범위 안에서[범위를 넘어서는]

REVIEW TEST

정답 p.349

✦ Check After You Study 이제 이 단어들을 마스터했는지 확인해보세요.

- ☐ popularity
- ☐ anniversary
- ☐ collection
- ☐ row
- ☐ circumstance
- ☐ trade
- ☐ array
- ☐ household
- ☐ belongings
- ☐ source
- ☐ violation
- ☐ prerequisite
- ☐ spot
- ☐ hospitality
- ☐ average
- ☐ packet
- ☐ cooperation
- ☐ debate
- ☐ checkout
- ☐ aid
- ☐ authority
- ☐ clearance
- ☐ signature
- ☐ complex
- ☐ absence
- ☐ balance
- ☐ pollution
- ☐ coverage
- ☐ auditorium
- ☐ trait
- ☐ portion
- ☐ scale
- ☐ phase
- ☐ congestion
- ☐ structure
- ☐ risk
- ☐ surface
- ☐ correspondence
- ☐ duration
- ☐ border
- ☐ questionnaire
- ☐ consumption
- ☐ prototype
- ☐ acquisition
- ☐ transaction
- ☐ loan
- ☐ majority
- ☐ stain
- ☐ tuition
- ☐ scope

✦ Fill In the Blanks 문맥에 알맞은 말을 골라 빈칸을 채우세요. (필요시 적절한 형태로)

array	packet	complex	balance	acquisition	transaction

1 We are delighted to confirm your ____________ is complete.
귀하의 거래가 완료되었음을 알려드리게 되어 기쁩니다.

2 Please review the information ____________ before the meeting.
회의 전에 자료 묶음집을 검토해 주세요.

3 The remainder of the ____________ is due at the time of pick-up.
잔액은 물품 수령 시점에 결제해야 합니다.

4 We offer seminars on an ____________ of subjects for business owners.
우리는 사업주들을 위해 다양한 주제의 세미나를 제공합니다.

5 They built a new commercial ____________ near the airport.
그들은 공항 근처에 새로운 상업 단지를 지었다.

6 MV Bank has expanded through ____________ of local banks.
MV 은행은 현지 은행들의 인수들을 통해 사업을 확장해 왔다.

DAY 16 명사 2

Check Before You Study

학습을 시작하기 전에, 아는 단어와 모르는 단어를 빠르게 점검해보세요.

☐ wage	☐ reassurance	☐ fiction
☐ payroll	☐ laboratory	☐ spectator
☐ retail	☐ asset	☐ testimonial
☐ labor	☐ paycheck	☐ conservation
☐ content	☐ principle	☐ specialty
☐ outcome	☐ earnings	☐ fare
☐ workload	☐ expenditure	☐ utility
☐ concern	☐ proficiency	☐ compliance
☐ handout	☐ outing	☐ hazard
☐ fine	☐ sightseeing	☐ pressure
☐ intersection	☐ recovery	☐ behavior
☐ pedestrian	☐ draft	☐ perspective
☐ dock	☐ sequence	☐ experiment
☐ outlook	☐ assembly	☐ shareholder
☐ shortage	☐ oversight	☐ breakthrough
☐ flavor	☐ author	☐ negligence
☐ sector	☐ critic	

01 **wage**
[weidʒ]
㊤ salary 봉급, 급여

임금, 급료

an hourly **wage** 시간당 임금
the minimum **wage** 최저 임금

---

02 **payroll**
[péiroul]

급여 지급 명부, 급여 총액

the **payroll** department 경리부 (급여 담당)
be on the **payroll** 직원으로 고용되어 있다

---

03 **retail**
[rí:teil]
retailer n. 소매업자, 소매상
㊥ wholesale 도매

소매(업) v. 소매로 팔다

retail sales[price] 소매 판매[가격]
work in **retail** 소매업에 종사하다

재옥쌤 TIP

retail은 주로 명사인 '소매(업)'로만 알고 있지만, '소매로 팔다'라는 의미의 동사로도 가끔 등장해.
⋯→ The shoes are retailed at $80.
그 신발은 소매로 80달러에 판매된다.

---

04 **labor**
[léibər]

노동 v. 일하다, 노동하다

labor costs 인건비
a shortage of **labor** 노동력 부족

---

05 **content**
[kántent] a. [kəntént]

내용물, (책 · 웹사이트 등의) 콘텐츠 a. 만족하는

educational **content** 교육용 콘텐츠
be **content** with results 결과에 만족하다

재옥쌤 TIP

▶ content(불가산) → 온라인 자료나 정보 전체
⋯→ online content 온라인 콘텐츠
▶ contents(복수) → 상자 안의 내용물, 문서의 조항들·항목들
⋯→ the contents of the box 상자 안의 내용물

---

06 **outcome**
[áutkəm]
㊤ result 결과

결과, 성과

influence the **outcome** 결과에 영향을 미치다
the **outcome** of negotiations 협상 결과

07 **workload**
[wə́ːrklòud]

업무량, 작업량

a heavy **workload** 과도한 업무량
distribution of staff **workloads** 직원들의 업무량 분배

---

08 **concern**
[kənsə́ːrn]

concerned a. 걱정하는; 관련된
concerning prep. ~에 관하여
[유] worry v. 걱정시키다
involve v. 관련시키다

우려, 걱정 v. 걱정시키다; 관련되다

concern over[about] ~ ~에 대한 걱정
be **concerned** about[that절] ~ ~에 대해 걱정하다

재옥쌤 TIP

be concerned about(걱정하다) vs. be concerned with(관련되다)
전치사 하나 차이로 뜻이 완전 달라지니까 잘 구분해 두자!

---

09 **handout**
[hǽndàut]

유인물, 배부 자료

distribute **handouts** 유인물을 배부하다
training[meeting] **handouts** 교육[회의] 자료

---

10 **fine**
[fain]

[유] penalty 벌금, 위약금

벌금 v. 벌금을 부과하다

impose a **fine** 벌금을 부과하다
be **fined** for violation 위반으로 벌금을 부과받다

---

11 **intersection**
[intərsékʃən]

교차로

stop at the **intersection** 교차로에서 멈추다
turn left[right] at the **intersection**
교차로에서 좌[우]회전하다

---

12 **pedestrian**
[pədéstriən]

보행자

a **pedestrian** street 보도[인도]
a **pedestrian** zone 보행자 구역

---

13 **dock**
[dak, dɔk]

[유] pier 부두

부두, 선착장 v. (배를) 정박시키다, 대다

a boat[loading] **dock** 배 선착장[하역장]
be **docked** at the port 항구에 정박해 있다

14 **outlook**
[áutluk]
㊐ prospect 전망, 예상

전망, 예상; (사람의) 관점, 태도
the economic **outlook** for 2026 2026년 경제 전망
a positive[optimistic] **outlook** 긍정적인[낙관적인] 태도

---

15 **shortage**
[ʃɔ́:rtidʒ]
shorten v. 줄이다, 단축하다
short a. 부족한; 짧은

부족, 결핍
a **shortage** of workers 인력 부족
inventory **shortages** 재고 부족

---

16 **flavor**
[fléivər]
㊐ savor 맛

맛, 풍미
a variety of **flavors** 다양한 맛
the least popular **flavor** 가장 인기가 없는 맛

---

17 **sector**
[séktər]

부문, 분야; 구역
the legal[financial] **sector** 법률[금융]부문
the investment in the manufacturing **sector**
제조 분야 투자

---

18 **reassurance**
[riəʃúərəns]
reassure v. 안심시키다

안심, 확신
give[provide, offer] **reassurance** 안심을 시켜주다
reassure customers 고객을 안심시키다

재옥쌤 TIP
reassurance는 '안심'이라는 뜻인데, 파트 3·4에서 〈화자의 의도 파악〉 정답으로 자주 나와. 예를 들어, 고객이 불만을 말할 때 직원이 해결 조치를 약속하면 → to offer reassurance(안심시키기 위해)

---

19 **laboratory**
[lǽbərətɔ̀:ri, ləbɔ́rətəri]

실험실, 연구실(= lab)
laboratory assistants[technicians]
실험실 조교들[기술직원들]
a research **laboratory** 연구소

20 **asset**
[ǽset]
㊌ property 자산, 재산

자산(이 되는 사람·물건)
a valuable **asset** 가치 있는 자산[인재]
be an **asset** to the company 회사에 큰 도움이 되다

재옥쌤 TIP
asset은 유형·무형 자산 모두를 말해. 반면 property는 주로 땅·건물 같은 유형 자산을 가리켜.

---

21 **paycheck**
[péitʃek]

급여 수표, 봉급
issue **paychecks** 급여를 지급하다
an electronic **paycheck** 전자 급여(계좌 이체 급여)

---

22 **principle**
[prínsəpl]

원칙, 원리
in **principle** 원칙적으로
management **principles** 경영 원칙

---

23 **earnings**
[ə́:rniŋz]
earn v. (돈을) 벌다; 얻다
㊌ income 소득, 수입
㊉ expenditure 지출

수익, 소득
company **earnings** 회사 수익
the previous quarter's **earnings** 지난 분기의 수익

---

24 **expenditure**
[ikspénditʃər]
㊌ expense 비용, 경비
㊉ income, revenue, earnings 수입, 소득

지출, 비용
unplanned **expenditures** 예상치 못한 지출
reduce our **expenditures** by 15 percent 지출을 15퍼센트 줄이다

---

25 **proficiency**
[prəfíʃənsi]
proficient a. 능숙한, 숙련된

능숙함, 숙달
a high level of **proficiency** 높은 숙련도
be **proficient** in[at] ~ ~에 능숙하다

재옥쌤 TIP
proficiency는 in과 함께 써서 '~에 대한 능숙함'을 나타내.
⋯→ proficiency in English 영어에 대한 능숙함
proficiency in data analysis 데이터 분석에 대한 능숙함

26 **outing**
[áutiŋ]
㊌ picnic 소풍

야유회, 소풍

a company **outing** 회사 야유회
a team-building **outing** 팀워크 야유회

---

27 **sightseeing**
[sáitsìːiŋ]

관광

a **sightseeing** trip 관광 여행
do some **sightseeing** 관광을 하다

---

28 **recovery**
[rikʌ́vəri]
recover v. 회복하다

회복, 복구

file[data] **recovery** 파일[데이터] 복구
recovery in sales 매출 회복

---

29 **draft**
[dræft, drɑːft]

원고, 초안 v. 초안을 작성하다

a **draft** of a document 문서의 초안
draft a marketing report 마케팅 보고서 초안을 작성하다

---

30 **sequence**
[síːkwəns]
㊌ order 순서

연속, 순서

in **sequence** 순서대로
a **sequence** of events 일련의 사건들

---

31 **assembly**
[əsémbli]
assemble v. 모으다; 조립하다
㊌ gathering 모임

모임, 집회; 조립

a general **assembly** 총회
an **assembly** line[plant] 조립 라인[공장]

재옥쌤 TIP

assemble이 '모으다, 조립하다' 두 가지 뜻을 다 가지니까, 명사형 assembly도 그대로 '집회(모임), 조립'이라는 두 가지 뜻으로 쓰인다고 기억하면 돼.

---

32 **oversight**
[óuvərsait]
㊌ error 실수, 오류

실수, 간과; 관리, 감독

due to an **oversight** 실수로 인해
fall under the **oversight** of ~ ~의 감독을 받다

33 **author** [ɔ́:θər]

작가, 저자

the **author**'s intentions 저자의 의도
a first-time **author** 처음 책을 출간한 작가, 신인 작가

---

34 **critic** [krítik]

criticize v. 비판하다, 비평하다
criticism n. 비평, 비판

비평가, 평론가

praised by **critics** 평론가들에게 호평 받은
reviews from **critics** 평론가들의 리뷰

---

35 **fiction** [fíkʃən]

fictional a. 허구적인
㊐ novel 소설
㊥ nonfiction 실화

소설; 허구

historical[science] **fiction** 역사[과학] 소설
a **fictional** setting 가상의 배경

---

36 **spectator** [spékteitər]

관중, 구경꾼

thousands of **spectators** 수천 명의 관중들
spectators watching from windows
창문에서 구경하는 관중들

---

37 **testimonial** [tèstəmóuniəl]

testimony n. 증거, 증언

추천서, 추천 글; 고객 후기

give a **testimonial** upon request
요청 시 추천서를 작성해 주다
customer **testimonials** 고객 후기

재옥쌤 TIP

testimonial은 '후기나 추천 글', testimony는 '증언(법정·공식 진술)'이라 쓰임새가 완전히 달라. 토익에서는 testimonial이 훨씬 자주 나오니까 혼동하지 말고 기억해.

---

38 **conservation** [kànsərvéiʃən]

conserve v. 보호하다; 절약하다
conservative a. 보수적인

보호, 보존; 절약

environmental **conservation** 환경 보존
energy **conservation** 에너지 절약

39 **specialty**
[spéʃəlti]

전문 (분야), 특기

the chef's **specialty** 그 셰프의 대표 메뉴
a local **specialty** 지역 특산품

---

40 **fare**
[fɛər]

(교통) 요금; 식사, 음식

taxi **fares** 택시 요금
local[traditional] **fare** 지역[전통] 음식

재욱쌤 TIP

fare는 거의 '교통 요금'(가산)의 뜻으로 쓰이지만, 드물게 '음식'(불가산)의 의미로도 나와. 특히 local[traditional] fare 같은 표현은 메뉴나 후기 관련 지문에서 보일 수 있으니까 챙겨 둬!

---

41 **utility**
[juːtíləti]

utilities n. 공공요금
utilize v. 이용하다, 활용하다

공공 서비스(수도, 전기, 가스 등)

a **utility** company 공익사업 회사(수도 · 전기 · 가스 회사)
pay for **utilities** 공과금을 지불하다

---

42 **compliance**
[kəmpláiəns]

comply v. 준수하다(with)
compliant a. 순응하는, 따르는

(법 · 명령 등의) 준수, 따름

in **compliance** with ~을 준수하여
compliance with city laws 도시 법규 준수

재욱쌤 TIP

comply, compliant, compliance는 모두 전치사 with와 함께 써!
→ comply with rules 규칙을 따르다
be compliant with regulations 규정을 준수하다
in compliance with laws 법을 준수하여

---

43 **hazard**
[hǽzərd]

hazardous a. 위험한

위험 (요소)

a safety **hazard** 안전상 위험 요소
minimize **hazards** at the work place
작업장에서의 위험을 최소화하다

---

44 **pressure**
[préʃər]

press v. 누르다
[유] stress 압박; 스트레스

압박, 압력

under **pressure** 압박을 받는, 스트레스를 받는
the water **pressure** 수압

45 **behavior**
[bihéivjər]
behave v. 처신하다, 행동하다

행동, 행실

consumer **behavior** 소비자 행동(소비자들의 구매 행태)
eating **behavior** 식습관

---

46 **perspective**
[pərspéktiv]
㊊ viewpoint 관점, 시각

관점, 시각

from a different **perspective** 다른 관점에서
offer a fresh **perspective** 신선한 관점을 제시하다

재옥쌤 TIP
-ive로 끝나면 형용사일 거라 착각하기 쉬운데, perspective는 명사야. 비슷하게 생긴 형용사 prospective(장래의)와 혼동하지 말기!

---

47 **experiment**
[ikspérəmənt]
experimental a. 실험의, 실험적인

실험 v. 실험하다

conduct[carry out] an **experiment** 실험을 하다
experiment with new methods 새로운 방법으로 실험하다

재옥쌤 TIP
experiment는 명사도 자주 나오지만, 동사도 가능한데 1형식 자동사로 주로 with나 on과 함께 써.
⋯▸ experiment on animals 동물을 대상으로 실험하다

---

48 **shareholder**
[ʃέərhòuldər]

주주

company **shareholders** 회사 주주
a **shareholders'** meeting 주주총회

---

49 **breakthrough**
[bréikθruː]

돌파구, 획기적 발견

a technological[medical] **breakthrough** 기술적[의학적] 혁신
make[achieve] a **breakthrough** 돌파구를 마련하다

---

50 **negligence**
[néglidʒəns]
negligent a. 부주의한, 태만한

부주의, 태만; 과실

negligence in maintaining equipment 장비 관리의 소홀
due to **negligence** 과실로 인해

REVIEW TEST

정답 p.349

✦ Check After You Study 이제 이 단어들을 마스터했는지 확인해보세요.

☐ wage	☐ outlook	☐ sightseeing	☐ specialty
☐ payroll	☐ shortage	☐ recovery	☐ fare
☐ retail	☐ flavor	☐ draft	☐ utility
☐ labor	☐ sector	☐ sequence	☐ compliance
☐ content	☐ reassurance	☐ assembly	☐ hazard
☐ outcome	☐ laboratory	☐ oversight	☐ pressure
☐ workload	☐ asset	☐ author	☐ behavior
☐ concern	☐ paycheck	☐ critic	☐ perspective
☐ handout	☐ principle	☐ fiction	☐ experiment
☐ fine	☐ earnings	☐ spectator	☐ shareholder
☐ intersection	☐ expenditure	☐ testimonial	☐ breakthrough
☐ pedestrian	☐ proficiency	☐ conservation	☐ negligence
☐ dock	☐ outing		

✦ Fill In the Blanks 문맥에 알맞은 말을 골라 빈칸을 채우세요. (필요시 적절한 형태로)

sector	perspective	utility	concern	asset	expenditure

1 Fans have expressed ____________ about the change.
팬들은 이 변화에 대해 우려를 표명했다.

2 MV Bank's ____________ exceed one billion dollars.
MV 은행의 자산은 10억 달러를 초과한다.

3 We should focus on reducing our ____________ by 15 percent.
우리는 지출들을 15퍼센트 줄이는 데 집중해야 합니다.

4 We will endeavor to include arguments from a variety of ____________.
우리는 다양한 관점의 주장들을 포함시키기 위해 노력할 것입니다.

5 He has worked in many ____________ of the travel and airline industries.
그는 여행 산업과 항공 산업의 여러 분야에서 일해왔다.

6 The rent includes fees for building maintenance, but not ____________.
임대료에는 건물 유지 관리 비용은 포함되지만, 공공요금들은 포함되지 않는다.

DAY **17** 명사 3

Check Before You Study

학습을 시작하기 전에, 아는 단어와 모르는 단어를 빠르게 점검해보세요.

☐ input	☐ specification	☐ prescription
☐ landscape	☐ transition	☐ medication
☐ founder	☐ pricing	☐ physician
☐ emergency	☐ quote	☐ symptom
☐ credential	☐ courier	☐ conflict
☐ poll	☐ flyer	☐ perk
☐ quantity	☐ publicity	☐ incentive
☐ penalty	☐ privilege	☐ shade
☐ dispute	☐ spending	☐ excerpt
☐ edge	☐ doubt	☐ precaution
☐ exterior	☐ deficit	☐ excursion
☐ hardware	☐ bottom	☐ dimension
☐ component	☐ provision	☐ resolution
☐ novel	☐ stationery	☐ footage
☐ manuscript	☐ failure	☐ intermission
☐ sculpture	☐ assortment	☐ premiere
☐ commodity	☐ checkup	

01 **input**
[ínput]
(반) output 산출(량), 생산(량)

의견, 조언; 투입 v. 입력하다

the public's **input** on this plan
이 계획에 대한 대중의 의견

a significant increase in **output**
생산량의 상당한 증가

재옥쌤 TIP

우리말로 막연히 '인풋 = 넣는 것'이라 생각하기 쉬운데, 토익에서는 대부분 '의견, 조언'의 의미로 써.

---

02 **landscape**
[lǽndskeip]
landscaper n. 조경사
landscaping n. 조경 (작업)

풍경[경관], 조경

garden **landscapes** 정원 경관
a **landscaping** company 조경 회사

---

03 **founder**
[fáundər]
found v. 설립하다
foundation n. 설립; 재단

창립자, 설립자

the **founder** of a company 회사 창립자
CEO and **founder** of ~ ~의 최고경영자이자 설립자

---

04 **emergency**
[imə́:rdʒənsi]

비상 (사태)

in an **emergency** 비상시에
emergency procedures 비상 절차

---

05 **credential**
[kridénʃəl]
(유) certificate 자격증
qualification 자격 요건

자격, 자격 증명서

verify **credentials** 자격을 검증하다
academic **credentials** 학력 증명서

재옥쌤 TIP

credential은 단수보다 복수형 credentials로 쓰이는 경우가 훨씬 많아. 동의어인 qualifications도 주로 복수형이고! 특히 채용 관련 문서에서 자주 보여.

---

06 **poll**
[poul]

여론 조사

conduct a **poll** 여론 조사를 실시하다
participate in an opinion **poll** 여론 조사에 참여하다

07 **quantity**
[kwántəti]

양, 수량

a minimum **quantity** 최소 수량
a discrepancy in the **quantity** 수량 차이

---

08 **penalty**
[pénəlti]

㈜ fine 벌금

벌금, 위약금

charge[impose] a **penalty** 벌금을 부과하다
a late payment **penalty** 연체료

---

09 **dispute**
[dispjúːt]

disputable a. 논쟁의 여지가 있는

분쟁, 논쟁 v. 이의를 제기하다, 반박하다

a contract **dispute** 계약 분쟁
dispute a charge[claim] 요금[청구]에 이의를 제기하다

---

10 **edge**
[edʒ]

우위, 경쟁력; 가장자리, 끝부분

a competitive **edge** 경쟁 우위
on the **edge** of ~ 막 ~하려는 참에, ~의 가장자리에

재옥쌤 TIP

토익에서 edge는 '끝, 가장자리'라는 의미보다 '경쟁력, 우위'라는 뜻으로 훨씬 자주 쓰여. 보통 over와 함께 써서 '~보다 우위에 있다'는 뜻이 돼.
→ have an edge over competitors 경쟁업체보다 우위에 있다

---

11 **exterior**
[ikstíəriər]

㈜ outside 외부(의)
outer, external a. 외부의
㊥ interior 내부(의)

외부, 외관 a. 외부의

a vehicle's **exterior** 차량의 외부
the **exterior** doors 외부 출입문들

---

12 **hardware**
[háːrdwɛər]

철물, 공구류; 하드웨어(컴퓨터 · 기계 장비의 물리적 장치)

a **hardware** store 철물점
purchase **hardware** supplies 철물 자재를 구매하다

---

13 **component**
[kəmpóunənt]

compose v. 구성하다

구성 요소, 부품

replacement **components** 교체용 부품들
durable **components** 내구성 있는 부품들

14 **novel**
[návəl]

novelist n. 소설가
㊐ fiction 소설, 허구

소설

a classic **novel** 고전 소설
the author's new mystery **novel**
그 작가의 새로운 미스터리 소설

---

15 **manuscript**
[mǽnjuskrìpt]

(출판 전의) 원고

the original **manuscript** 원본
edit the **manuscript** 원고를 편집하다

---

16 **sculpture**
[skʌ́lptʃər]

sculptor n. 조각가

조각상, 조각품, 조각 예술

a collection of **sculptures** 조각품 컬렉션
a **sculpture** of an important figure
중요한 인물의 조각상

---

17 **commodity**
[kəmádəti]

상품, 원자재

a basic **commodity** 기본 생필품
commodity exports[imports] 상품 수출[수입]

재옥쌤 TIP

commodity는 의미가 두 가지라기보다 상황에 따라 번역만 달라져. '거래 대상물'이라는 개념이라, 완제품이면 '상품', 원재료면 '원자재'로 자연스럽게 바뀌는 거야.

---

18 **specification**
[spèsəfikéiʃən]

specify v. 구체적으로 명시하다
specific a. 구체적인

사양, 명세(서)

product **specifications** 제품 사양
detailed **specifications** 상세한 명세서

---

19 **transition**
[trænzíʃən]

transitional a. 과도기의

전환, 변화, 이동 v. 전환하다

a smooth **transition** 원활한 전환
the **transition** to a new system 새 시스템으로의 전환

재옥쌤 TIP

transition은 -tion으로 끝나서 명사로 보이지만, '전환하다'라는 의미의 동사로도 쓰여.
⋯→ The company will transition to a new system.
회사는 새로운 시스템으로 전환할 예정이다.
시험에서 함정으로 낼 수 있으니까 '명사, 동사 둘 다 가능'이라고 꼭 기억해둬!

20 **pricing**
[práisiŋ]

price n. 가격

가격 책정, 가격 정책

competitive **pricing** 경쟁력 있는 가격 책정
flexible **pricing** 유연한 가격 정책

재옥쌤 TIP

price는 그냥 '가격'(가산), pricing은 '가격 책정[정책]'(불가산)으로 구분해서 외워야 돼!

---

21 **quote**
[kwout]

[유] estimate 견적

견적(액) v. 인용하다; 견적 내다

request a **quote** 견적을 요청하다
provide **quotes** at no cost 무료로 견적을 제공하다

---

22 **courier**
[kə́:riər, kú-]

택배 배달원, 택배 회사

a **courier** service 택배 서비스
shipped by **courier** 택배로 배송된

재옥쌤 TIP

courier는 원래 가산명사라서 a[the] courier처럼 관사를 붙여야 하지만, 〈by + 수단/방법〉 구조에서는 가산명사라도 관사를 쓰지 않아.
··· by car (자동차로), by plane (비행기로), by mail (우편으로), by courier (택배로)

---

23 **flyer**
[fláiər]

전단; 비행기 승객

a weekly **flyer** 주간 전단
an airline frequent **flyer** program
항공사 상용 고객 우대 프로그램

---

24 **publicity**
[pʌblísəti]

public n. 대중 a. 공공의, 대중의
publicize v. 알리다, 홍보하다

대중의 관심[주목], 홍보

gain[attract] **publicity** 주목을 받다[관심을 끌다]
launch a **publicity** campaign 홍보 캠페인을 시작하다

---

25 **privilege**
[prívəlidʒ]

특권, 혜택

have the **privilege** to do ~할 특권이 있다
customer **privileges** 고객 특권(혜택)

26 **spending**
[spéndiŋ]

spend v. (시간·돈 등을) 소비하다
[유] expense, expenditure 지출

소비, 지출

get **spending** approval 지출 승인을 받다
the **spending** estimates for next year 내년 지출 추정치

---

27 **doubt**
[daut]

doubtful a. 의심스러운
doubtfully ad. 미심쩍게
undoubtedly ad. 의심할 여지 없이

의심, 의혹 v. 의심하다

without a **doubt** 의심할 여지 없이
raise **doubts** about ~ ~에 대한 의혹을 제기하다

---

28 **deficit**
[défəsit]

[반] surplus 흑자, 잉여

적자, 결손

budget **deficits** 예산 적자
run[reduce] a **deficit** 적자를 기록하다[줄이다]

---

29 **bottom**
[bάtəm]

[반] top 맨 위

맨 아래

at the **bottom** of the page 페이지의 맨 아래에
reach[hit] **bottom** 최저점에 이르다[바닥을 치다]

---

30 **provision**
[prəvíʒən]

provide v. 제공하다
provisional a. 임시의, 잠정적인

제공, 공급; 조항; 대비

provision of refreshments 다과 제공
under the **provisions** of the contract 계약 조항에 따라

✓ 재옥쌤 TIP

provision은 '제공'과 '조항' 이 두 가지 의미가 토익에서 잘 나와. 구분해서 외워 둬. 추가로 make provision for(~에 대비하다)도 가끔 보이는 표현이니까 같이 챙겨 둬!

---

31 **stationery**
[stéiʃənèri, -nəri]

문구류, 사무용품

a **stationery** store 문방구
stationery supplies 사무용 문구류

---

32 **failure**
[féiljər]

fail v. 실패하다, 못하다

실패, 불이행; 고장

a communication[power] **failure** 통신 장애[정전]
failure to meet requirements 요건을 충족하지 못함

33 **assortment**
[əsɔ́:rtmənt]

assort v. 분류하다
assorted a. 다양한, 갖가지의
㊌ array 모음

모음, 다양한 종류

an **assortment** of colors 다양한 색상
a wide **assortment** of products 다양한 종류의 제품들

재옥쌤 TIP

a selection of, a variety of, an assortment of, a range of, an array of는 모두 '다양한 ~' 이라는 뜻으로, 보통 복수명사와 함께 써. 가끔 불가산명사와도 쓰지만 아주 제한적이니까 알아만 둬.
···› a variety of products 다양한 제품
a range of information 다양한 정보

---

34 **checkup**
[ʧékəp]

검사, 건강 검진

a regular[annual] **checkup** 정기[연례] 검진
the initial **checkup** fee 초진료

---

35 **prescription**
[priskrípʃən]

prescribe v. 처방하다

처방(전), 처방약

pick up the **prescription** 처방약을 찾다
fill a **prescription** 처방약을 조제하다

---

36 **medication**
[mèdəkéiʃən]

medicine n. 약, 의학

약, 약물 치료

prescription **medication** 처방약
the effects of the new **medication** 신약의 효과

재옥쌤 TIP

medication은 '약' 자체를 말하는 반면, prescription은 원래 '처방전'이라는 뜻이지만 '처방 받은 약'의 의미로도 쓰여. 그래서 pick up my medication, pick up my prescription은 둘 다 '약국에서 약을 찾다'라고 해석할 수 있어.

---

37 **physician**
[fizíʃən]

㊌ doctor 의사

의사, 내과 의사

volunteer **physicians** 자원봉사 의사들
a practicing **physician** 개업의

---

38 **symptom**
[símptəm]

증상

severe **symptoms** 심각한 증상들
treat **symptoms** 증상을 치료하다

39 **conflict**
[kάnflikt] v. [kənflíkt]
conflicting a. 상충하는, 모순되는

갈등, 충돌 v. 충돌하다

a scheduling **conflict** 일정 겹침
conflict with regulations 규정과 충돌하다

재옥쌤 TIP
conflict는 1형식 자동사로, 주로 전치사 with와 함께 쓰여. 명사일 때도 in conflict with(~와 대립하여, 충돌하여) 형태로 자주 나와.

---

40 **perk**
[pə:rk]
㊌ benefit 혜택, 특전

(급료 이외의) 특전, 혜택

employee **perks** such as meal vouchers
식권 같은 직원 혜택
offer special **perks** 특별한 혜택을 제공하다

---

41 **incentive**
[inséntiv]

유인책, 장려금, 보상

tax **incentives** 세금 감면 장려책
a performance-based **incentive** 성과 기반 인센티브

---

42 **shade**
[ʃeid]
shady a. 그늘진; 수상한

그늘, 빛 가리개

provide **shade** 그늘을 제공하다
in the **shade** 그늘에서

재옥쌤 TIP
shadow와 shade가 혹시 헷갈릴 수 있는데,
▶ shadow는 사물이나 사람의 형체가 드리운 '그림자'
→ a long shadow on the wall 벽에 드리운 긴 그림자
▶ shade는 햇빛이 가려져 생긴 시원한 '그늘'
→ sit in the shade 그늘에 앉다

---

43 **excerpt**
[éksə:rpt]

발췌, 인용구

an **excerpt** from a book 책에서 발췌한 부분
include an **excerpt** 발췌문을 포함하다

---

44 **precaution**
[prikɔ́:ʃən]

예방책, 예방 조치

as a **precaution** 예방 조치로
take **precautions** 대비를 하다

45 **excursion**
[ikskə́:rʒən]

짧은 여행, 소풍

go on an **excursion** 소풍을 가다
a sightseeing **excursion** 관광 여행

---

46 **dimension**
[diménʃən, dai-]

dimensional a. 차원의; 치수의

치수, 크기; 차원

measure the **dimensions** of the curtains
커튼의 치수를 재다
three-**dimensional** images 3차원 이미지

---

47 **resolution**
[rèzəlú:ʃən]

resolve v. 결심하다; 해결하다

결의(안); 해결; 해상도

pass a board **resolution**
이사회 결의안을 통과시키다
the **resolution** of a conflict 분쟁의 해결

재옥쌤 TIP

resolution은 기본적으로 '결의안, 해결'의 의미로 자주 나오지만, 파트 7 지문에서는 '해상도'라는 의미로도 등장하니 꼭 기억해 둬!
⋯➝ a high-resolution image 고해상도 이미지

---

48 **footage**
[fútidʒ]

㊌ video 영상

(특정한 사건을 담은) 영상, 장면

upload the **footage** 영상을 업로드하다
news **footage** 뉴스 영상

---

49 **intermission**
[intərmíʃən]

(연극·영화 등의) 중간 휴식 시간

during **intermission** 휴식 시간 동안
one 15-minute **intermission**
한 번의 15분짜리 휴식 시간

---

50 **premiere**
[primíər, -mjέər]

개봉, 초연 v. 개봉[초연]하다

a movie **premiere** 영화 시사회
The movie will **premiere** on Friday.
그 영화는 금요일에 개봉한다.

REVIEW TEST

정답 p.349

✦ Check After You Study 이제 이 단어들을 마스터했는지 확인해보세요.

- ☐ input
- ☐ landscape
- ☐ founder
- ☐ emergency
- ☐ credential
- ☐ poll
- ☐ quantity
- ☐ penalty
- ☐ dispute
- ☐ edge
- ☐ exterior
- ☐ hardware
- ☐ component
- ☐ novel
- ☐ manuscript
- ☐ sculpture
- ☐ commodity
- ☐ specification
- ☐ transition
- ☐ pricing
- ☐ quote
- ☐ courier
- ☐ flyer
- ☐ publicity
- ☐ privilege
- ☐ spending
- ☐ doubt
- ☐ deficit
- ☐ bottom
- ☐ provision
- ☐ stationery
- ☐ failure
- ☐ assortment
- ☐ checkup
- ☐ prescription
- ☐ medication
- ☐ physician
- ☐ symptom
- ☐ conflict
- ☐ perk
- ☐ incentive
- ☐ shade
- ☐ excerpt
- ☐ precaution
- ☐ excursion
- ☐ dimension
- ☐ resolution
- ☐ footage
- ☐ intermission
- ☐ premiere

✦ Fill In the Blanks 문맥에 알맞은 말을 골라 빈칸을 채우세요. (필요시 적절한 형태로)

input	privilege	perk	specification	footage	pricing

1 Remember to upload the ____________ to the company server.
회사 서버에 영상 업로드하는 것을 잊지 마세요.

2 I had the great ____________ of participating in your workshop.
귀하의 워크숍에 참여할 수 있는 큰 영광[특권]을 누렸습니다.

3 We would like to thank our customers for their ____________ in this matter.
이 사안에 대해 의견을 주신 고객 여러분께 감사드립니다.

4 Click here to see information on ____________ and availability.
가격 및 재고 정보를 보시려면 여기를 클릭하세요.

5 This seminar covers popular employee ____________ such as flexible hours.
이 세미나는 유연 근무 시간과 같은 인기 있는 직원 복지 혜택들을 다룬다.

6 The parts were manufactured according to the client's exact ____________.
해당 부품들은 고객이 요구한 정확한 사양들에 따라 제조되었다.

DAY 18 동사 1

Check Before You Study

학습을 시작하기 전에, 아는 단어와 모르는 단어를 빠르게 점검해보세요.

☐ correct	☐ withdraw	☐ criticize
☐ afford	☐ convey	☐ undertake
☐ inspect	☐ excel	☐ weaken
☐ clarify	☐ utilize	☐ reject
☐ persuade	☐ contribute	☐ vote
☐ investigate	☐ negotiate	☐ integrate
☐ endure	☐ assemble	☐ accelerate
☐ lower	☐ lend	☐ call off
☐ coordinate	☐ vary	☐ resign
☐ cause	☐ assess	☐ discontinue
☐ take over	☐ exhibit	☐ distinguish
☐ release	☐ modify	☐ streamline
☐ alter	☐ strengthen	☐ reimburse
☐ urge	☐ belong	☐ justify
☐ assume	☐ forbid	☐ contain
☐ adjust	☐ express	☐ threaten
☐ restrain	☐ reveal	

01 **correct**
[kərékt]

correction n. 수정, 정정
correctly ad. 정확하게
㉥ incorrect 부정확한

수정하다, 고치다 a. 정확한, 맞는

correct a misunderstanding 오해를 바로잡다
correct an error[a mistake] 오류[실수]를 수정하다

---

02 **afford**
[əfɔ́ːrd]

affordable a. (가격이) 알맞은, 저렴한

~할 여유가 있다; 제공하다

can **afford** to buy a house 집을 살 여유가 있다
afford access to information 정보 접근을 허용하다

재옥쌤 TIP

afford는 'can[cannot] afford to do(~할 여유가 있다[없다])' 표현만 기억해도 돼! '제공하다'의 뜻은 문어체에서만 드물게 쓰이니까 토익에서는 신경 안 써도 돼.

---

03 **inspect**
[inspékt]

inspection n. 점검, 검사
inspector n. 검사관, 감독관
㉷ examine 점검하다, 조사하다

점검하다, 검사하다

inspect the equipment 장비를 점검하다
a safety **inspection** 안전 점검

---

04 **clarify**
[klǽrəfài]

clarification n. (명확한) 설명, 해명

명확히 하다, 분명히 하다

clarify the policy 정책을 명확히 하다
ask for **clarification** 명확한 설명을 요구하다

---

05 **persuade**
[pərswéid]

persuasion n. 설득
persuasive a. 설득력 있는
persuasively ad. 설득력 있게

설득하다

persuade A to do A가 ~하도록 설득하다
persuasive arguments 설득력 있는 주장

재옥쌤 TIP

persuade는 대표적인 5형식 동사야. 보통 〈persuade A to do〉 구조로 많이 써!
→ persuade customers to buy 고객들이 구매하도록 설득하다

---

06 **investigate**
[invéstəgèit]

investigation n. 조사

조사하다, 수사하다

investigate a complaint 민원을 조사하다
thoroughly **investigate** 철저히 조사하다

07 **endure**
[indjúər]

endurance n. 인내, 참을성
enduring a. 오래 지속되는
㊌ tolerate, withstand 참다, 견디다

견디다, 참다

endure hardship 고난을 견디다
endure pressure[stress] 압박을[스트레스를] 견디다

---

08 **lower**
[lóuər]

low a. 낮은
㊉ raise 올리다

낮추다, 줄이다 a. 더 낮은

lower the price[expectations] 가격을[기대치를] 낮추다
lower the volume 소리를 줄이다

---

09 **coordinate**
[kouɔ́:rdənèit]

coordinator n. 책임자, 조정자
coordination n. 조정

조정하다; 협력하다, 잘 어울리다

coordinate the event 행사를 조율하다
coordinate with colleagues 동료들과 협력하다

---

10 **cause**
[kɔ:z]

~을 야기하다, 초래하다 n. 원인, 이유

cause a delay 지연을 초래하다
cause A to do A가 ~하게 하다

---

11 **take over**
[teik óuvər]

인계받다, 떠맡다, 인수하다

take over a company 회사를 인수하다
take over duties[responsibilities] 업무를[책임을] 떠맡다

---

12 **release**
[rilí:s]

㊌ publish 발표하다
launch 출시하다 n. 출시

발표하다, 공개하다, 출시하다 n. 출시, 공개

release a statement 성명을 발표하다
release a new line of products 신제품 라인을 출시하다

재옥쌤 TIP

release는 주로 동사로 쓰이지만, a press release(보도자료)만큼은 명사로 자주 나와! 토익에서 정말 자주 보이는 고정 표현이야.

---

13 **alter**
[ɔ́:ltər]

alteration n. 변경, 수선
㊌ modify 수정하다

바꾸다, 고치다

alter a schedule[plan] 일정[계획]을 변경하다
alter clothing 옷을 수선하다

14 **urge**
[əːrdʒ]

urgent a. 긴급한, 시급한
urgently ad. 긴급히
urgency n. 긴급(함)

촉구하다, 재촉하다

urge A to do A가 ~하도록 재촉하다
urge caution 주의를 촉구하다

---

15 **assume**
[əsúːm]

assumption n. 가정, 추정; 떠맡음
㊐ undertake (책임 등을) 맡다, 착수하다

추정[가정]하다; (권력·책임을) 맡다

assume that 주어 + 동사 ~라고 가정하다
assume a role[position] 역할을[지위를] 맡다

---

16 **adjust**
[ədʒʌ́st]

adjustable a. 조절 가능한
adjustment n. 조정[수정]; 적응
㊐ modify 수정[조정]하다
adapt 조정하다; 적응하다

조정하다; 적응하다

adjust one's glasses 안경을 조정하다(고쳐 쓰다)
adjust to a new environment 새로운 환경에 적응하다

재옥쌤 TIP

adjust와 adapt는 쓰임이 비슷해. 의미도 비슷하고 자동사/타동사 모두 가능하다는 점도 같아!
▶ 적응하다 (자동사) ··· adjust[adapt] to a new job
▶ 조정하다 (타동사) ··· adjust[adapt] the schedule

---

17 **restrain**
[ristréin]

restraint n. 억제, 자제; 규제

억제하다, 제지하다

restrain spending[inflation] 지출[인플레이션]을 억제하다
show[exercise] **restraint** 자제하다

---

18 **withdraw**
[wiðdrɔ́ː, wiθ-]

withdrawal n. 철회, 취소; 인출

철회하다, 철회시키다; (돈을) 인출하다

withdraw an application 신청을 철회하다
withdraw money from an account 계좌에서 돈을 인출하다

---

19 **convey**
[kənvéi]

conveyor n. 운반 장치
㊐ communicate 전달하다, 의사 소통하다

전달하다; 운반하다

convey information clearly 정보를 명확히 전달하다
convey goods 상품을 운반하다

재옥쌤 TIP

convey는 '물건을 나른다'는 뜻도 있지만, 토익에서는 '감정·메시지·정보를 전한다'는 뉘앙스가 핵심이야.

20 **excel**
[iksél]

excellence n. 우수함
excellent a. 뛰어난

뛰어나다, 탁월하다

excel in customer service 고객 응대에 뛰어나다
excel at multitasking 여러 업무를 잘하다

재옥쌤 TIP

excel은 1형식 자동사야! 항상 전치사 in이나 at과 같이 써야 해.

---

21 **utilize**
[júːtəlàiz]

utilization n. 활용, 이용
utility n. 공공 서비스(수도, 전기 등)
㊌ make use of 이용하다

활용하다, 이용하다

utilize technology 기술을 활용하다
utilize employee skills 직원들의 능력을 활용하다

---

22 **contribute**
[kəntríbjuːt]

contribution n. 기부(금); 기여
㊌ donate 기부하다

기여하다; 기부하다; 기고하다

contribute to success 성공에 기여하다
contribute articles 기사를 기고하다

재옥쌤 TIP

contribute는 자동사/타동사 둘 다 자주 쓰이는 동사야.
▶ 자동사 → 보통 to와 함께 '~에 기여[기부]하다'
···› contribute to a charity 자선단체에 기부하다
▶ 타동사 → '~을 기부[기고]하다'
···› contribute money 돈을 기부하다
contribute an article to a magazine 잡지에 기사를 기고하다

---

23 **negotiate**
[nigóuʃièit]

negotiation n. 협상, 교섭

협상하다, 교섭하다

negotiate terms and conditions 조건을 협상하다
negotiate with suppliers 공급업체와 협상하다

---

24 **assemble**
[əsémbl]

assembly n. 모임, 집회; 조립
㊌ gather 모으다

모으다, 모이다; 조립하다

assemble a team 팀을 구성하다
assemble parts[components] 부품을 조립하다

---

25 **lend**
[lend]

lender n. 빌려주는 사람

빌려주다; 주다

lend a hand 도와주다
lend support 지지를 보내다

26 **vary**
[véəri]

variation n. 변형, 변화
various a. 다양한

서로 다르다, 다양하다

vary depending on ~ ~에 따라 달라지다
vary in size[price] 크기[가격] 면에서 다르다

---

27 **assess**
[əsés]

assessment n. 평가
assessable a. 평가할 수 있는
㊥ evaluate 평가하다

평가하다, 산정하다

assess the situation 상황을 평가하다
performance **assessment** 성과 평가

---

28 **exhibit**
[igzíbit]

exhibition n. 전시회, 전시

전시하다; (감정·특징 등을) 보이다 n. 전시품, 전시회

exhibit an artwork 예술 작품을 전시하다
an art **exhibit[exhibition]** 미술 전시회

---

29 **modify**
[mádəfài]

modification n. 수정, 변경
㊥ alter 변경하다, 고치다
revise 개정하다, 수정하다

수정하다, 변경하다

modify a contract[schedule] 계약[일정]을 수정하다
make a **modification** 수정하다

---

30 **strengthen**
[stréŋkθən]

㊥ reinforce 강화하다
㊦ weaken 약화시키다, 약화되다

강화하다, 강화되다

strengthen ties 관계를 강화하다
strengthen security 보안을 강화하다

---

31 **belong**
[bilɔ́:ŋ]

belongings n. 소지품

~에 속하다

belong to a group 그룹에 속하다
belong in a category 카테고리에 속하다

재옥쌤 TIP

belong은 자동사라 목적어가 바로 오지 못해. 보통 전치사 to와 함께 써!
··· belong to the company 그 회사 소속이다

---

32 **forbid**
[fərbíd]

forbidden a. 금지된

금지하다

strictly **forbid** 엄격히 금지하다
forbidden items 반입 금지 품목

33 **express**
[iksprés]

expression n. 표현
expressive a. 표현하는
expressly ad. 분명히, 명확히

표현하다, 나타내다

express an opinion 의견을 표현하다
express thanks[concern] 감사[우려]를 나타내다

---

34 **reveal**
[rivíːl]

㊌ disclose 밝히다, 드러내다
㊥ conceal 감추다, 숨기다

드러내다, 밝히다

reveal the results[findings] 결과[조사 결과]를 발표하다
reveal a plan[strategy] 계획[전략]을 밝히다

---

35 **criticize**
[krítəsàiz]

critic n. 비평가
criticism n. 비평, 비난
㊥ praise, compliment 칭찬하다

비판하다, 비난하다; 비평하다

criticize the media 언론을 비판하다
criticize A for B A를 B 때문에 비난하다

재옥쌤 TIP
칭찬 동사(praise, compliment 등)와 마찬가지로, 비난 동사(criticize, blame 등)도 주로 〈동사 + A + for + 이유〉 구조로 써!

---

36 **undertake**
[əndərtéik]

㊌ assume 맡다
take on 떠맡다

(책임 · 일 등을) 맡다, 착수하다

undertake a project 프로젝트에 착수하다
undertake responsibility 책임을 맡다

---

37 **weaken**
[wíːkən]

weak a. 약한
weakness n. 약점, 나약함
㊥ strengthen 강화하다, 강해지다

약화시키다, 약화되다

weaken investor confidence 투자자 신뢰를 약화시키다
weaken the economy 경제를 약화시키다

---

38 **reject**
[ridʒékt]

rejection n. 거절, 거부
㊌ turn down, refuse 거절하다
㊥ accept 수락하다

거절하다, 거부하다

reject an argument[offer] 주장[제안]을 거부하다
reject the proposal 제안을 거절하다

재옥쌤 TIP
같은 뜻인 refuse는 to부정사(또는 명사)를 목적어로 취해! 반면, reject는 to부정사를 목적어로 취하지 못하고 명사만 받을 수 있어.
→ refuse[reject] an offer 제안을 거절하다
refuse to accept the offer 제안을 받아들이기를 거부하다

39 **vote**
[vout]

voter n. 투표자, 유권자

투표하다 n. 투표

vote for[against] ~ ~에 찬성[반대] 투표하다
vote to increase the budget 예산을 늘리기로 표결하다

재옥쌤 TIP

vote는 자동사로 전치사 for[against]와 함께 '~에 찬성[반대] 투표하다'라는 뜻이야. to부정사와 함께 '~하기로 표결하다'의 의미로도 자주 써!

---

40 **integrate**
[íntəgrèit]

integration n. 통합, 결합
integrated a. 통합된, 결합된
[유] combine 결합하다
[반] separate 분리하다

통합하다, 통합되다

integrate services into one platform
서비스를 하나의 플랫폼으로 통합하다
integrate functions 기능을 통합하다

---

41 **accelerate**
[æksélərèit]

acceleration n. 가속, 촉진
[유] expedite 신속히 처리하다

가속화하다

accelerate economic growth 경제 성장을 가속화하다
accelerate the process 과정을 빠르게 하다

---

42 **call off**
[kɔ:l ɔ́:f]

[유] cancel 취소하다

취소하다, 중단하다

call off a meeting 회의를 취소하다
call off negotiations 협상을 중단하다

---

43 **resign**
[rizáin]

resignation n. 사직(서)

사직하다

resign from a position 직책에서 사임하다
submit a **resignation** letter 사직서를 제출하다

재옥쌤 TIP

resign은 1형식 자동사로 주로 전치사 from과 함께 써.
→ resign from the company 회사에서 사직하다

---

44 **discontinue**
[dìskəntínju:]

[반] continue 계속하다

중단하다, 그만두다

discontinue a service 서비스를 중단하다
discontinue -ing ~하는 것을 중단하다

45 **distinguish** 구별[식별]하다
[distíŋgwiʃ]
distinguished a. 저명한, 뛰어난

distinguish A from B A와 B를 구별하다
a **distinguished** writer 저명한 작가

46 **streamline** 간소화하다, 효율화하다
[strí:mlain]

streamline workflow 업무 흐름을 효율화하다
streamline a process[procedure] 절차를 간소화하다

47 **reimburse** (비용을) 환급하다, 변제하다
[rì:imbə́:rs]
reimbursement n. 환급, 상환

reimburse travel expenses 출장비를 환급하다
be fully **reimbursed** 전액 환급받다

재옥쌤 TIP
reimburse는 토익에서 거의 항상 '경비 환급' 의미로 쓰여. 보통 <be reimbursed for + 비용> 구조로 '~ 비용에 대해 환급받다'라고 해석돼.
··· Employees will be reimbursed for travel expenses.
직원들은 출장비를 환급받을 것이다.

48 **justify** 정당화하다
[dʒʌ́stəfài]
justification n. 정당화, 타당한 이유

justify the decision[cost] 결정[비용]을 정당화하다
provide a **justification** 타당한 이유를 제시하다

49 **contain** (~을) 담고 있다, 포함하다
[kəntéin]
container n. 용기, 컨테이너
㊌ include 포함하다

contain information 정보를 포함하다
contain instructions 지침을 포함하다

재옥쌤 TIP
contain은 주로 '안에 담고 있다'는 느낌이지만, 문맥에 따라 include처럼 '포함하다'의 의미로도 쓰여.
··· The bottle contains water. 병이 물을 담고 있다.
The plan contains several steps. 그 계획은 여러 단계를 포함한다.

50 **threaten** 위협하다, 협박하다
[θrétn]
threat n. 협박, 위협
threatened a. 위협받는, 멸종 위기에 처한
㊌ endanger 위태롭게 하다

threaten to cancel the contract
계약을 취소하겠다고 위협하다
threaten jobs 일자리를 위협하다

REVIEW TEST

정답 p.349

✦ Check After You Study 이제 이 단어들을 마스터했는지 확인해보세요.

- ☐ correct
- ☐ afford
- ☐ inspect
- ☐ clarify
- ☐ persuade
- ☐ investigate
- ☐ endure
- ☐ lower
- ☐ coordinate
- ☐ cause
- ☐ take over
- ☐ release
- ☐ alter
- ☐ urge
- ☐ assume
- ☐ adjust
- ☐ restrain
- ☐ withdraw
- ☐ convey
- ☐ excel
- ☐ utilize
- ☐ contribute
- ☐ negotiate
- ☐ assemble
- ☐ lend
- ☐ vary
- ☐ assess
- ☐ exhibit
- ☐ modify
- ☐ strengthen
- ☐ belong
- ☐ forbid
- ☐ express
- ☐ reveal
- ☐ criticize
- ☐ undertake
- ☐ weaken
- ☐ reject
- ☐ vote
- ☐ integrate
- ☐ accelerate
- ☐ call off
- ☐ resign
- ☐ discontinue
- ☐ distinguish
- ☐ streamline
- ☐ reimburse
- ☐ justify
- ☐ contain
- ☐ threaten

✦ Fill In the Blanks 문맥에 알맞은 말을 골라 빈칸을 채우세요. (필요시 적절한 형태로)

afford	release	vary	criticize	adjust	streamline

1 We need to ____________ our schedule to meet the deadline.
마감일을 맞추기 위해 일정을 조정해야 한다.

2 Sales figures ____________ significantly depending on the season.
매출 수치는 계절에 따라 크게 달라진다.

3 The company ____________ its quarterly earnings report last week.
회사는 지난주 분기 실적 보고서를 공개했다.

4 We need to ____________ our production process to reduce costs.
비용을 줄이기 위해 생산 과정을 간소화할 필요가 있다.

5 The company cannot ____________ to invest in new equipment right now.
회사는 현재 새로운 장비에 투자할 여력이 없다.

6 The manager ____________ the team for missing the project deadline.
관리자는 프로젝트 마감일을 지키지 못한 팀을 비난했다.

DAY **19** # 동사 2

Check Before You Study

학습을 시작하기 전에, 아는 단어와 모르는 단어를 빠르게 점검해보세요.

☐ associate	☐ merge	☐ restrict
☐ maximize	☐ browse	☐ cite
☐ overlook	☐ entitle	☐ dispose
☐ emerge	☐ refrain	☐ expire
☐ generate	☐ object	☐ applaud
☐ conclude	☐ designate	☐ nominate
☐ engage	☐ fit	☐ mention
☐ resume	☐ customize	☐ derive
☐ gather	☐ spare	☐ terminate
☐ combine	☐ pile	☐ eliminate
☐ observe	☐ adapt	☐ circulate
☐ acknowledge	☐ retain	☐ expedite
☐ spread	☐ verify	☐ dismiss
☐ arise	☐ interact	☐ validate
☐ prove	☐ resolve	☐ settle
☐ enhance	☐ commence	☐ delegate
☐ disturb	☐ authorize	

01 **associate**
[əsóuʃièit]

association n. 협회; 연관, 제휴

관련시키다, 제휴하다 n. 동료, 직원

associate A with B A와 B를 연관 짓다
sales **associates** 판매 직원들

재옥쌤 TIP

associate는 'be associated with(~와 관련 있다)' 형태로 자주 쓰이고, 명사로는 a sales associate처럼 '직원'을 뜻해. 비슷한 표현으로 a sales representative[agent]도 함께 알아두면 좋아.

---

02 **maximize**
[mǽksəmàiz]

maximization n. 극대화
maximum n. 최대치 a. 최대의
반 minimize 최소화하다

극대화하다

maximize efficiency[productivity]
효율[생산성]을 극대화하다
at **maximum** capacity 최대 수용량으로

---

03 **overlook**
[ouvəlúk]

간과하다; 내려다보다

overlook important details 중요한 세부 사항을 간과하다
overlook the city 도시를 내려다보다

재옥쌤 TIP

overlook은 토익에서 두 얼굴이야!
▶ 간과하다 ⋯→ overlook an error 실수를 간과하다
▶ 내려다보다 → 파트 1에서 주로 나오는 의미야.
⋯→ The building overlooks a river. 건물이 강을 내려다보고 있다.

---

04 **emerge**
[imə́:rdʒ]

emerging a. 새로 떠오르는, 신흥의

나타나다, 드러나다[부상하다]

emerge as a leader 지도자로 떠오르다
emerging markets 새로 떠오르는 시장

---

05 **generate**
[dʒénərèit]

generation n. 발생; 세대

발생시키다, 만들어 내다

generate revenue 수익을 창출하다
generate interest 관심을 불러일으키다

---

06 **conclude**
[kənklú:d]

conclusion n. 결론
conclusive a. 결정적인, 확실한
유 terminate 종료하다, 끝내다

결론짓다, 끝내다

conclude the investigation 조사를 끝내다
conclude from evidence 증거로부터 결론짓다

07 **engage**
[ingéidʒ]

engagement n. 약속; 관여
engaging a. 매력적인

관여하다, 관여시키다; (주의·관심 등을) 끌다

engage in ~ ~에 관여하다[종사하다]
be **engaged** in ~ ~에 관여하다[종사하다]

재옥쌤 TIP
engage는 자동사로도, 타동사로도 쓰이는 동사야. 그래서 engage in, be engaged in 둘 다 가능해. 주로 '업무·활동·대화'처럼 어떤 일에 관여하거나 참여할 때 자주 써.

---

08 **resume**
[rizú:m] n. [rézumèi]

resumption n. 재개, 다시 시작

다시 시작하다, 재개하다 n. 이력서

resume negotiations 협상을 재개하다
resume one's duties 업무를 재개하다

---

09 **gather**
[gǽðər]

gathering n. 모임

모으다, 수집하다; 모이다

gather information[feedback] 정보를[피드백을] 수집하다
a family[business] **gathering** 가족[비즈니스] 모임

---

10 **combine**
[kəmbáin]

combination n. 결합

결합하다, 조합하다

combine A and B A와 B를 결합하다
in **combination** with ~ ~와 결합하여

---

11 **observe**
[əbzə́:rv]

observation n. 관찰
observance n. 준수

관찰하다, 지켜보다; 준수하다

observe a trend 추세를 관찰하다
observe safety regulations 안전 규정을 준수하다

재옥쌤 TIP
observe는 '지켜보다'와 '준수하다' 두 가지 의미로 쓰여. 이것이 파생어에서도 갈라져서, observation은 '관찰, 의견', observance는 '준수'를 뜻해. 관용적으로 in observance of(~을 준수하여) 형태로 자주 쓰이니 함께 기억해!

---

12 **acknowledge**
[æknálidʒ]

acknowledgment n. 인정, 시인

인정하다; (수령을) 알리다

acknowledge responsibility 책임을 인정하다
acknowledge receipt of ~ ~의 수령을 확인하다

---

13 **spread**
[spred]

퍼지다, 확산되다; 펼치다

spread through the region 지역 전역에 확산되다
be widely **spread** 널리 퍼져 있다

14 **arise**
[əráiz]

[유] happen 발생하다

생기다, 발생하다

problems may **arise** 문제가 발생할 수 있다
opportunities **arise** 기회가 생기다

---

15 **prove**
[pru:v]

proof n. 증거, 증명
proven a. 입증된, 검증된

증명하다, 입증하다, 판명되다

prove (to be) effective 효과적인 것으로 판명되다
prove that 주어 + 동사 ~임을 입증하다

재옥쌤 TIP

prove는 2형식, 3형식 모두 쓰이는 동사야. 2형식일때는 〈prove + (to be) + 형용사〉의 구조로 '~로 판명되다'라는 의미로 쓰이고, 3형식에서는 '~을 입증하다'의 의미로 주로 쓰여. 2형식일 때는 to be가 자주 생략돼서 prove effective, prove useful처럼 형용사가 바로 따라오는 게 자연스러워.

---

16 **enhance**
[inhǽns]

enhancement n. 향상, 상승
[유] improve 향상시키다
reinforce, strengthen 강화하다

향상시키다, 강화하다

enhance productivity 생산성을 높이다
enhance customer satisfaction
고객 만족을 향상시키다

---

17 **disturb**
[distə́:rb]

disturbance n. 방해
disturbed a. 불안한, 혼란스러운

방해하다; 불안하게 하다

disturb a meeting 회의를 방해하다
be **disturbed** by noise 소음에 방해받다

---

18 **merge**
[mə:rdʒ]

merger n. 합병

합병하다, 통합하다

merge with another company 다른 회사와 합병하다
merge two departments 두 부서를 통합하다

재옥쌤 TIP

merge는 자동사·타동사 모두 가능하지만, 토익에서는 대부분 자동사로 써서 merge with(~와 합쳐지다) 형태로 나와. 타동사로는 merge A and B, merge A with B처럼 쓸 수도 있지만, 이 용법은 상대적으로 덜 쓰여.

---

19 **browse**
[brauz]

둘러보다, 훑어보다

browse the Web site 웹사이트를 둘러보다
browse the catalog 목록을 훑어보다

20 **entitle**
[intáitl]

자격을 주다, 권리를 주다

be **entitled** to benefits[compensation]
혜택[보상]을 받을 자격이 있다

be **entitled** to take paid leave
유급 휴가를 받을 자격이 있다

재옥쌤 TIP

entitle은 주로 수동태로 쓰이고, 뒤에는 전치사 to나 to부정사가 모두 올 수 있어. 즉, be entitled to 뒤에 빈칸이 온다면 명사(구)나 동사원형(to부정사) 형태 모두 올 수 있다는 점을 기억해 둬.

---

21 **refrain**
[rifréin]

삼가다, 자제하다

refrain from -ing ~하는 것을 삼가다
refrain from commenting 논평을 삼가다

---

22 **object**
[əbdʒékt] n. [ábdʒikt]

objection n. 반대
objective a. 객관적인 n. 목적

반대하다 n. 물건, 대상

object to the plan 그 계획에 반대하다

have no **objection** to the proposal
그 제안에 이의[반대]가 없다

재옥쌤 TIP

object는 1형식 자동사로 반드시 전치사 to와 같이 써야 해! object to the plan처럼 '~에 반대하다' 구조로 자주 나와.

---

23 **designate**
[dézignèit]

designation n. 지정, 지명

지정하다, 지명하다

designate a representative 대표자를 지정하다
be **designated** as ~ ~로 지정되다

---

24 **fit**
[fit]

(치수·모양 등이) 맞다, 적합하다

fit into a space 공간에 맞다
fit well 잘 맞다

---

25 **customize**
[kʌ́stəmàiz]

customized a. 맞춤의

맞춤 제작하다

customize a product 제품을 맞춤 제작하다
a **customized** service 맞춤형 서비스

26 **spare**
[spɛər]

(시간·돈 등을) 할애하다; (노력·비용 등을) 아끼다
a. 예비의

spare no effort 노력을 아끼지 않다
spare parts 예비 부품

---

27 **pile**
[pail]

㊌ stack 쌓다 n. 더미

쌓다 n. 쌓아 놓은 것, 더미

pile books on the desk 책을 책상 위에 쌓다
a **pile** of documents 서류 더미

재옥쌤 TIP

pile과 stack 둘 다 토익 파트 1 최빈출 어휘야. 'be piled up, be stacked'가 나오면 단골 정답이니까 기억해 둬!

---

28 **adapt**
[ədǽpt]

adaptation n. 적응

적응하다; 조정하다

adapt to change 변화에 적응하다
adapt training materials 교육 자료를 조정(수정)하다

---

29 **retain**
[ritéin]

retention n. 보유, 유지
㊌ maintain 유지하다

유지하다, 보유하다

retain employees 직원들을 유지하다
a **retention** rate 유지율

---

30 **verify**
[vérəfài]

verification n. 확인, 인증

확인하다, 검증하다

verify identity 신원을 확인하다
verify an account 계정을 인증하다

---

31 **interact**
[ìntərǽkt]

interaction n. 상호 작용
interactive a. 상호 작용하는

상호 작용하다, 교류하다

interact with customers 고객과 소통하다
an **interactive** display 상호작용형 전시[화면]

---

32 **resolve**
[rizálv]

resolution n. 해결; 결의(안); 결심

해결하다; 결심하다

resolve an issue 문제를 해결하다
resolve to improve service 서비스를 개선하기로 결심하다

재옥쌤 TIP

resolve는 '(문제를) 해결하다'와 '~하기로 결심하다(resolve to do)' 두 의미가 핵심이야. 명사형 resolution도 '해결'과 '결의안'의 의미로 둘 다 토익에서 자주 나오니까 구분해 둬!

33 **commence**
[kəméns]
㊌ begin, start, initiate 시작하다

시작되다, 시작하다

commence on January 1 1월 1일에 시작하다
commence construction 공사를 시작하다

---

34 **authorize**
[ɔ́:θəràiz]
authorization n. 승인, 허가(증)
authorized a. 공인된, 승인된
unauthorized a. 공인[승인]되지 않은
㊌ permit 허락하다, 허가하다

승인[허가]하다, 권한을 부여하다

authorize the use of company funds
회사 자금 사용을 허가하다
be **authorized** to do ~할 권한이 부여되다

재옥쌤 TIP

authorize는 5형식도 된다는 걸 기억해 둬. 〈authorize A to do〉는 'A가 ~하도록 승인하다'는 의미이고, 수동태로 쓰이면 be authorized to do(~할 권한이 부여되다)라는 뜻이야.

---

35 **restrict**
[ristríkt]
restriction n. 제한
restrictive a. 제한하는
㊌ limit 제한하다

제한[한정]하다

restrict access[use] 출입[사용]을 제한하다
be **restricted** to employees only
직원에게만 제한되다(직원 전용이다)

---

36 **cite**
[sait]

인용하다, 언급하다

cite an example 예를 들다
cite a source 출처를 인용하다

---

37 **dispose**
[dispóuz]
disposal n. 처분, 처리
disposable a. 일회용의
㊌ discard 버리다, 폐기하다

처리하다, 버리다

dispose of ~ ~을 버리다[처리하다]
disposable containers 일회용 용기

재옥쌤 TIP

dispose는 1형식 자동사로만 쓰여서 항상 전치사 of와 함께 써야 해.
즉 〈dispose of + 명사〉 형태로 '~을 처리하다, 없애다' 뜻이야.

---

38 **expire**
[ikspáiər]
expiration n. 만료
㊌ terminate 종료되다, 끝내다

만료되다, 끝나다

expire on March 31 3월 31일에 만료되다
The contract[warranty] **expired.** 계약[보증기간]이 만료되었다.

39 **applaud**
[əplɔ́:d]

applause n. 박수

박수치다, 칭찬하다

applaud A for ~ ~에 대해 A를 칭찬하다
be widely **applauded** for ~ ~에 대해 많은 칭찬을 받다

---

40 **nominate**
[nɑ́mənèit]

nomination n. 지명, 추천
nominee n. 지명된 사람, 후보자
[유] appoint 임명[지명]하다

(직책·상 등의 후보로) 지명하다, 추천하다

be **nominated** for an award 수상 후보에 오르다
nominate an employee for promotion
승진 대상으로 직원을 추천하다

---

41 **mention**
[ménʃən]

언급하다

mention the report 보고서를 언급하다
What is **mentioned** about ~?
~에 대해 언급된 것은 무엇인가?

---

42 **derive**
[diráiv]

끌어내다, 얻다; 유래하다

derive benefits from training 훈련에서 혜택을 얻다
The profits are **derived** from online sales.
수익은 온라인 판매에서 발생한다.

재옥쌤 TIP

derive는 타동사로 쓰이면 '얻다'라는 뜻이고, 1형식 자동사로는 전치사 from과 함께 '~에서 비롯되다, 유래하다'라는 의미로 쓰여.
→ Difficulties often derive from poor communication.
어려움은 종종 원활하지 않은 의사소통에서 비롯된다.

---

43 **terminate**
[tə́:rmənèit]

termination n. 종료, 해지

종료하다, 끝내다

terminate a contract 계약을 해지하다
be **terminated** immediately 즉시 종료[해지]되다

---

44 **eliminate**
[ilímənèit]

elimination n. 제거
[유] remove, get rid of 제거하다

제거하다, 없애다

eliminate a risk 위험 요소를 제거하다
eliminate the need for ~ ~할 필요를 없애다

45 **circulate**
[sə́ːrkjulèit]

circulation n. 순환; 유통

유포하다[돌리다]; 순환하다[시키다]

circulate the report 보고서를 돌리다
in **circulation** 유통 중인, 돌고 있는

---

46 **expedite**
[ékspədàit]

expedited a. 촉진된
[유] accelerate 가속화하다

촉진하다, 신속히 처리하다

expedite the process 절차를 빠르게 진행하다
expedite a refund[an order] 환불[주문]을 빠르게 처리하다

---

47 **dismiss**
[dismís]

dismissal n. 해고
[유] fire 해고하다
lay off 정리해고하다

해고하다; 기각하다

dismiss an employee 직원을 해고하다
be **dismissed** for poor performance
실적 부진으로 해고되다

---

48 **validate**
[vǽlədèit]

validation n. 승인, 검증
valid a. 유효한
[유] verify 확인하다, 검증하다
[반] invalidate 무효화하다

(유효함을) 입증[확인]하다; 승인[인증]하다

validate a parking ticket
주차권을 확인하다(주차요금 면제·할인용 인증)
validate a contract 계약을 승인하다

재옥쌤 TIP

validate는 기본적으로 '공식적으로 유효하게 만들다'라는 의미야.
그래서 문맥에 따라 의미가 이렇게 바뀌어.
▶ 주차권·표 → 유효 처리(확인)
▶ 데이터·주장 → 입증
▶ 계약·규정 → 승인
즉, 모두 '효력이 생기게 하는 행위'라는 공통의 의미로 기억해 둬!

---

49 **settle**
[sétl]

settlement n. 해결, 합의

해결하다; 정착하다

settle a dispute 분쟁을 해결하다
settle in[down] 정착하다[안정되다]

---

50 **delegate**
[déligèit]

delegation n. 대표단; 위임

(권한 등을) 위임하다 n. 대표자(파견된 사람)

delegate tasks[authority] to staff
직원에게 업무를[권한을] 위임하다
a conference **delegate** 회의 참석 대표자

REVIEW TEST

정답 p.349

✦ Check After You Study 이제 이 단어들을 마스터했는지 확인해보세요.

☐ associate	☐ arise	☐ pile	☐ applaud
☐ maximize	☐ prove	☐ adapt	☐ nominate
☐ overlook	☐ enhance	☐ retain	☐ mention
☐ emerge	☐ disturb	☐ verify	☐ derive
☐ generate	☐ merge	☐ interact	☐ terminate
☐ conclude	☐ browse	☐ resolve	☐ eliminate
☐ engage	☐ entitle	☐ commence	☐ circulate
☐ resume	☐ refrain	☐ authorize	☐ expedite
☐ gather	☐ object	☐ restrict	☐ dismiss
☐ combine	☐ designate	☐ cite	☐ validate
☐ observe	☐ fit	☐ dispose	☐ settle
☐ acknowledge	☐ customize	☐ expire	☐ delegate
☐ spread	☐ spare		

✦ Fill In the Blanks 문맥에 알맞은 말을 골라 빈칸을 채우세요. (필요시 적절한 형태로)

expedite	restrict	entitle	resume	expire	overlook

1 The contract will ____________ at the end of this year.
계약은 올해 말에 만료된다.

2 Don't ____________ the potential risks of this investment.
이 투자에서 발생할 수 있는 위험을 간과하지 마세요.

3 The client has requested that we ____________ the shipment.
고객이 배송을 신속히 처리해 달라고 요청했다.

4 Negotiations between the two companies will ____________ next week.
두 회사 간의 협상은 다음주에 재개될 예정이다.

5 Under the new policy, part-time workers are ____________ to health benefits.
새로운 정책에 따라, 파트타임 직원도 건강 보험 혜택을 받을 수 있다.

6 Access to the system is ____________ to authorized personnel only.
시스템 접근은 승인된 직원만으로 제한된다.

DAY 20

동사 3

Check Before You Study

학습을 시작하기 전에, 아는 단어와 모르는 단어를 빠르게 점검해보세요.

☐ advance	☐ correspond	☐ grant
☐ recall	☐ accumulate	☐ argue
☐ dominate	☐ strive	☐ duplicate
☐ conform	☐ house	☐ neglect
☐ boost	☐ speculate	☐ stress
☐ impose	☐ enforce	☐ evolve
☐ allocate	☐ amend	☐ overcome
☐ switch	☐ restore	☐ discard
☐ ruin	☐ activate	☐ project
☐ struggle	☐ delight	☐ compose
☐ yield	☐ judge	☐ grasp
☐ mark	☐ commend	☐ affix
☐ encounter	☐ hang	☐ translate
☐ surpass	☐ opt	☐ polish
☐ adhere	☐ deteriorate	☐ substitute
☐ relieve	☐ commemorate	☐ abolish
☐ accompany	☐ alleviate	

01 **advance**
[ædvǽns, ədvɑ́:ns]

advancement n. 발전, 진보
advanced a. 발전한; 상급의

나아가다, 발전시키다 n. 진보; 사전

advance one's career 커리어를 발전시키다
in **advance** 미리, 사전에

재옥쌤 TIP

advance는 기본 의미가 '앞으로 나아가다'야. 자동사(1형식)로 쓰이면 '나아가다, 발전하다', 타동사(3형식)로 쓰이면 '발전시키다, 승진시키다'라는 의미로 자주 써. 또 in advance는 '미리, 사전에'라는 표현인데 꼭 함께 기억해 둬!

---

02 **recall**
[rikɔ́:l]

기억해 내다; (제품을) 회수하다 n. 회수, 리콜

recall a product 제품을 회수하다
issue a **recall** 리콜을 실시하다

---

03 **dominate**
[dɑ́mənèit]

dominant a. 지배적인, 우세한
dominantly ad. 지배적으로

지배하다, 우위를 점하다

dominate the market 시장을 지배하다
a **dominant** market share 압도적인 시장 점유율

---

04 **conform**
[kənfɔ́:rm]

㊌ comply with, abide by, adhere to 준수하다, 따르다

따르다, 순응하다

conform to safety standards 안전 기준에 따르다
conform to requirements 요구 사항에 부합하다

재옥쌤 TIP

'규정 준수 동사 세트 4인방'은 전치사까지 세트로 외워야 해!
→ comply with regulations 규정을 준수하다
adhere to rules 규칙을 고수하다
abide by the law 법을 준수하다
conform to standards 기준에 따르다

---

05 **boost**
[bu:st]

증대시키다, 북돋우다 n. 증가, 향상

boost sales 판매를 증가시키다
boost morale 사기를 북돋우다

---

06 **impose**
[impóuz]

㊌ enforce 시행하다, 집행하다

(세금·벌금 등을) 부과하다; (규제 등을) 시행하다

impose a fine[tax] 벌금[세금]을 부과하다
impose regulations 규제를 시행하다

07 **allocate**
[ǽləkèit]

allocation n. 할당, 배분
㊐ assign 할당하다, 배정하다

할당하다, 배분하다

allocate resources[funds] 자원[자금]을 할당하다
be **allocated** to ~ ~에 할당되다

---

08 **switch**
[switʃ]

전환하다, 바꾸다

switch to a new plan 새 계획으로 전환하다
switch from A to B A에서 B로 전환하다

---

09 **ruin**
[rúːin]

ruins n. 유적, 폐허

망치다, 파괴하다

ruin a plan[chance] 계획을[기회를] 망치다
ruin one's reputation 평판을 망치다

---

10 **struggle**
[strʌgl]

struggling a. 분투하는
㊐ strive 애쓰다, 분투하다

애쓰다, 고군분투하다 n. 투쟁, 어려움

struggle to meet a deadline 마감일을 맞추려고 애쓰다
a **struggling** business 고전하는 기업

재옥쌤 TIP

struggle은 주로 〈struggle with + 명사〉, 〈struggle to do〉 패턴이야.
⋯→ struggle with deadlines 마감일 때문에 힘들어하다
struggle to meet deadlines 마감일을 맞추려고 애쓰다

---

11 **yield**
[jiːld]

(이익 · 결과 등을) 내다, 산출하다

yield profits[results] 이익을[결과를] 내다
yield a high return 높은 수익을 창출하다

---

12 **mark**
[maːrk]

marked a. 뚜렷한, 두드러진
markedly ad. 현저하게, 두드러지게
㊐ celebrate, commemorate 기념하다

기념하다; 표시하다

mark an anniversary 기념일을 기념하다
a **marked** improvement 뚜렷한 개선

---

13 **encounter**
[inkáuntər]

맞닥뜨리다; 우연히 만나다

encounter difficulties 어려움에 직면하다
encounter unexpected delays 예상치 못한 지연을 겪다

14 **surpass**
[sərpǽs]

㊙ exceed 초과하다
outperform 능가하다

능가하다, 초과하다

surpass expectations[competitors]
기대를[경쟁자들을] 뛰어넘다
surpass last year's profits 작년 수익을 초과하다

---

15 **adhere**
[ædhíər, əd-]

adherence n. 고수, 집착
adhesive n. 접착제 a. 들러붙는

부착하다, 들러붙다; 따르다

adhere to company policies 회사 정책을 준수하다
adhere strictly to procedures 절차를 엄격히 따르다

재옥쌤 TIP

adhere는 원래 '붙다, 부착되다'라는 뜻의 1형식 자동사야. 하지만 실제로는 〈adhere to + 명사〉 형태로 '~를 따르다, 준수하다'라는 의미로 더 자주 등장해!

---

16 **relieve**
[rilíːv]

relief n. 완화, 안도
relieved a. 안도한, 다행으로 여기는

완화하다, 없애 주다

relieve symptoms 증상을 완화하다
feel **relieved** 안도감을 느끼다

---

17 **accompany**
[əkʌ́mpəni]

동행하다, 동반하다

accompany a colleague 동료와 동행하다
be **accompanied** by ~ ~이 동반되다

---

18 **correspond**
[kɔ̀ːrəspɑ́nd]

correspondence n. 서신; 일치
correspondent n. 특파원

해당하다, 일치하다; (~와) 서신을 주고받다

correspond to job descriptions 직무 내용에 해당하다
maintain **correspondence** with clients
고객과 서신 연락을 유지하다

재옥쌤 TIP

correspond는 기본적으로 〈correspond to + 명사〉 형태로 '~에 해당하다, 부합하다'의 의미로 자주 나와. correspond with(~와 서신을 주고받다)도 있지만, 토익에서는 거의 등장하지 않아.

---

19 **accumulate**
[əkjúːmjulèit]

accumulation n. 축적, 누적
㊙ accrue 누적하다, 누적되다

모으다, 축적하다; 모이다

accumulate wealth 재산을 축적하다
accumulate paid leave days 유급 휴가 일수를 모으다

20 **strive**

[straiv]

㊌ struggle 애쓰다

노력하다, 애쓰다

strive to meet expectations 기대에 부응하려 애쓰다

strive for excellence 탁월함을 위해 노력하다

재옥쌤 TIP

strive는 주로 〈strive for + 명사〉, 〈strive to do〉 패턴이야.

---

21 **house**

[haus]

housing n. 주거, 주택 (공급)

㊌ accommodate 수용하다

수용하다, 거처를 제공하다 n. 집

The facility can **house** 500 employees.
그 시설은 직원 500명을 수용할 수 있다.

The old building **houses** a local bank.
그 오래된 건물에는 한 지방 은행이 들어 있다.

재옥쌤 TIP

house가 동사로 쓰이면 '사람이나 기관에 머물 장소를 제공하다'라는 뜻이야. 즉, The building houses a bank라고 하면 '그 건물에 은행이 들어와 있다(은행을 들이고 있다)'는 의미로, 건물이나 시설이 사람 또는 기관을 수용하는 느낌이야.

---

22 **speculate**

[spékjulèit]

speculation n. 추측; 투기

speculative a. 추측에 근거한; 투기적인

추측하다, 짐작하다; 투기하다

speculate that 주어 + 동사 ~라고 추측하다

speculate about the outcome 결과에 대해 추측하다

---

23 **enforce**

[infɔ́ːrs]

enforcement n. 집행, 시행

㊌ impose 시행하다

(법·규정 등을) 집행하다, 시행하다

strictly **enforce** company policies
회사 정책을 엄격히 시행하다

enforce traffic laws 교통 법규를 집행하다

---

24 **amend**

[əménd]

amendment n. 수정, 개정

㊌ revise, modify 수정하다

수정하다, 개정하다

amend a contract[policy] 계약[정책]을 수정하다

make an **amendment** 수정하다

---

25 **restore**

[ristɔ́ːr]

restoration n. 복원[복구], 회복

복원[복구]하다, 회복시키다

restore the building 건물을 복원하다

restore confidence 신뢰를 회복하다

26 **activate**
[ǽktəvèit]
activation n. 활성화

활성화하다

activate an account[a feature] 계정[기능]을 활성화하다
an **activation** code 활성화 코드

---

27 **delight**
[diláit]
delighted a. (사람이) 기쁜

기쁘게 하다

delight the audience 청중을 기쁘게 하다
be **delighted** to do ~하게 되어 기쁘다

---

28 **judge**
[dʒʌdʒ]
judgment n. 판단, 심사

판단하다, 평가하다 n. 심사위원, 판사

judge the outcome 결과를 판단하다
a panel of **judges** 심사위원단

---

29 **commend**
[kəménd]
commendable a. 칭찬할 만한

칭찬하다; 추천하다

commend A for ~ ~에 대해 A를 칭찬하다
commendable behavior 칭찬할 만한 행동

---

30 **hang**
[hæŋ]
㊌ suspend 매달다; 중단[보류]하다

걸다, 매달다, 매달리다

hang a picture[sign] 그림[표지판]을 걸다
hang from the ceiling 천장에 매달려 있다

---

31 **opt**
[apt]
option n. 선택(권)
optional a. 선택적인
㊌ choose, select 선택하다

택하다, 선택하다

opt for ~ ~을 선택하다
opt to do ~하기로 하다

재옥쌤 TIP

'선택하다' 의미의 동사는 여러 개가 있지만, 그 중 choose와 select는 타동사라서 바로 목적어를 쓸 수 있어(choose a product). 반면 opt는 자동사라서 그렇게 못 쓰고 〈opt for + 명사〉 또는 〈opt to do〉 형태로만 써야 돼.

---

32 **deteriorate**
[ditíəriərèit]
deterioration n. 악화
㊌ worsen 악화되다, 악화시키다

악화되다, 더 나빠지다

The situation **deteriorated** quickly.
상황이 빠르게 악화되었다.
deteriorate in quality 품질 면에서 악화되다

33 **commemorate**
[kəmémərèit]

commemorative a. 기념의
㊌ celebrate 기념하다, 축하하다

기념하다, 축하하다

commemorate a historical event
역사적 사건을 기념하다
commemorate the company's founding
회사 창립을 기념하다

---

34 **alleviate**
[əlíːvièit]

alleviation n. 완화, 경감
㊌ ease, relieve 완화하다

완화하다

alleviate traffic congestion 교통 혼잡을 완화하다
alleviate pressure[stress] 압박을[스트레스를] 완화하다

---

35 **grant**
[grænt]

㊌ award 수여하다

승인하다; 부여하다[주다] n. 보조금[지원금]

grant a request 요청을 승인하다
grant users permission 사용자에게 허가를 주다

재옥쌤 TIP

grant는 3형식, 4형식 모두 자주 나와!
▶ 3형식 → 공식적으로 허가·승인하다
▶ 4형식 → ~에게 …을 부여하다(주다)

---

36 **argue**
[ɑ́ːrgjuː]

argument n. 주장, 논거; 언쟁
㊌ assert, claim 주장하다

주장하다; 언쟁하다

argue that 주어 + 동사 ~라고 주장하다
a strong[convincing] **argument**
강력한[설득력 있는] 주장

---

37 **duplicate**
[djúːpləkèit]

duplication n. 복제, 중복
㊌ copy 복제[복사]하다 n. 사본

복제[복사]하다 n. 사본 a. 중복된; 사본의

duplicate a file 파일을 복제하다
in **duplicate** 두 부씩(동일한 사본 2부로)

---

38 **neglect**
[niglékt]

neglected a. 방치된, 소홀히 된
negligence n. 부주의, 태만
㊋ attend to ~에 주의를 기울이다

소홀히 하다, 방치하다

neglect one's responsibilities 책임을 소홀히 하다
neglect to check details
세부 사항을 확인하지 않다(소홀히 하다)

재옥쌤 TIP

neglect는 단순히 '잊어버리다'가 아니라 '알고도 안 하다, 소홀히 하다'는 느낌이야. 가끔 〈neglect to do〉 형태로도 나와서 '~하기를 소홀히 하다'로 쓰여!

39 **stress**
[stres]

stressful a. 스트레스를 주는

강조하다 n. 스트레스, 압박

stress the importance of safety 안전의 중요성을 강조하다
under **stress** 스트레스 받는 상태에서

---

40 **evolve**
[ivάlv]

evolution n. 진화, 발전
evolutionary a. 진화의, 발전의

발달하다, 발전하다

evolve over time 시간이 지나면서 발전하다
evolve into a global company 글로벌 기업으로 발전하다

재옥쌤 TIP

evolve는 타동사도 가능하지만, 토익에서는 주로 1형식 자동사로 쓰여서 evolve from A into B (A에서 B로 발전하다) 형태가 자주 나와!
⋯→ The company evolved from a small startup into a global brand.
그 회사는 작은 신생 기업에서 세계적인 브랜드로 발전했다.

---

41 **overcome**
[ouvərkʌ́m]

극복하다

overcome difficulties[obstacles] 어려움[장애물]을 극복하다
overcome the challenge 난관을 극복하다

---

42 **discard**
[diskά:rd]

discarded a. 버려진
㊌ dispose of 처리하다, 버리다
abandon 버리다

버리다, 폐기하다

discard outdated equipment 구식 장비를 폐기하다
discard unnecessary items 불필요한 물품을 폐기하다

---

43 **project**
[prədʒékt] n. [prάdʒekt]

projection n. 예상, 추정

예상[추정]하다; 보여 주다 n. 프로젝트

be **projected** to do ~할 것으로 예상되다
project a positive attitude 긍정적인 태도를 보이다

재옥쌤 TIP

명사 project는 너무 쉽고, 중요한 건 동사 project야.
▶ 예상하다 ⋯→ be projected to do ~할 것으로 예상되다
▶ 보여 주다 ⋯→ project confidence 자신감을 보이다

---

44 **compose**
[kəmpóuz]

composition n. 구성; 작곡; 작문
composed a. 차분한, 침착한
composure n. 침착, 평정

구성하다; 작곡하다; 작성하다

be **composed** of ~ ~로 구성되다
compose a letter 편지를 작성하다

45 **grasp**
[græsp]
㊌ grip 꽉 잡다, 움켜잡다

꽉 잡다; 이해하다 n. 꽉 쥐기; 이해[파악]

grasp the concept[idea] 개념[생각]을 이해하다
have a good **grasp** of ~ ~에 대해 충분히 이해하다

재옥쌤 TIP

grasp는 LC 파트 1(사진 묘사)에서는 '잡다'로, RC에서는 '이해하다'의 의미로 자주 나와!
··· grasp the handle 손잡이를 잡다
grasp the concept 개념을 이해하다

---

46 **affix**
[əfíks]
㊌ attach 첨부하다

붙이다, 부착하다

affix a stamp 우표를 붙이다
affix a signature 서명하다

---

47 **translate**
[trænsléit, trænz-]
translation n. 번역, 옮김
translator n. 번역가
㊌ interpret 통역하다

번역[통역]하다; 바꾸다, 바뀌다

translate a report 보고서를 번역하다
translate ideas into results 아이디어를 성과로 바꾸다

---

48 **polish**
[páliʃ]

닦다; 다듬다 n. 광택제

polish the surface[shoes] 표면을[구두를] 닦다
polish one's presentation skills 발표 실력을 다듬다

---

49 **substitute**
[sʌ́bstətjù:t]
substitution n. 대체, 대용품

대체[대신]하다 n. 대체물

substitute A for B B를 A로 대체하다 (B 대신 A를 쓰다)
be used as a **substitute** 대체재로 쓰이다

재옥쌤 TIP

replace와 substitute는 방향만 다를 뿐 결국 '대신하다'라는 뜻이야.
▶ replace A with B → A를 B로 바꾸다 (B가 새로 들어옴)
··· The company replaced paper documents with digital files. 그 회사는 종이 문서를 디지털 파일로 바꿨다.
▶ substitute A for B → B 대신 A를 쓰다 (A가 새로 들어옴)
··· The company substituted digital files for paper documents. 그 회사는 종이 문서 대신 디지털 파일을 사용했다.

---

50 **abolish**
[əbáliʃ]
abolition n. 폐지

폐지하다

abolish a policy[rule] 정책[규칙]을 없애다
abolish unnecessary positions 불필요한 직책을 없애다

REVIEW TEST

정답 p.349

✦ Check After You Study 이제 이 단어들을 마스터했는지 확인해보세요.

- ☐ advance
- ☐ recall
- ☐ dominate
- ☐ conform
- ☐ boost
- ☐ impose
- ☐ allocate
- ☐ switch
- ☐ ruin
- ☐ struggle
- ☐ yield
- ☐ mark
- ☐ encounter
- ☐ surpass
- ☐ adhere
- ☐ relieve
- ☐ accompany
- ☐ correspond
- ☐ accumulate
- ☐ strive
- ☐ house
- ☐ speculate
- ☐ enforce
- ☐ amend
- ☐ restore
- ☐ activate
- ☐ delight
- ☐ judge
- ☐ commend
- ☐ hang
- ☐ opt
- ☐ deteriorate
- ☐ commemorate
- ☐ alleviate
- ☐ grant
- ☐ argue
- ☐ duplicate
- ☐ neglect
- ☐ stress
- ☐ evolve
- ☐ overcome
- ☐ discard
- ☐ project
- ☐ compose
- ☐ grasp
- ☐ affix
- ☐ translate
- ☐ polish
- ☐ substitute
- ☐ abolish

✦ Fill In the Blanks 문맥에 알맞은 말을 골라 빈칸을 채우세요. (필요시 적절한 형태로)

house	dominate	surpass	boost	grant	correspond

1 We launched a new marketing campaign to ____________ sales.
우리는 매출을 증가시키기 위해 새로운 마케팅 캠페인을 시작했다.

2 Sales numbers ____________ closely with our marketing projections.
매출 수치가 우리의 마케팅 예상과 거의 일치한다.

3 The company's revenue ____________ that of its main competitor.
회사의 수익이 주요 경쟁사를 능가했다.

4 The office building ____________ several startups in the tech industry.
그 사무실 건물에는 기술 산업 분야의 여러 스타트업이 입주해 있다.

5 The manager ____________ approval for the new project budget.
관리자가 새 프로젝트 예산을 승인했다.

6 The CEO's leadership helped the company ____________ the global market.
CEO의 리더십이 회사가 글로벌 시장을 지배하는 데 도움을 주었다.

DAY 21 형용사 1

Check Before You Study

학습을 시작하기 전에, 아는 단어와 모르는 단어를 빠르게 점검해보세요.

□ ample	□ distinct	□ notable
□ delicate	□ unanimous	□ defective
□ vital	□ severe	□ aggressive
□ numerous	□ narrow	□ decorative
□ worth	□ passionate	□ sizable
□ cutting-edge	□ mechanical	□ ordinary
□ punctual	□ applicable	□ virtual
□ overwhelming	□ widespread	□ repetitive
□ optimistic	□ rural	□ upfront
□ intensive	□ municipal	□ contrary
□ fascinating	□ nationwide	□ solid
□ healthful	□ inevitable	□ reluctant
□ feasible	□ accountable	□ overdue
□ attentive	□ foreseeable	□ unforeseen
□ culinary	□ equivalent	□ cautious
□ genuine	□ occupied	□ principal
□ partial	□ fiscal	

01 **ample**
[ǽmpl]
㊀ plentiful, abundant 풍부한

충분한, 풍부한

ample vehicle parking 넉넉한 주차 공간
ample time[opportunities] 충분한 시간[기회]

---

02 **delicate**
[délikət]

섬세한; 민감한

delicate fabric 섬세한 직물
a **delicate** topic 민감한 주제

---

03 **vital**
[váitl]
㊀ essential, crucial 필수적인

필수적인, 매우 중요한

play a **vital** role 중요한 역할을 하다
vital information 중요한 정보

---

04 **numerous**
[nú:mərəs, njú:-]
㊀ countless 셀 수 없이 많은
many 많은

수많은

numerous complaints 수많은 불만[항의]
numerous branches 많은 지점

재옥쌤 TIP
numerous는 항상 가산 복수명사와 함께 써.

---

05 **worth**
[wə:rθ]
worthwhile, worthy a. 가치 있는

~의[할] 가치가 있는

worth the effort 노력할 가치가 있는
be **worth** -ing ~할 가치가 있다

재옥쌤 TIP
worth는 마치 전치사처럼 뒤에 명사·동명사를 받는 게 특징이야!
⋯→ The museum is worth a visit. 그 박물관은 방문할 가치가 있다.
worth는 이런 식으로 보어 자리에서만 쓰이고, 명사 수식은 불가능해!
명사를 수식하고 싶을 땐 worthy나 worthwhile로 바꿔야 해.
⋯→ a worthy[worthwhile] investment 가치 있는 투자

---

06 **cutting-edge**
[kʌtiŋ édʒ]
㊀ state-of-the-art 최신식의, 최첨단의

최첨단의, 혁신적인

a **cutting-edge** facility 최첨단 시설
cutting-edge products 혁신적인 제품들

07 **punctual**
[pʌ́ŋktʃuəl]

punctually ad. 제시간에

시간을 잘 지키는

a **punctual** employee 시간을 잘 지키는 직원
All participants are expected to be **punctual**.
모든 참가자들은 시간을 엄수하기 바랍니다.

---

08 **overwhelming**
[òuvərhwélmiŋ]

overwhelmingly ad. 압도적으로

압도적인, 엄청난

an **overwhelming** majority of ~ 압도적인 다수의 ~
an **overwhelming** response 압도적인 반응

---

09 **optimistic**
[ɑ̀ptəmístik]

[유] positive 긍정적인
[반] pessimistic 비관적인

낙관적인, 긍정적인

optimistic analysts 낙관적인 분석가들
be **optimistic** about the future 미래에 대해 낙관적이다

---

10 **intensive**
[inténsiv]

intensively ad. 집중적으로, 집약적으로

intensify v. 강화하다, 심화하다

집중적인, 집약적인

an **intensive** training program 집중 훈련 프로그램
intensive research 집약적 연구

✓ 재옥쌤 TIP

intense와 intensive는 비슷해서 혼동하기 쉬우니 꼭 구분해야 해.
▶ intense 강렬한, 극심한
⋯→ intense heat(강렬한 더위), intense pressure(극심한 압박)
▶ intensive 집중적인, 집약적인
⋯→ intensive training(집중 훈련), intensive care(집중 치료)

---

11 **fascinating**
[fǽsənèitiŋ]

fascinate v. 마음을 사로잡다
fascination n. 매혹

매혹적인, 흥미진진한

fascinating stories 매혹적인 이야기
a **fascinating** project 흥미진진한 프로젝트

---

12 **healthful**
[hélθfəl]

health n. 건강
healthy a. 건강한

건강에 좋은

a **healthful** diet 건강에 좋은 식단
healthful ingredients 건강에 좋은 재료들

---

13 **feasible**
[fí:zəbl]

feasibility n. 실현[실행] 가능성
[유] viable 실현[실행] 가능한

실현[실행] 가능한

a **feasible** plan 실행 가능한 계획
a **feasibility** study 실현 가능성 조사

14 **attentive**
[əténtiv]

attend to v. ~에 주의를 기울이다
attention n. 주의, 관심

주의를 기울이는, 배려하는

be **attentive** to detail 세부 사항에 주의를 기울이다
attentive service 세심한 서비스

재옥쌤 TIP

attentive는 단순히 attend(참석하다)에서 온 게 아니라 attend to(~에 주의를 기울이다)에서 파생된 거야. 그래서 '세심한, 주의를 기울이는'이라는 의미로 쓰이는 거지.

---

15 **culinary**
[kʌ́ləneri, -nəri]

요리의, 음식의

a **culinary** institute[school] 요리 학교
culinary experience 미식 체험

---

16 **genuine**
[dʒénjuin]

genuinely ad. 진정으로, 진심으로
[유] authentic 진짜[진품]의

진짜[진품]의; 진실된

a **genuine** product 진품
a **genuine** effort 진심 어린 노력

---

17 **partial**
[pá:rʃəl]

partially ad. 부분적으로; 편파적으로
[반] impartial 공정한

부분적인; 불공정한, 편파적인

a **partial** refund 부분 환불
partial road closures 부분 도로 폐쇄[통제]

---

18 **distinct**
[distíŋkt]

distinctly ad. 뚜렷하게, 분명히
distinction n. 차이, 구별
distinctive a. 독특한, 특유의

뚜렷한, 분명한; 별개의

distinct advantages 뚜렷한 장점들
distinct from ~ ~와는 뚜렷이 구별되는

재옥쌤 TIP

distinct와 distinctive는 비슷하게 생겨서 헷갈리기 쉬워. distinct는 '분명한, 서로 다른'의 의미로 차이·구분이 뚜렷한 걸 말하고, distinctive는 '독특한, 특색 있는'의 의미로 고유한 특징이 드러나는 걸 말해.
··· distinct features 뚜렷한 특징
a distinctive style 독특한 스타일

---

19 **unanimous**
[ju:nǽnəməs]

unanimously ad. 만장일치로

만장일치의

by a **unanimous** vote 만장일치 투표에 의해
be **unanimously** approved 만장일치로 승인되다

20 **severe**
[sivíər]

severely ad. 심하게
㊍ harsh 가혹한, 혹독한

심각한, 극심한, 가혹한

severe weather 악천후, 심각한 날씨
severe conditions[damage] 심각한 상황[피해]

---

21 **narrow**
[nǽrou]

narrowly ad. 가까스로, 간신히

좁은, 아슬아슬한 v. 좁히다

narrow roads 좁은 도로
narrow down the entries 참가작들의 범위를 좁히다

재옥쌤 TIP

narrow는 토익에선 '줄이다, 좁히다'라는 의미의 동사로도 자주 출제돼. narrow the gap(격차를 줄이다), narrow down the list(목록을 좁히다) 같은 고정 표현 꼭 챙겨!

---

22 **passionate**
[pǽʃənət]

passionately ad. 열정적으로
㊍ enthusiastic 열정적인

열정적인

be **passionate** about ~ ~에 열정적이다
a **passionate** supporter 열렬한 지지자

---

23 **mechanical**
[məkǽnikl]

mechanic n. 정비사
mechanism n. (기계) 장치; 방법

기계적인, 기계와 관련된

a **mechanical** problem[issue] 기계 문제[결함]
a **mechanical** failure 기계 고장

---

24 **applicable**
[əplíkəbl, ǽpli-]

apply v. 신청하다, 적용하다
application n. 지원[신청], 적용
applicant n. 지원자

해당되는, 적용 가능한

be **applicable** to all members 모든 회원에게 적용되다
Not **Applicable** 해당 사항 없음(= N/A)

재옥쌤 TIP

파트7의 표 지문에서 자주 보이는 N/A는 Not Applicable의 줄임말이야. 즉, '해당 없음'이라는 뜻이지. 이걸 모르면 정보 매칭 문제에서 틀리기 쉬우니 꼭 알아 둬!

---

25 **widespread**
[wáidspred]

광범위한, 널리 퍼진

widespread support[use] 광범위한 지원[사용]
gain **widespread** recognition 널리 인정을 받다

26 **rural**
[rúərəl]
[반] urban 도시의

시골의, 지방의

a **rural** area outside of Amsterdam
암스테르담 외곽의 시골 지역
a **rural** summer camp 시골 여름 캠프

---

27 **municipal**
[mjuːnísəpəl]

시의, 지방 자치의

the **municipal** government[office]
지방 정부[지방 행정 기관]
the **municipal** utility company 시 산하 공기업

---

28 **nationwide**
[néiʃənwàid]

전국적인 ad. 전국적으로

a **nationwide** campaign[survey] 전국적인 캠페인[조사]
expand **nationwide** 전국적으로 확장하다

---

29 **inevitable**
[inévətəbl]
inevitably ad. 필연적으로
[유] unavoidable 피할 수 없는

피할 수 없는, 불가피한

inevitable changes 불가피한 변화
the **inevitable** consequence of poor planning
부실한 계획의 불가피한 결과

---

30 **accountable**
[əkáuntəbl]
[유] responsible, liable 책임 있는

책임이 있는

be **accountable** for ~ ~에 대해 책임이 있다
hold A **accountable** A에게 책임을 묻다

재옥쌤 TIP
accountable, responsible, liable은 모두 '책임이 있는'이라는 뜻이야.
세 단어 모두 보통 전치사 for와 함께 써.
⋯› be accountable[responsible, liable] for ~ ~에 책임이 있다

---

31 **foreseeable**
[fɔːrsíːəbl]
foresee v. 예견[예상]하다
[유] predictable 예측할 수 있는

예측[예상]할 수 있는

in the **foreseeable** future 가까운 미래에
foreseeable risks[consequences]
예상 가능한 위험[결과]

---

32 **equivalent**
[ikwívələnt]

동등한, 맞먹는 n. 동등한 것

be **equivalent** to ~ ~와 동등하다
the **equivalent** of ~ ~에 해당하는 것

33 **occupied**
[ákjupàid]

occupy v. 차지하다, 점유하다
occupation n. 직업; 점유, 사용
반 unoccupied, vacant 비어 있는

사용 중인, 차지된; 바쁜

fully **occupied** 자리가[일정이] 꽉 찬
occupied rooms[seats] 사용 중인 방[좌석]

재옥쌤 TIP

파트 1에서 occupied와 unoccupied는 단골 표현이야! 사람이 있으면 occupied, 없으면 unoccupied!
→ The seats are occupied. (사용 중)
The seats are unoccupied. (비어 있음)

---

34 **fiscal**
[fískəl]

회계의, (특히 정부) 재정의

the **fiscal** year 회계 연도
new **fiscal** policies 새 재정 정책

---

35 **notable**
[nóutəbl]

note v. 주목하다, 언급하다
notably ad. 특히, 현저히
유 prominent 두드러진

주목할 만한, 눈에 띄는; 유명한

a **notable** success[achievement] 주목할 만한 성공[성과]
a **notable** figure 유명한 인물

---

36 **defective**
[diféktiv]

defect n. 결함, 결점
유 faulty 결함이 있는

결함이 있는, 불량의

defective products[items] 불량품
exchange a **defective** part 불량 부품을 교환하다

---

37 **aggressive**
[əgrésiv]

aggressively ad. 공격적으로, 적극적으로

적극적인, 공격적인

an **aggressive** marketing campaign 적극적인 마케팅 활동
aggressively expand its market share 시장 점유율을 공격적으로 확대하다

재옥쌤 TIP

토익에서는 '공격적인'보다 '적극적이고 진취적인'의 의미로 훨씬 자주 써!

---

38 **decorative**
[dékərətiv, dékərèi-]

decorate v. 장식하다
decoration n. 장식

장식(용)의

decorative sculptures 장식용 조각품들
decorative plants 관상용 식물

39 **sizable**
[sáizəbl]

size n. 크기

(규모나 양이) 상당한, 꽤 큰

a **sizable** amount of money 상당한 금액
sizable demand 상당한 수요

---

40 **ordinary**
[ɔ́:rdənèri, -nəri]

ordinarily ad. 보통, 대개
(반) extraordinary 비범한

평범한, 보통의

in the **ordinary** course of business
통상적인 업무 절차로
ordinary trains 일반 열차

---

41 **virtual**
[və́:rtʃuəl]

virtually ad. 사실상; 가상으로

(컴퓨터를 이용한) 가상의; 사실상의

virtual tours 가상 투어(이미지나 영상으로 둘러보는 투어)
a **virtual** monopoly 사실상 독점

재옥쌤 TIP

virtual은 두 가지 의미로 자주 출제돼!
▶ 가상의 ··· a virtual meeting 온라인 · 비대면의 의미
▶ 사실상의 ··· a virtual monopoly 실질적인 독점
부사형 virtually는 '가상으로'보다는 '사실상, 거의'라는 뜻으로 훨씬 더 많이 써.
··· The project is virtually complete.
그 프로젝트는 사실상 완료되었다.

---

42 **repetitive**
[ripétətiv]

repeat v. 반복하다
repetition n. 반복

반복적인, 반복되는

a **repetitive** task 반복적인 업무
reduce **repetitive** errors 반복되는 오류를 줄이다

---

43 **upfront**
[ʌpfrʌ́nt]

(유) prepaid 선불의

선불의 ad. 선불로

an **upfront** fee[payment] 선불 비용[지불]
pay **upfront** 선불로 결제하다

---

44 **contrary**
[kántreri]

~와는 다른, 반대되는 n. 반대

be **contrary** to regulations[policies]
규정[정책]에 반하다(어긋나다)
on the **contrary** 반대로

45 **solid**
[sálid]

solidify v. 굳히다, 확고히 하다

단단한, 견고한, 탄탄한

a **solid** understanding 탄탄한 이해
a **solid** basis of trust 견고한 신뢰의 기반

재옥쌤 TIP

solid는 물리적인 단단함보다 추상적인 '확실한·견고한'의 의미야!
···› solid evidence 확실한 증거
a solid reputation 탄탄한 명성

---

46 **reluctant**
[rilʌ́ktənt]

reluctantly ad. 마지못해
㊊ hesitant 주저하는
unwilling 마지못해 하는

주저하는, 꺼리는

be **reluctant** to do ~하는 것을 망설이다
a **reluctant** agreement 마지못해 하는 동의

---

47 **overdue**
[ouvərdú]

기한이 지난, 연체된

an **overdue** payment[invoice]
연체 금액[기한이 지난 청구서]
be 10 days **overdue** 10일 연체되다

---

48 **unforeseen**
[ənfɔrsíːn]

㊊ unpredicted, unexpected
예측하지 못한

예측하지 못한, 뜻밖의

due to **unforeseen** circumstances
예기치 못한 상황으로 인해
unforeseen scheduling conflicts
예상치 못한 일정 충돌

---

49 **cautious**
[kɔ́ːʃəs]

cautiously ad. 조심스럽게
caution n. 조심, 주의 v. 경고하다
㊊ careful 조심하는

조심하는, 신중한

be **cautious** about[of] ~ ~에 대해 조심하다
a **cautious** approach[attitude] 신중한 접근[태도]

---

50 **principal**
[prínsəpəl]

principally ad. 주로, 대체로
㊊ primary 주된, 주요한

주된, 주요한 n. 교장

the **principal** reason 주된 이유
the school **principal** 교장

REVIEW TEST

정답 p.349

✦ Check After You Study 이제 이 단어들을 마스터했는지 확인해보세요.

- ☐ ample
- ☐ delicate
- ☐ vital
- ☐ numerous
- ☐ worth
- ☐ cutting-edge
- ☐ punctual
- ☐ overwhelming
- ☐ optimistic
- ☐ intensive
- ☐ fascinating
- ☐ healthful
- ☐ feasible
- ☐ attentive
- ☐ culinary
- ☐ genuine
- ☐ partial
- ☐ distinct
- ☐ unanimous
- ☐ severe
- ☐ narrow
- ☐ passionate
- ☐ mechanical
- ☐ applicable
- ☐ widespread
- ☐ rural
- ☐ municipal
- ☐ nationwide
- ☐ inevitable
- ☐ accountable
- ☐ foreseeable
- ☐ equivalent
- ☐ occupied
- ☐ fiscal
- ☐ notable
- ☐ defective
- ☐ aggressive
- ☐ decorative
- ☐ sizable
- ☐ ordinary
- ☐ virtual
- ☐ repetitive
- ☐ upfront
- ☐ contrary
- ☐ solid
- ☐ reluctant
- ☐ overdue
- ☐ unforeseen
- ☐ cautious
- ☐ principal

✦ Fill In the Blanks 문맥에 알맞은 말을 골라 빈칸을 채우세요. (필요시 적절한 형태로)

attentive	solid	worth	accountable	virtual	defective

1 We are pleased to offer you gift certificates ____________ £75.
여러분께 75파운드 상당의 상품권을 제공해 드리게 되어 기쁘게 생각합니다.

2 If the item is ____________, we will replace it with another.
제품에 결함이 있을 경우, 다른 제품과 교환해 드립니다.

3 We need to hold them ____________ for this problem.
우리는 이 문제에 대해 그들에게 책임을 물어야 한다.

4 The restaurant is known for its excellent food and ____________ service.
그 식당은 훌륭한 음식과 세심한 서비스로 유명하다.

5 I feel that I have a ____________ understanding of the program.
저는 이 프로그램에 대해 확실히 이해하고 있다고 생각합니다.

6 To view our properties for sale that offer ____________ tours, click here.
가상 투어가 제공되는 매물을 보려면 여기를 클릭하세요.

DAY 22

형용사 2

Check Before You Study

학습을 시작하기 전에, 아는 단어와 모르는 단어를 빠르게 점검해보세요.

☐ desirable	☐ outgoing	☐ spontaneous
☐ permanent	☐ massive	☐ monetary
☐ sensitive	☐ transparent	☐ exhaustive
☐ nutritious	☐ dietary	☐ prefabricated
☐ forthcoming	☐ adequate	☐ political
☐ prominent	☐ immense	☐ solar
☐ voluntary	☐ anonymous	☐ advisory
☐ automotive	☐ contingent	☐ compelling
☐ beneficial	☐ probable	☐ gourmet
☐ tentative	☐ exempt	☐ established
☐ vocational	☐ pending	☐ adjacent
☐ exclusive	☐ meticulous	☐ tailored
☐ sophisticated	☐ controversial	☐ elaborate
☐ furnished	☐ abundant	☐ imminent
☐ inclement	☐ resistant	☐ abstract
☐ consecutive	☐ concise	☐ skeptical
☐ lucrative	☐ accustomed	

01 **desirable**
[dizáiərəbl]

desire n. 욕구, 갈망 v. 바라다

바람직한, 이상적인

desirable qualities 바람직한 자질
a highly **desirable** location 매우 이상적인 위치

---

02 **permanent**
[pə́:rmənənt]

permanently ad. 영구적으로
㉥ temporary 임시의, 일시적인

영구적인; 정규직의

the museum's **permanent** exhibits
박물관의 영구 전시품
a **permanent** replacement for ~ ~의 정규직 후임자

재옥쌤 TIP

permanent는 '영구적인'이라는 뜻 외에도 '정규직'의 의미로 자주 써.
⋯▸ a permanent position 정규직 자리
반대말은 temporary(임시직의)
⋯▸ a temporary job 임시직

---

03 **sensitive**
[sénsətiv]

sense n. 감각 v. 감지하다
sensitivity n. 민감함, 예민함
sensible a. 분별 있는, 현명한

민감한, 예민한

sensitive information 민감한 정보
highly **sensitive** to change 변화에 매우 민감한

재옥쌤 TIP

sensitive와 sensible은 비슷해서 헷갈릴 수 있어. 하지만 sensible은 '분별 있는, 합리적인'이라는 뜻이야. 토익에서는 decision, advice, choice 같은 단어와 자주 함께 써.
⋯▸ a sensible decision 현명한 결정
sensible advice 합리적인 조언

---

04 **nutritious**
[nju:tríʃəs]

nutrition n. 영양

영양가 있는

nutritious meals 영양가 있는 식사
a **nutritious** diet 영양가 있는 식단

---

05 **forthcoming**
[fɔ́:rθkəmiŋ]

㊌ upcoming 다가오는, 곧 있을

다가오는, 곧 있을

a **forthcoming** product 곧 출시될 제품
a **forthcoming** mode of transportation
새롭게 도입될 교통수단 형태

---

06 **prominent**
[prɑ́mənənt]

prominently ad. 두드러지게

두드러진, 눈에 띄는; 유명[저명]한

a **prominent** feature 두드러진 특징
prominently displayed 눈에 띄게 전시된

07 **voluntary**
[váləntèri, -təri]

voluntarily ad. 자발적으로
volunteer n. 자원봉사자 v. 자원하다

자발적인

a **voluntary** contribution[agreement]
자발적 기부[동의]
resign **voluntarily** 자진 사퇴하다

---

08 **automotive**
[ɔ̀:təmóutiv]

자동차의

the **automotive** industry 자동차 산업
an **automotive** manufacturing plant 자동차 제조 공장

---

09 **beneficial**
[bènəfíʃəl]

benefit n. 혜택, 이익 v. 이익을 얻다

유익한, 이로운

be **beneficial** to ~ ~에 이롭다[유익하다]
a mutually **beneficial** partnership 상호 이로운 협력 관계

---

10 **tentative**
[téntətiv]

tentatively ad. 임시로
[유] temporary, provisional
임시의, 잠정적인

임시의, 잠정적인

a **tentative** plan[schedule] 잠정 계획[일정]
tentatively approved 잠정 승인된

---

11 **vocational**
[voukéiʃənl]

vocation n. 직업

직업의, 직업과 관련된

vocational schools[training] 직업 학교[훈련]
vocational qualifications 직업 관련 자격(증)

---

12 **exclusive**
[iksklú:siv]

exclusively ad. 독점적으로; 오직
exclude v. 제외하다
exclusion n. 제외, 배제

독점적인; 전용의; 특권층의

an **exclusive** interview 단독 인터뷰
the **exclusive** use of the facility 시설 전용 사용

재옥쌤 TIP

exclusive는 크게 세 가지 의미를 챙기면 돼.
▶ 독점적인 ···› exclusive rights 독점권
▶ 전용의 ···› exclusive discounts for members 회원 전용 할인
▶ 특권층의, 고급의 ···› an exclusive club 상류 클럽
참고로 '배타적인'이라는 의미는 토익에선 잘 안 나와.

---

13 **sophisticated**
[səfístəkèitid]

[유] refined 세련된

정교한, 복잡한; 세련된

sophisticated equipment 정교한(복잡한) 장비
sophisticated architectural designs 세련된 건축 디자인

14 **furnished**
[fə́ːrniʃt]

furnish v. (가구를) 비치하다
furnishings n. 가구, 비품
furniture n. 가구

가구가 비치된

a **furnished** apartment 가구가 비치된 아파트
fully[newly] **furnished** 가구가 완비된[새로 가구가 비치된]

재옥쌤 TIP
가구와 관련된 명사 두 개를 같이 알아두자!
▶ furniture(불가산) → 일반적인 '가구'
▶ furnishings(복수) → 커튼 · 조명 같은 '비품 · 인테리어 포함 가구'

---

15 **inclement**
[inklémənt]

(날씨가) 궂은, 좋지 못한

due to **inclement** weather 악천후로 인해
inclement conditions 험한 기상 조건

---

16 **consecutive**
[kənsékjutiv]

consecutively ad. 연속적으로
[유] successive 연속적인, 연이은

연속적인, 연이은

two **consecutive** renewals 두 번의 연속 갱신
for three **consecutive** years 3년 연속으로

---

17 **lucrative**
[lúːkrətiv]

[유] profitable 수익성 있는

수익성 있는[좋은]

a **lucrative** market 수익성 있는 시장
a **lucrative** contract[deal] 수익성 높은 계약

---

18 **outgoing**
[áutgouiŋ]

[반] incoming 들어오는

떠나는, 나가는; 외향적인

the **outgoing** CEO 퇴임하는 대표이사
incoming and **outgoing** calls 수신 및 발신 전화

재옥쌤 TIP
일반 회화에서는 outgoing이 '외향적인'의 의미로 자주 쓰이지만, 토익에서는 '떠나는, 나가는'의 의미로 훨씬 더 자주 나와!
⋯› outgoing mail 발송 우편

---

19 **massive**
[mǽsiv]

거대한, 막대한

massive buildings 거대한 건물들
massive efforts 막대한 노력

20 **transparent**
[trænspέərənt]

transparency n. 투명성

투명한

a **transparent** container 투명 용기
a **transparent** process[policy] 투명한 절차[정책]

---

21 **dietary**
[dáiətèri, -təri]

diet n. 식단, 음식, 식이요법

식이 요법의, 식사의

special **dietary** needs[requirements] 특별 식단 요구
dietary restrictions 음식 제한(음식물 섭취 제한)

재옥쌤 TIP

diet, dietary는 '살 빼는 다이어트'의 의미가 아니라 건강이나 영양을 위한 식단·섭취 방식을 뜻해. 예를 들어 dietary restrictions는 알레르기나 채식 때문에 '제한되는 음식', dietary supplements는 '영양 보충제'를 말해.

---

22 **adequate**
[ǽdikwət]

adequately ad. 적절하게
㊌ suitable 적합한
sufficient 충분한
㊥ inadequate 부적절한

적합한, 적절한; 충분한

be **adequate** for ~ ~에 적합하다
adequate resources 충분한 자원

---

23 **immense**
[iméns]

immensely ad. 엄청나게

(크기·규모·양 등이) 엄청난, 거대한

an **immense** amount of work 막대한 양의 업무
an **immense** lobby 거대한 로비

---

24 **anonymous**
[ənάnəməs]

anonymously ad. 익명으로

익명의

an **anonymous** survey 익명 설문조사
submit feedback **anonymously**
피드백을 익명으로 제출하다

---

25 **contingent**
[kəntíndʒənt]

contingency n. 만일의 사태

~에 달려 있는, ~을 조건으로 하는

be **contingent** on approval 승인에 달려 있다
be **contingent** upon budget availability
예산 확보 여부에 달려 있다

재옥쌤 TIP

〈be dependent[reliant, contingent] on[upon] ~〉 이 표현들은 미묘한 뉘앙스 차이가 있긴 하지만, 토익에서는 '~에 달려 있다, 의존하다'의 의미로 똑같이 생각해도 안전해!

26 **probable** [prɑ́bəbl]

probably ad. 아마도
probability n. 가능성, 개연성

그럴듯한, 가능성 있는

probable outcomes 가능성 있는 결과
will **probably** arrive late 아마 늦게 도착할 것이다

---

27 **exempt** [igzémpt]

exemption n. 면제, 공제

면제된

be **exempt** from tax[fees] 세금이[수수료가] 면제되다
request an **exemption** 면제를 신청하다

---

28 **pending** [péndiŋ]

미결의, 처리 중인; 곧 있을 prep. ~할 때까지

a **pending** order 미결 주문(대기 중인 주문)
pending approval 승인이 날 때까지

재옥쌤 TIP

pending이 전치사로 쓰일 때는 '~이 확정되기 전까지, ~을 기다리는 동안'의 느낌이야.
⋯→ Pending approval, the contract cannot be signed.
승인되기 전까지는 계약을 체결할 수 없다.

---

29 **meticulous** [mətíkjuləs]

meticulously ad. 세심하게, 꼼꼼하게
㊐ thorough 철저한, 빈틈없는

꼼꼼한, 세심한

meticulous planning[research] 꼼꼼한 계획[조사]
meticulously check documents 문서를 꼼꼼히 확인하다

---

30 **controversial** [kɑ̀ntrəvə́ːrʃəl]

controversy n. 논란, 논쟁

논란의 여지가 있는, 논란이 많은

a **controversial** policy 논란이 많은 정책
without **controversy** 논란 없이

---

31 **abundant** [əbʌ́ndənt]

abundantly ad. 풍부하게, 많이
abundance n. 풍부
㊐ ample, plentiful 충분한, 풍부한

풍부한, 많은

abundant crops[resources] 풍부한 농작물[자원]
Wildlife is **abundant** in the area.
그 지역에는 야생 동물이 많다.

---

32 **resistant** [rizístənt]

resist v. 저항하다, 견디다

저항하는, ~에 잘 견디는[강한]

water-**resistant** materials 방수 재질
be **resistant** to change[criticism] 변화[비판]에 저항하다

33 **concise**
[kənsáis]

concisely ad. 간결하게
[유] succinct 간결한

간결한

concise content 간결한 콘텐츠
a **concise** summary of the report
그 보고서에 대한 간결한 요약

---

34 **accustomed**
[əkʌ́stəmd]

[유] used 익숙한

익숙한, 적응한

get **accustomed**[used] to the new system
새 시스템에 익숙해지다
be **accustomed**[used] to working long hours
장시간 근무에 익숙하다

재옥쌤 TIP

〈be accustomed[used] to + 명사/동명사〉 구조를 기억해! 여기서 to는 전치사라서 to 뒤에는 명사/동명사가 온다는 점 잊지 마.

---

35 **spontaneous**
[spantéiniəs]

spontaneously ad. 자발적으로, 즉흥적으로

자발적인; 즉흥적인

a **spontaneous** offer of help 자발적인 도움 제의
a **spontaneous** decision 즉흥적인 결정

---

36 **monetary**
[mánətèri]

통화[화폐]의, 금전상의

monetary donations 금전적 기부
monetary recognition[compensation] 금전적 보상

---

37 **exhaustive**
[igzɔ́:stiv]

exhaust v. 지치게 하다 n. 배기가스
exhausted a. 지친, 기진맥진한
[유] thorough 철저한

철저한, 완전한

exhaustive research 철저한 연구
an **exhaustive** review[analysis] 철저한 검토[분석]

재옥쌤 TIP

exhaustive와 exhausted는 철자는 비슷하지만 쓰임은 완전 달라!
▶ exhausted 지친, 기진맥진한 → 주로 사람의 상태
▶ exhaustive 철저한, 완전한 → 주로 조사·분석·리스트 등에 사용

---

38 **prefabricated**
[pri:fǽbrəkèitid]

prefabricate v. 미리 제작하다
fabricate v. 제작하다; 날조하다

조립식의, 미리 제작된

a **prefabricated** building 조립식 건물
prefabricated components 조립식 부품

39 **political**
[pəlítikəl]

politics n. 정치, 정치학
politician n. 정치인

정치의, 정치적인

a **political** issue[system] 정치 문제[제도]
a **political** leader 정치 지도자

---

40 **solar**
[sóulər]

태양의, 태양열을 이용한

install **solar** panels 태양 전지판을 설치하다
residential **solar** power 주택용 태양광 발전

---

41 **advisory**
[ædváizəri, əd-]

advise v. 조언하다, 충고하다
advice n. 조언, 충고
advisable a. 바람직한, 권장할 만한

조언하는, 자문의

an **advisory** board[committee] 자문 위원회
advisory services 자문 서비스

재옥쌤 TIP

advisory와 advisable은 철자는 비슷하지만 뜻은 달라!
▶ advisory 자문의
→ an advisory committee 자문위원회
▶ advisable 권장할 만한
→ It is advisable to do ~하는 게 좋다
advisory는 조언·자문과 관련된 역할이나 기구, advisable은 권장 표현에 써.

---

42 **compelling**
[kəmpéliŋ]

compel v. 강요하다

설득력 있는; 눈길을 끄는

a **compelling** argument 설득력 있는 주장
a **compelling** story 눈길을 끄는 이야기

---

43 **gourmet**
[guərméi, gúərmei]

미식가를 위한, 고급의 n. 미식가

a **gourmet** restaurant 고급 레스토랑
gourmet food 고급 음식

---

44 **established**
[istǽbliʃt]

establish v. 설립하다, 확립하다
establishment n. 설립, 기관

인정받는, 자리잡은; 확립된, 설립된

an **established** company[brand]
자리잡은 회사[브랜드]
an **established** procedure 확립된 절차

45 **adjacent**
[ədʒéisnt]

인접한, 가까운

the **adjacent** parking area 인접한 주차 구역
a hotel **adjacent** to the conference center
회의장에서 가까운 호텔

재옥쌤 TIP

adjacent는 전치사 to와 함께 〈adjacent to + 명사〉 구조가 기본이야.
··· The conference room is adjacent to the lobby.
회의실은 로비에 인접해 있다.

---

46 **tailored**
[téilərd]

tailor v. 맞추다, 조정하다 n. 재단사
㊌ customized
개개인의 요구에 맞춘

맞춤의, 주문에 따라 맞춘

a service **tailored** to individual needs
개인별 요구에 맞춘 서비스
tailored solutions[training] 맞춤형 해결책[훈련]

---

47 **elaborate**
[ilǽbərət] v. [ilǽbərèit]

정교한, 공들인 v. 자세히 설명하다

elaborate designs 정교한 디자인
elaborate on the proposal 제안에 대해 자세히 설명하다

---

48 **imminent**
[ímənənt]

㊌ impending, pending 임박한

임박한, 곧 일어날

an **imminent** deadline 임박한 마감일
an **imminent** change 곧 일어날 변화

재옥쌤 TIP

imminent는 impending과 사실상 같은 뜻이야. pending도 '임박한'의 의미가 있지만, 보통은 '미결의, 처리 중인'의 의미로 더 자주 써. 즉, imminent, impending은 의미가 같고, pending은 일부 상황에선 비슷하지만 대부분 다른 뜻으로 쓰인다고 기억해!

---

49 **abstract**
[ǽbstrækt]

추상적인 n. 요약, 개요

abstract paintings 추상화
an **abstract** of the report 보고서 요약본

---

50 **skeptical**
[sképtikəl]

회의적인, 의심하는

be **skeptical** of[about] ~ ~에 회의적이다
skeptical investors 회의적인 투자자들

REVIEW TEST

정답 p.349

◆ Check After You Study 이제 이 단어들을 마스터했는지 확인해보세요.

- ☐ desirable
- ☐ permanent
- ☐ sensitive
- ☐ nutritious
- ☐ forthcoming
- ☐ prominent
- ☐ voluntary
- ☐ automotive
- ☐ beneficial
- ☐ tentative
- ☐ vocational
- ☐ exclusive
- ☐ sophisticated
- ☐ furnished
- ☐ inclement
- ☐ consecutive
- ☐ lucrative
- ☐ outgoing
- ☐ massive
- ☐ transparent
- ☐ dietary
- ☐ adequate
- ☐ immense
- ☐ anonymous
- ☐ contingent
- ☐ probable
- ☐ exempt
- ☐ pending
- ☐ meticulous
- ☐ controversial
- ☐ abundant
- ☐ resistant
- ☐ concise
- ☐ accustomed
- ☐ spontaneous
- ☐ monetary
- ☐ exhaustive
- ☐ prefabricated
- ☐ political
- ☐ solar
- ☐ advisory
- ☐ compelling
- ☐ gourmet
- ☐ established
- ☐ adjacent
- ☐ tailored
- ☐ elaborate
- ☐ imminent
- ☐ abstract
- ☐ skeptical

◆ Fill In the Blanks 문맥에 알맞은 말을 골라 빈칸을 채우세요. (필요시 적절한 형태로)

inclement	exclusive	beneficial	tailored	anonymous	resistant

1 An ____________ donor contributed $1 million to the hospital.
한 익명의 기부자가 병원에 100만 달러를 기부했다.

2 For a small annual fee, you will gain access to ____________ discounts.
소액의 연간 요금으로 독점 할인 혜택을 누릴 수 있습니다.

3 All items in Marimon line will be ____________ to staining.
매리몬 라인의 모든 제품은 얼룩에 강할 것이다.

4 The flight has been canceled due to the ____________ weather conditions.
악천후로 인해 비행편이 취소되었다.

5 Our training programs are ____________ to suit the needs of each department.
우리의 교육 프로그램은 각 부서의 요구에 맞춰 맞춤 설계되어 있다.

6 We hope to continue our mutually ____________ business arrangement.
상호 이익이 되는 비즈니스 관계가 계속되기를 바랍니다.

DAY 23

부사

Check Before You Study

학습을 시작하기 전에, 아는 단어와 모르는 단어를 빠르게 점검해보세요.

☐ surely	☐ loosely	☐ sharply
☐ rightfully	☐ mistakenly	☐ agreeably
☐ mutually	☐ seamlessly	☐ momentarily
☐ fairly	☐ curiously	☐ leniently
☐ preferably	☐ hastily	☐ intermittently
☐ abruptly	☐ cordially	☐ publicly
☐ sensibly	☐ precisely	☐ chronologically
☐ assertively	☐ vastly	☐ geographically
☐ elsewhere	☐ presumably	☐ conspicuously
☐ coincidentally	☐ alike	☐ arguably
☐ principally	☐ exaggeratedly	☐ thereby
☐ solely	☐ roughly	☐ inadvertently
☐ progressively	☐ uncomfortably	☐ proportionately
☐ jointly	☐ customarily	☐ exponentially
☐ ethically	☐ correspondingly	☐ incrementally
☐ somewhat	☐ intently	☐ legibly
☐ densely	☐ obediently	

01 **surely**
[ʃúərli]

확실히, 틀림없이

Surely, this is the best option. 확실히, 이게 최선의 선택이다.
will **surely** succeed 틀림없이 성공할 것이다

---

02 **rightfully**
[ráitfəli]

rightful a. 정당한; 합법적인
㊌ justly 정당하게
legitimately 합법적으로

정당하게, 당연히; 합법적으로

be **rightfully** entitled to compensation
정당하게 보상받을 권리가 있다
be **rightfully** recognized for achievements
성과에 대해 정당하게 인정받다

---

03 **mutually**
[mjúːtʃuəli]

mutual a. 상호의, 공동의

서로, 상호 간에

mutually agreeable[acceptable] 서로 합의[수용] 가능한
mutual understanding[respect] 상호 이해[존중]

---

04 **fairly**
[fέərli]

fair a. 공정한, 공평한
㊌ quite 상당히, 꽤
impartially 공정하게

상당히, 꽤; 공평하게

fairly high 상당히 높은
compete **fairly** in the market 시장 내에서 공정하게 경쟁하다

재옥쌤 TIP

fairly는 두 축으로 기억해!
▶ 정도 ⋯ a fairly easy task 꽤 쉬운 과제
▶ 공정성 ⋯ treat customers fairly 고객을 공정하게 대하다
토익에서는 대부분 '꽤'의 의미로 출제된다고 보면 돼.

---

05 **preferably**
[préfərəbli]

preferable a. 더 바람직한, 더 좋은

가급적이면, 되도록이면

apply in person, **preferably** with a résumé
되도록이면 이력서를 가지고 직접 지원하다
arrive early, **preferably** before 9 a.m.
가급적 오전 9시 이전에 일찍 도착하다

---

06 **abruptly**
[əbrʌ́ptli]

abrupt a. 갑작스러운; 퉁명스러운
㊌ suddenly 갑자기

갑자기, 불시에

stop **abruptly** 갑자기 멈추다
resign **abruptly** 갑작스럽게 사임하다

---

07 **sensibly**
[sénsəbli]

sensible a. 분별 있는, 현명한

분별 있게, 현명하게

act **sensibly** under pressure 압박 속에서 분별 있게 행동하다
a **sensibly** managed company 현명하게 운영되는 회사

08 **assertively**
[əsə́:rtivli]
assertive a. 자기주장이 강한, 단호한

단호하게, 단정적으로

deal **assertively** with complaints 민원을 단호히 처리하다
assertive communication 자기주장이 강한 의사소통

09 **elsewhere**
[élswɛər]

다른 곳에서[곳으로]

be found **elsewhere** 다른 곳에서 발견되다
be available **elsewhere** 다른 곳에서 이용 가능하다

재옥쌤 TIP

elsewhere를 포함해 somewhere(어딘가에), anywhere(어디든/어디에도)도 모두 부사야. 이 세 단어는 토익에서 부사 자리 정답으로 자주 출제돼!

10 **coincidentally**
[kouìnsidéntli]
coincide v. 동시에 일어나다, 일치하다
coincidence n. 우연의 일치

우연히, 동시 발생적으로

The meeting **coincidentally** fell on the same day as the event. 회의가 우연히 그 행사와 같은 날에 잡혔다.
meet **coincidentally** 우연히 마주치다

11 **principally**
[prínsəpəli]
principal a. 주요한 n. 교장

주로

be **principally** concerned with ~ 주로 ~와 관련되다
consist **principally** of ~ 주로 ~으로 구성되다

12 **solely**
[sóulli]
sole a. 단독의, 유일한
유 only 오로지, 오직
exclusively 독점적으로; 오로지

오로지, 단독[전적]으로

rely **solely** on ~ 오로지 ~에만 의존하다
be **solely** responsible for ~ 전적으로 ~에 책임이 있다

13 **progressively**
[prəgrésivli]
progressive a. 점진적인, 진보적인
유 increasingly 점점 더
incrementally 점진적으로

점점 더, 점진적으로

become **progressively** worse 점점 더 악화되다
progressively expand operations 점진적으로 사업을 확장하다

14 **jointly**
[dʒɔ́intli]
joint a. 공동의, 합동의
n. 관절, 연결 부위

공동으로, 함께

jointly announce a partnership 공동으로 제휴를 발표하다
jointly develop a project 공동으로 프로젝트를 개발하다

15 **ethically**
[éθikəli]

ethic n. 윤리, 도덕
ethical a. 윤리적인
㊌ morally 도덕적으로

윤리적으로, 도덕적으로

an **ethically** responsible company
윤리적으로 책임감 있는 회사
behave **ethically** in business
비즈니스에서 윤리적으로 행동하다

---

16 **somewhat**
[sʌ́mwɑ̀t]

㊌ slightly, rather 약간

다소, 약간

somewhat unusual 다소 특이한
somewhat different 약간 다른

재옥쌤 TIP

somewhat, slightly, rather 모두 '약간'이라는 의미의 정도 부사야. 사실 강도의 차이가 있긴 하지만, 굳이 세밀하게 구분할 필요 없어.

---

17 **densely**
[dénsli]

dense a. 빽빽한, 밀집한
density n. 밀도
㊙ sparsely 드문드문, 띄엄띄엄

빽빽하게, 밀집하여

a **densely** populated area 인구 밀집 지역
densely constructed buildings 빽빽하게 지어진 건물들

---

18 **loosely**
[lú:sli]

loose a. 헐거운, 느슨한
loosen v. 느슨하게 하다

느슨하게; 막연히, 대략

be **loosely** based on a true story 대략 실화를 바탕으로 하다
loosely connected to the project
그 프로젝트와 느슨하게 연결된

재옥쌤 TIP

loosely는 토익에서 물리적으로 '느슨하게'라는 뜻보다, '대략, 막연히'라는 추상적 의미로 훨씬 자주 출제돼! 토익 단골 표현을 기억해 둬.
··· loosely based on ~ 대략 ~을 바탕으로 한
loosely defined ~ ~라고 대략 정의되는
loosely connected 느슨하게 연결된

---

19 **mistakenly**
[mistéikənli]

mistake n. 실수, 잘못 v. 오해하다
㊌ accidentally 우연히, 실수로

잘못하여, 실수로; 오해하여

mistakenly believe that 주어 + 동사 ~라고 잘못 믿다
mistakenly delete a file 실수로 파일을 삭제하다

---

20 **seamlessly**
[sí:mlisli]

seamless a. 이음매 없는, 매끄러운
㊌ smoothly 원활히

매끄럽게, 원활하게

seamlessly integrate 원활히 통합하다
seamlessly transition 매끄럽게 전환하다

21 **curiously**
[kjúəriəsli]

curious a. 호기심 많은
curiosity n. 호기심

호기심을 갖고, 궁금해하며; 신기하게도

ask **curiously** about the result 결과에 대해 궁금해하며 묻다
Curiously, the data showed no change.
신기하게도, 데이터가 변화를 보이지 않았다.

---

22 **hastily**
[héistili]

hasty a. 성급한, 서두른
haste n. 서두름, 급함
㊐ hurriedly 급히

급히, 서둘러서

decide **hastily** 성급하게 결정을 내리다
a **hastily** arranged meeting 급히 잡힌 회의

---

23 **cordially**
[kɔ́:rdʒəli, -diəli]

cordial a. 다정한, 진심 어린
㊐ politely 정중히
sincerely 진심으로

정중히, 진심으로

be **cordially** invited to the ceremony
행사에 정중히 초대되다
cordially welcome new members
신입 회원을 정중히 환영하다

---

24 **precisely**
[prisáisli]

precise a. 정확한, 정밀한
precision n. 정확성, 정밀성
㊐ exactly, accurately 정확히

정확히

precisely at noon 정확히 정오에
precisely measure[calculate] 정확하게 측정[계산]하다

재옥쌤 TIP

precisely는 사실상 exactly와 같은 뜻이야. 특히 토익에서는 precisely [exactly] at 3 p.m.처럼 시간 표현과 붙어서 '정확히 몇 시에'라는 패턴으로 많이 나와.

---

25 **vastly**
[vǽstli]

vast a. 어마어마한, 방대한

대단히, 엄청나게

vastly improved 엄청나게 향상된
a **vast** amount of data 방대한 양의 데이터

---

26 **presumably**
[prizú:məbli]

presume v. 추정하다, 가정하다
presumption n. 추정, 가정
㊐ probably, supposedly 아마

아마, 짐작건대

Presumably, the meeting will be postponed.
아마 회의가 연기될 것이다.
presume that 주어 + 동사 ~라고 추정하다

27 **alike**
[əláik]

둘 다, 모두; 비슷하게

benefit employers and employees **alike**
고용주와 직원 모두에게 이익을 주다

affect consumers and producers **alike**
소비자와 생산자 모두에게 영향을 미치다

재옥쌤 TIP

alike는 단순히 '비슷하게'가 아니라, 보통 〈A and B alike〉 구조로 'A와 B 모두'라는 의미로 쓰여! 이 패턴은 자주 등장하는 기출 포인트니까 꼭 챙겨 둬야 해.

---

28 **exaggeratedly**
[igzǽdʒərèitidli]

exaggerate v. 과장하다
exaggerated a. 과장된

과장되게, 지나치게

speak **exaggeratedly** about achievements
성과를 과장되게 말하다

an **exaggerated** claim 과장된 주장

---

29 **roughly**
[rʌ́fli]

rough a. 거친; 대략적인

대략, 거의; 거칠게

increase by **roughly** 10 percent 약 10퍼센트 증가하다

roughly estimate the cost 비용을 대략 추산하다

---

30 **uncomfortably**
[ənkʌ́mfərtəbli]

uncomfortable a. 불편한
discomfort n. 불편, 불쾌

불편하게, 불편할 정도로

feel **uncomfortably** hot 불편할 정도로 덥게 느끼다

be **uncomfortably** close to the deadline
불편할 정도로 마감일에 가까워지다

---

31 **customarily**
[kʌ́stəmèrəli]

custom n. 관습, 풍습
customary a. 관례적인, 통상적인

관례적으로, 통상적으로

be **customarily** observed[followed]
관례적으로 지켜지다

be **customarily** required 관례적으로 요구되다

---

32 **correspondingly**
[kɔ̀:rəspándiŋli]

correspond v. 일치하다, 상응하다
corresponding a. 상응하는, 일치하는
[유] accordingly 그에 맞게

그에 상응하여, 그에 맞게

The responsibilities will grow, and the salary will rise **correspondingly**.
책임이 늘어나면 급여도 그에 맞게 오를 것이다.

increase[decrease] **correspondingly**
그에 상응하여 증가[감소]하다

33 **intently**
[inténtli]

intent a. 몰두하는, 열심인 n. 의도

열심히, 골똘히

focus **intently** on the task 업무에 골똘히 집중하다
listen **intently** to ~ ~을 집중해서 듣다

---

34 **obediently**
[oubíːdiəntli]

obey v. 따르다, 준수하다
obedient a. 순종적인

순종적으로, 고분고분하게

follow instructions **obediently**
지시에 고분고분 따르다
be **obedient** to rules 규칙에 순종하다

---

35 **sharply**
[ʃáːrpli]

sharp a. 날카로운; 급격한

급격히; 날카롭게

rise[decline] **sharply** 급격히 오르다[하락하다]
be **sharply** critical of ~ ~을 신랄하게 비판하다

재옥쌤 TIP

sharp가 원래 '날카로운'이라는 뜻이라서 sharply도 '날카롭게'라고 먼저 떠올리기 쉬워. 하지만 토익에서는 '급격히'라는 의미로 거의 고정돼 있다고 보면 돼! rise sharply, decline sharply처럼 수치나 변화 동사와 함께 자주 출제돼.

---

36 **agreeably**
[əgríːəbli]

agreeable a. 기분 좋은; 동의하는
㊌ pleasantly 즐겁게, 기분 좋게

기분 좋게, 쾌적하게

an **agreeably** warm day 기분 좋게 따뜻한 하루
be **agreeably** surprised at the outcome
그 결과에 기분 좋게 놀라다

---

37 **momentarily**
[mòuməntérəli]

momentary a. 순간의, 잠깐의
㊌ briefly 잠시 동안
shortly 곧

잠깐 (동안), 일시적으로; 곧

be delayed **momentarily** 잠깐 지연되다
will resume **momentarily** 곧 재개될 것이다

재옥쌤 TIP

momentarily는 토익에서 두 가지로 기억하면 돼.
▶ 곧 ···› will arrive momentarily 곧 도착할 것이다
▶ 잠시 ···› pause momentarily 잠시 멈추다

---

38 **leniently**
[líːniəntli]

lenient a. 관대한, 너그러운

관대하게

enforce rules **leniently** 규정을 관대하게 집행하다
a **lenient** policy[supervisor] 관대한 정책[상사]

39 **intermittently**
[ìntərmítntli]
intermittent a. 간헐적인

간헐적으로

rain **intermittently** throughout the day
하루 종일 간헐적으로 비가 오다

intermittently lose connection 간헐적으로 연결이 끊기다

---

40 **publicly**
[pʌ́blikli]
public a. 대중의, 공공의

공개적으로, 공공연하게; 공적으로

publicly criticize[support] 공개적으로 비판[지지]하다
a **publicly** funded project 공적 자금이 투입된 사업

재옥쌤 TIP

publicly는 크게 두 가지 뜻이 있어.
▶ 공개적으로 → 일반인에게 오픈
⋯→ publicly available data 일반인에게 공개된 데이터
▶ 공적으로 → 정부나 공공 성격을 띠는 경우
⋯→ a publicly owned company 공기업

---

41 **chronologically**
[krànəládʒikəli]
chronological a. 연대순의

연대순으로, 시간순으로

arranged[listed] **chronologically** 연대순으로 배열[나열]된
in **chronological** order 연대순으로

---

42 **geographically**
[dʒì:əgrǽfikəli]
geography n. 지리
geographical a. 지리상의

지리적으로

geographically diverse workforce
지리적으로 다양한 출신의 인력

geographically isolated areas 지리적으로 고립된 지역들

---

43 **conspicuously**
[kənspíkjuəsli]
conspicuous a. 눈에 띄는, 두드러진

눈에 띄게, 두드러지게

conspicuously absent 눈에 띄게 부재한
a **conspicuously** displayed advertisement
눈에 잘 띄게 게시된 광고

---

44 **arguably**
[á:rgjuəbli]
argue v. 주장하다; 논쟁하다
argument n. 주장, 논거

아마도, 틀림없이

arguably the largest company in the industry
업계에서 아마도 가장 큰 회사

arguably one of the most successful campaigns
아마도 가장 성공적인 캠페인 중 하나

재옥쌤 TIP

arguably는 비교급 앞에도 쓰긴 하지만 토익에서는 최상급 앞에서 훨씬 더 자주 쓰여.

45 **thereby**
[ðεərbái]

그렇게 함으로써, 그 결과로

improve a process, **thereby** increasing efficiency
과정을 개선하여, 그 결과 효율성을 높이다

sign the contract, **thereby** confirming the agreement 계약서에 서명하여, 그렇게 함으로써 합의를 확정하다

재옥쌤 TIP

thereby는 사실상 분사구문(-ing) 앞 전용 부사야. 토익에서 자주 출제되니까 이 구조 자체를 통째로 기억해!
→ 〈주어 + 동사 ~, thereby + 분사구문(-ing)〉
⋯› He improved the process, thereby increasing efficiency.
그는 그 과정을 개선하여, 그 결과 효율성을 높였다.

---

46 **inadvertently**
[inədvə́:rtntli]

inadvertent ad. 부주의한, 의도하지 않은
㊀ accidentally 우연히, 의도치 않게

부주의로, 의도치 않게, 우연히

inadvertently omit details 부주의로 세부 사항을 빠뜨리다
inadvertently cause delays 부주의하게 지연을 초래하다

---

47 **proportionately**
[prəpɔ́:rʃənətli]

proportion n. 비율, 비중
proportional a. 비례하는

비례하여, 균형 있게

increase **proportionately** with demand
수요에 비례하여 증가하다

distribute resources **proportionately**
자원을 균형 있게 분배하다

---

48 **exponentially**
[èkspounénʃəli]

exponential a. 기하급수적인

기하급수적으로, 급격하게

exponentially rising demand 기하급수적으로 증가하는 수요
grow[increase] **exponentially** 급격히 성장[증가]하다

---

49 **incrementally**
[inkrəméntəli]

increment n. 증가; (정기적) 임금 인상
incremental a. 증가의, 점진적인
㊀ progressively 점진적으로

점진적으로, 조금씩

incrementally improve the system
시스템을 조금씩 개선하다

grow **incrementally** 점진적으로 성장하다

---

50 **legibly**
[lédʒəbli]

legible a. 읽을 수 있는
㊇ illegibly 읽기 어렵게, 불명료하게

읽기 쉽게

sign **legibly**[illegibly] 읽기 쉽게[불명료하게] 서명하다
fill out the form **legibly** 양식을 알아보기 쉽게 작성하다

REVIEW TEST

정답 p.349

✦ Check After You Study 이제 이 단어들을 마스터했는지 확인해보세요.

- ☐ surely
- ☐ rightfully
- ☐ mutually
- ☐ fairly
- ☐ preferably
- ☐ abruptly
- ☐ sensibly
- ☐ assertively
- ☐ elsewhere
- ☐ coincidentally
- ☐ principally
- ☐ solely
- ☐ progressively
- ☐ jointly
- ☐ ethically
- ☐ somewhat
- ☐ densely
- ☐ loosely
- ☐ mistakenly
- ☐ seamlessly
- ☐ curiously
- ☐ hastily
- ☐ cordially
- ☐ precisely
- ☐ vastly
- ☐ presumably
- ☐ alike
- ☐ exaggeratedly
- ☐ roughly
- ☐ uncomfortably
- ☐ customarily
- ☐ correspondingly
- ☐ intently
- ☐ obediently
- ☐ sharply
- ☐ agreeably
- ☐ momentarily
- ☐ leniently
- ☐ intermittently
- ☐ publicly
- ☐ chronologically
- ☐ geographically
- ☐ conspicuously
- ☐ arguably
- ☐ thereby
- ☐ inadvertently
- ☐ proportionately
- ☐ exponentially
- ☐ incrementally
- ☐ legibly

✦ Fill In the Blanks 문맥에 알맞은 말을 골라 빈칸을 채우세요. (필요시 적절한 형태로)

sharply	arguably	customarily	precisely	fairly	loosely

1 Bonuses are ____________ given at the end of the year.
보너스는 통상적으로 연말에 지급된다.

2 The client seemed ____________ satisfied with the proposal.
고객은 그 제안서에 꽤 만족한 듯 보였다.

3 Sales dropped ____________ after the product recall.
제품 리콜 이후 매출이 급격히 감소했다.

4 The budget was ____________ based on last year's figures.
예산은 작년 수치를 대략적인 기반으로 작성되었다.

5 The launch event will commence at ____________ 3:00 p.m.
런칭 행사는 정확히 오후 3시에 시작될 것이다.

6 She is ____________ the most experienced member of the team.
그녀가 아마도 팀에서 가장 경험이 많은 멤버일 것이다.

DAY 24

전치사

Check Before You Study

학습을 시작하기 전에, 아는 단어와 모르는 단어를 빠르게 점검해보세요.

☐ under	☐ around	☐ as of
☐ along	☐ including	☐ by means of
☐ between	☐ thanks to	☐ among
☐ across	☐ besides	☐ in contrast to
☐ throughout	☐ within	☐ in terms of
☐ regarding	☐ along with	☐ based on
☐ since	☐ unlike	☐ on behalf of
☐ beyond	☐ during	☐ given
☐ until	☐ as to	☐ in the event of
☐ despite	☐ prior to	☐ opposite
☐ against	☐ according to	☐ alongside
☐ following	☐ out of	☐ apart from
☐ such as	☐ rather than	☐ with[in] regard to
☐ instead of	☐ regardless of	☐ in exchange for
☐ over	☐ depending on[upon]	☐ in light of
☐ ahead of	☐ toward	☐ as opposed to
☐ except	☐ through	

01 **under**
[ʌ́ndər]

~ 아래에; ~하에; ~ 중인

under the supervision of ~ ~의 감독하에
under construction 공사 중인

재옥쌤 TIP

토익에서 under는 크게 두 가지 의미가 중요해!
▶ ~ 하에 ··· under the terms of the contract 계약 조건하에
▶ ~ 중인 ··· under review 검토 중인

---

02 **along**
[əlɔ́:ŋ]

~을 따라

walk **along** the street 길을 따라 걷다
shops **along** the main road 큰길을 따라 있는 가게들

---

03 **between**
[bitwí:n]

(둘) 사이에

between A and B A와 B 사이에
a merger **between** the two corporations 두 기업의 합병

---

04 **across**
[əkrɔ́:s]

~을 가로질러; ~에 걸쳐서

He ran **across** the street. 그는 길을 건너 뛰어갔다.
across all business segments
모든 비즈니스 부문에 걸쳐

재옥쌤 TIP

across는 '가로질러, 맞은편에'라는 의미도 있지만, RC에서는 '~ 전체에 걸쳐서'라는 의미로 자주 나와! 한편 across from은 '~의 맞은편에, 건너편에'를 뜻하니까 같이 기억해 둬.
··· across from the station 역 맞은편에

---

05 **throughout**
[θru:áut]

㊐ around, across, all over
~ 전체에 걸쳐서

(시간) ~ 동안 내내; (장소) ~ 전체에 걸쳐서

throughout the year 일 년 내내
throughout the region 전 지역에 걸쳐

---

06 **regarding**
[rigá:rdiŋ]

㊐ concerning ~에 관하여

~에 관하여, ~에 대해

questions **regarding** the policy 정책에 관한 질문들
information **regarding** benefits 복리 후생에 관한 정보

07 **since** [sins]

~ 이래로 conj. ~ 이래로; ~ 때문에

have worked here **since** 2015
2015년부터 여기서 근무해 왔다

Since demand is increasing, we plan to expand production. 수요가 증가하고 있기 때문에, 생산을 확대할 계획이다.

---

08 **beyond** [biάnd, bijάnd]

(범위·한계 등) ~을 넘어서

beyond expectations 기대를 넘어
beyond repair 수리 불가능한

---

09 **until** [əntíl]

prep. conj. ~까지

wait **until** further notice 추가 공지가 있을 때까지 기다리다
valid **until** December 31 12월 31일까지 유효한

재옥쌤 TIP

by와 until은 뜻이 비슷해서 헷갈리기 쉬운데 느낌은 전혀 달라!
▶ by: 그때까지 끝내다(완료)
⋯▸ Finish the report by Friday. 금요일까지 보고서를 끝내세요.
▶ until: 그때까지 계속하다(지속)
⋯▸ Stay here until Friday. 금요일까지 여기에 계세요.

---

10 **despite** [dispáit]

[유] in spite of, notwithstanding ~에도 불구하고

~에도 불구하고

despite repeated delays 거듭된 지연에도 불구하고
succeed **despite** obstacles 장애물에도 불구하고 성공하다

---

11 **against** [əgénst, əgéinst]

~에 반대하여[맞서]; ~에 기대어

vote **against** the proposal 그 제안에 반대 투표하다
lean **against** the wall 벽에 기대다

---

12 **following** [fάlouiŋ]

[유] after ~ 후에

~ 후에 a. 따라오는, 다음의

following the meeting 회의 후에
the **following** instructions 다음 지시 사항

---

13 **such as** [sətʃ æz]

(예를 들어) ~과 같은

products **such as** laptops and smartphones
노트북과 스마트폰 같은 제품들

services **such as** consulting and auditing
컨설팅 및 회계 감사 같은 서비스들

14 **instead of**
[instéd əv]
instead ad. 그 대신에
유 in place of ~ 대신에

~ 대신에

pay by credit card **instead of** cash
현금 대신 신용 카드로 결제하다
instead of asking the manager 관리자에게 물어보는 대신에

---

15 **over**
[óuvər]

~ 위에; ~ 동안; ~에 관하여 ad. ~ 이상

over the weekend 주말 동안
an argument **over** the contract 계약에 관한 논쟁

재옥쌤 TIP
토익에서 over는 단순히 '~ 위에'라는 뜻보다 '~ 동안에', '~에 관하여'의 의미로 훨씬 자주 쓰여. 또한 수량을 수식하는 부사(~ 이상)로도 자주 등장해!
··· over 50 participants 50명 이상의 참가자

---

16 **ahead of**
[əhéd əv]
ahead ad. 앞에, 미리

(공간 · 시간상으로) ~보다 앞서, ~ 전에

finish the project **ahead of** schedule
일정보다 앞서 프로젝트를 끝내다
stay **ahead of** the competition 경쟁에서 앞서다

---

17 **except**
[iksépt]

prep. conj. ~을 제외하고

All employees **except** the manager attended the meeting. 관리자를 제외한 모든 직원들이 회의에 참석했다.
open every day **except** Mondays 월요일 제외 매일 영업

---

18 **around**
[əráund]

~ 주위에, ~ 전체에 걸쳐서; (시간) ~쯤 ad. 대략

around the world 전 세계에 (걸쳐서)
around 2026 2026년도쯤

재옥쌤 TIP
around의 기본 품사는 전치사지만, 수량 앞에서는 '약, 대략'의 뜻으로 부사로도 쓰여.
··· around 30 employees 약 30명의 직원

---

19 **including**
[inklú:diŋ]
include v. 포함하다
inclusion n. 포함
inclusive a. 포괄적인
반 excluding ~을 제외하고

~을 포함하여

The fee is $50, **including** tax.
요금은 세금을 포함해서 50달러이다.
expertise **including** computer skills
컴퓨터 기술을 포함한 전문 지식

20 **thanks to**
[θǽŋks tu]

㊥ owing to, due to, because of, on account of ~ 때문에

~ 덕분에, ~ 때문에(긍정/부정 모두 가능)

thanks to his hard work 그의 노고 덕택에
thanks to unexpected delays 예상치 못한 지연 때문에

---

21 **besides**
[bisáidz]

㊥ in addition to ~에 더하여, ~뿐만 아니라

~ 외에, ~뿐만 아니라 ad. 게다가

besides the cost[salary] 비용[급여] 외에
She is qualified. **Besides**, she already knows the team. 그녀는 자격이 있다. 게다가 팀도 이미 알고 있다.

---

22 **within**
[wiðín, wiθín]

(시간·장소) ~ 이내에, ~ 안에

within three business days 영업일 기준 3일 이내에
within our department 우리 부서 내에서

재옥쌤 TIP

within walking distance(도보 거리 내에), within budget(예산 이내에) 등의 표현도 토익에서 단골이야.

---

23 **along with**
[əlɔ́:ŋ wið]

~과 함께

The CEO, **along with** the managers, attended the meeting. CEO가 관리자들과 함께 회의에 참석했다.
Coffee will be served **along with** dessert.
디저트와 함께 커피가 제공된다.

---

24 **unlike**
[ənláik]

㉤ like ~와 같은, ~처럼

~과 달리

Unlike other products, this software is updated automatically.
다른 제품과 달리, 이 소프트웨어는 자동으로 업데이트된다.
companies **like** LNK LNK와 같은 기업들

---

25 **during**
[djúəriŋ]

(특정 기간·사건) ~ 동안

during the meeting 회의 중에
during the holiday[summer] 휴가[여름] 동안

재옥쌤 TIP

during은 특정한 기간이나 사건에만 붙어. 숫자 기간이 올 때는 전치사 for를 써야 해!
→ during the meeting 회의 동안
for three hours 3시간 동안

26 **as to**
[ǽz tu]
[유] about, over, on, regarding, concerning, pertaining to ~에 관하여

~에 관하여

concerns **as to** safety 안전에 대한 우려
instructions **as to** how to apply 지원 방법에 대한 안내

---

27 **prior to**
[práiər tu]
[유] before ~전에

~ 전에

prior to the requested date 요청일 이전에
prior to boarding their flight 비행기 탑승 전에

---

28 **according to**
[əkɔ́:rdiŋ tu]
[유] in accordance with ~에 따라

~에 따르면, ~에 따라

according to the report 보고서에 따르면
according to the company's policy 회사 정책에 따라

---

29 **out of**
[áut əv]

~에서 밖으로; ~이 떨어진; ~ 중에서

be **out of** stock 재고가 떨어지다
The applicant was the most qualified **out of** all candidates. 그 지원자가 모든 후보들 중에서 가장 자격이 뛰어났다.

재옥쌤 TIP
out of는 토익에서 쓰임새가 다양해. out of stock처럼 '부족 · 결핍' 표현이 특히 단골이고, 최상급(the best, the most 등)과 붙어서 '전체 중에서 최고, 최다'라고 범위를 한정하는 단서로도 자주 쓰여!

---

30 **rather than**
[rǽðər ðæn]

prep. conj. ~보다는, ~ 대신에

increase efficiency **rather than** costs
비용보다는 효율성을 높이다
prefer to e-mail clients **rather than** call them
고객에게 전화하기보다는 이메일 보내는 것을 선호하다

---

31 **regardless of**
[rigá:rdlis əv]
regardless ad. 개의치 않고, 상관없이
[유] irrespective of ~에 상관없이

~에 상관[관계]없이

open to all applicants **regardless of** nationality
국적에 관계없이 모든 지원자에게 개방된
regardless of the cost 비용에 상관없이

---

32 **depending on[upon]**
[dipéndiŋ ən/əpɑn]

~에 따라

depending on[upon] demand 수요에 따라
Rules may vary **depending on** the location.
지역에 따라 규정이 달라질 수 있다.

33 **toward**
[təwɔ́:d, tɔ:rd]

~을 향하여, ~ 쪽으로; (시간) ~ 무렵, ~쯤

work **toward** the goal 목표를 향해 일하다
toward the end of the year 연말쯤

---

34 **through**
[θru:]

~을 통과하여; ~ 동안 내내; (수단) ~을 통해

contact us **through** e-mail 이메일을 통해 우리에게 연락하다
be open **through** the weekend 주말 내내 영업하다

재옥쌤 TIP

through를 단순히 '~을 통과해서'로만 외우면 부족해! 토익에서는 아래 두 가지 의미로 훨씬 자주 쓰여.
▶ ~ 동안 내내 ··· through the summer 여름 내내
▶ ~을 통해 ··· through e-mail 이메일을 통해

---

35 **as of**
[ǽz əv]

[유] effective, starting, beginning ~부터

~부터

valid **as of** next month 다음달부터 유효한
effective October 27 10월 27일부터

---

36 **by means of**
[bai mí:nz əv]

~을 통해, ~을 사용하여

reduce costs **by means of** technology
기술을 통해 비용을 절감하다
solve the issue **by means of** negotiation
협상을 통해 문제를 해결하다

---

37 **among**
[əmʌ́ŋ]

(셋 이상) ~ 중에서, ~ 사이에; ~ 중에 하나

share information **among** team members
팀원들 사이에서 정보를 공유하다
be **among** the leading companies 선두 기업들 중 하나이다

재옥쌤 TIP

among은 기본적으로 '(셋 이상) ~ 중에서'라는 뜻이야. 그런데 be among the candidates처럼 be 동사 뒤에서는 '~ 중 하나'라는 의미로 해석돼.
··· She is among the finalists. 그녀는 결선 진출자 중 한 명이다.

---

38 **in contrast to**
[in kəntrǽst tu]

[유] as opposed to ~와 달리, ~와 대조적으로

~과 대조적으로, ~과는 달리

in contrast to the competitor's strategy
경쟁사의 전략과 대조적으로
in contrast to last year's results 작년 결과와는 달리

39 **in terms of**
[in tə́ːrmz əv]

~의 (측)면에서, ~과 관련하여

in terms of cost[price] 비용[가격] 면에서
comparable **in terms of** quality 품질 면에서 비슷한

---

40 **based on**
[béist ən]

~에 근거하여

based on the information provided
제공된 정보에 근거하여
based on the survey results 설문 결과에 근거하여

---

41 **on behalf of**
[ən bihǽf əv]

~을 대표하여, ~을 대신하여

speak **on behalf of** the organization
기관을 대표하여 발언하다
accept the award **on behalf of** the team
팀을 대신해 상을 받다

---

42 **given**
[gívən]

prep. conj. ~을 고려할 때, ~을 감안하면

given the positive feedback
긍정적인 피드백을 고려할 때
given the limited budget 제한된 예산을 감안하면

재옥쌤 TIP

given은 give의 과거분사형이지만, 전치사·접속사로 자주 쓰여.
▶ 전치사 ···› Given the budget, we had to cut costs.
예산을 고려할 때, 우리는 비용을 줄여야 했다.
▶ 접속사 ···› Given (that) prices are high, sales may decline.
가격이 높은 것을 고려할 때, 매출은 감소할 수 있다.

---

43 **in the event of**
[in ðiː ivént əv]

[유] in case of ~의 경우에

~의 경우에

in the event of a breakdown 고장이 날 경우에는
in case of an emergency 비상시에는

---

44 **opposite**
[ɑ́pəzit, -sit]

[유] across from ~의 맞은편에

~의 맞은편에 a. 반대편[맞은편]의

The bank is **opposite** the post office.
은행은 우체국 맞은편에 있다.
the **opposite** direction 반대 방향

재옥쌤 TIP

opposite는 형용사로도, 전치사로도 자주 쓰여. 전치사로 쓰일 때는 across from과 같은 의미로 '~의 맞은편에'를 뜻해!

45 **alongside**
[əlɔ̀ŋsáid]

~ 옆에; ~과 함께 ad. 함께

a car parked **alongside** the road 도로 옆에 주차된 차
work **alongside** colleagues 동료들과 함께 일하다

---

46 **apart from**
[əpɑ́:rt frəm]

유 except ~을 제외하고
in addition to ~뿐만 아니라
aside from ~뿐만 아니라; ~을 제외하고

~뿐만 아니라; ~을 제외하고

Apart from marketing, she also manages customer service. 그녀는 마케팅뿐만 아니라 고객 서비스도 관리한다.
Apart from the delay, everything went smoothly.
지연을 제외하면 모든 게 순조롭게 진행되었다.

재옥쌤 TIP

apart from은 '제외(except)'의 의미로도 쓰이고, '추가(in addition to)'의 의미로도 쓰여서 두 가지 해석이 다 가능해. aside from도 사실상 같은 뜻으로 쓰인다고 보면 돼!

---

47 **with[in] regard to**
[wíð rigɑ́:rd tu]

유 with respect to, with[in] reference to ~에 관하여

~에 관하여

with regard to your inquiry 귀하의 문의에 관하여
in regard to the contract terms 계약 조건에 관하여

---

48 **in exchange for**
[in ikstʃéindʒ fər]

exchange n. 교환 v. 교환하다

~과 교환으로, ~의 대가로

offer benefits **in exchange for** loyalty
충성심의 대가로 혜택을 제공하다
in exchange for a raise 급여 인상을 대가로

---

49 **in light of**
[in láit əv]

~을 고려하여, ~에 비추어

in light of our financial status 우리 재정 상태를 고려하여
in light of new regulations 새 규정을 고려하여

---

50 **as opposed to**
[æz əpóuzd tu]

oppose v. 반대하다
opposed a. 반대하는
유 in contrast to ~와 대조적으로

~과 달리, ~과 대조적으로

a steady increase **as opposed to** a sudden drop
급격한 하락과는 달리 꾸준한 증가
use renewable energy **as opposed to** fossil fuels
화석 연료와는 달리 재생 에너지를 사용하다

REVIEW TEST

정답 p.349

✦ Check After You Study 이제 이 단어들을 마스터했는지 확인해보세요.

☐ under	☐ instead of	☐ prior to	☐ in terms of
☐ along	☐ over	☐ according to	☐ based on
☐ between	☐ ahead of	☐ out of	☐ on behalf of
☐ across	☐ except	☐ rather than	☐ given
☐ throughout	☐ around	☐ regardless of	☐ in the event of
☐ regarding	☐ including	☐ depending on[upon]	☐ opposite
☐ since	☐ thanks to	☐ toward	☐ alongside
☐ beyond	☐ besides	☐ through	☐ apart from
☐ until	☐ within	☐ as of	☐ with[in] regard to
☐ despite	☐ along with	☐ by means of	☐ in exchange for
☐ against	☐ unlike	☐ among	☐ in light of
☐ following	☐ during	☐ in contrast to	☐ as opposed to
☐ such as	☐ as to		

✦ Fill In the Blanks 문맥에 알맞은 말을 골라 빈칸을 채우세요. (필요시 적절한 형태로)

as of	out of	despite	as to	given	across

1 Our product is now available ____________ Asia.
우리 제품은 현재 아시아 전역에서 구매 가능합니다.

2 ____________ today, the policy has officially changed.
오늘부로 정책이 공식적으로 변경되었습니다.

3 ____________ the delay, the meeting was productive.
지연에도 불구하고, 회의는 생산적이었다.

4 ____________ his experience, he is the best candidate for the position.
그의 경력을 감안할 때, 그가 그 자리에 가장 적합한 후보이다.

5 They ran ____________ time during the presentation.
그들은 발표 도중 시간이 부족했다.

6 ____________ the budget, we need to review it again next week.
예산에 관해서는, 다음주에 다시 검토해야 합니다.

ACTUAL TEST CHAPTER 02

1 Caroba Manufacturing ------- strict safety policies to prevent accidents in its factories.

(A) entails
(B) produces
(C) presumes
(D) enforces

2 ------- a temporary problem with the speaker system, the product launch event went as planned.

(A) Apart from
(B) After all
(C) Instead of
(D) Not only

3 The commission system gives sales associates a strong ------- to work hard.

(A) incentive (B) satisfaction
(C) supervision (D) approach

4 Flexible working arrangements are increasingly favored by full-time and part-time workers -------.

(A) neither (B) alike
(C) both (D) same

5 The recipe calls for one pound of ground beef, but this can be replaced with an ------- amount of a vegetarian substitute such as cooked lentils.

(A) existing (B) accountable
(C) equivalent (D) overall

6 Moxis Motors ------- to supply transportation providers with economical, fuel-efficient commercial vehicles.

(A) strives (B) conforms
(C) discontinues (D) specializes

7 The decrease in Sparont's revenues is the ------- effect of a drop in demand for digital cameras, its chief product.

(A) scarce (B) inevitable
(C) competent (D) cooperative

8 The office's energy ------- has been successfully reduced by the campaign to power down idle electronics at night.

(A) transition (B) efficiency
(C) consumption (D) awareness

정답 p.349

Questions 9-10 refer to the following instructions.

Thank you for purchasing the Mercroft 6-Shelf Bookcase. Please follow the instructions and diagrams provided in this manual to construct the product.

Save all packaging until the bookshelf is complete to avoid mistakenly discarding smaller parts. Prior to ---9---, use the parts and hardware lists to identify and separate each of the pieces included. Do not fully tighten all bolts until all parts are in place. Failure to follow these instructions may ---10--- the bolts to become misaligned. If using power tools while putting the product together, please take caution.

9 (A) delivery
(B) repair
(C) assembly
(D) manufacture

10 (A) expose
(B) cause
(C) risk
(D) hinder

Question 11 refers to the following Web page.

Pursifull is proud to provide labour hire services to warehouses and factories throughout southeastern Canada. Under this system, our employees (called "insourced employees") work on your site and under your direction for as long as necessary. Many of them have worked for us for years, and our thorough reference-checking system ensures that new insourced employees already have experience in your industry as well. All are kept up-to-date on occupational safety and health regulations.

Ready to become one of Pursifull's many satisfied clients? Click "Contact" above.

11 The word "direction" in paragraph 1, line 4, is closest in meaning to
(A) route (B) evidence (C) oversight (D) recovery

Chapter 03

3순위 토익 단어 300

DAY 25

명사 1

Check Before You Study

학습을 시작하기 전에, 아는 단어와 모르는 단어를 빠르게 점검해보세요.

☐ occupation	☐ appraisal	☐ transit
☐ costume	☐ amenity	☐ flooring
☐ tenure	☐ installment	☐ patent
☐ awareness	☐ surplus	☐ proportion
☐ contractor	☐ bookkeeping	☐ subsidiary
☐ landlord	☐ subordinate	☐ proceeds
☐ time off	☐ turnout	☐ bid
☐ projection	☐ restraint	☐ entrepreneur
☐ consensus	☐ capital	☐ deduction
☐ flaw	☐ integrity	☐ drawback
☐ outage	☐ premises	☐ alliance
☐ constraint	☐ fluctuation	☐ purification
☐ debt	☐ proximity	☐ quota
☐ protocol	☐ obstacle	☐ settlement
☐ logistics	☐ setback	☐ allowance
☐ attire	☐ exposure	☐ affiliate
☐ prosperity	☐ textile	

01 **occupation**
[ɑ̀kjupéiʃən]
[유] job 직업, 일

직업, 직무

professional **occupation** 전문직
a previous **occupation** 이전 직업

---

02 **costume**
[kɑ́stjuːm]

(특별한 상황이나 행사를 위한) 의상, 복장

a **costume** designer 의상 디자이너
a creative **costume** 창의적인 의상

---

03 **tenure**
[ténjər]

재임[재직] 기간, 임기

during one's **tenure** 재임 중에
throughout her **tenure** as CFO
그녀가 CFO로 재임하는 내내

---

04 **awareness**
[əwɛ́ərnis]
aware a. 알고 있는, 인식하고 있는

인식, 자각

raise[increase] public **awareness**
대중의 인식을 높이다
brand **awareness** 브랜드 인지도

재옥쌤 TIP

awareness는 형용사 aware에서 나온 명사로, 보통 be aware of(~을 인식하다) 형태로 많이 쓰여. 명사형 awareness도 of와 함께 불가산명사로만 쓰인다는 점 기억해!
→ raise awareness of environmental issues
환경 문제에 대한 인식을 높이다

---

05 **contractor**
[kɑ́ntræktər]
contract n. 계약 v. 계약을 맺다

도급업자, 외부업체(하청·용역)

electrical[plumbing] **contractor** 전기[배관] 공사업체
hire a **contractor** 외부업체를 고용하다

재옥쌤 TIP

'도급업자'라고 하면 의미가 좀 막연하지만, 실제 시험에서는 '건설·보안·청소·전기' 등의 구체적인 '용역업체' 의미로 자주 나와.

---

06 **landlord**
[lǽndlɔːrd]
[반] tenant 세입자, 임차인

집주인, 건물주

the **landlord** and the tenant 임대인과 임차인
landlord's permission 집주인의 허가

07 **time off**
[taim ɔːf]

휴가

paid[unpaid] **time off** 유급[무급] 휴가
request **time off** of work 휴가를 요청하다

08 **projection**
[prədʒékʃən]

project v. 예상하다, 추정하다
㊌ estimate 견적서, 추정 v. 추정하다

예상(치), 추정(치); 투영, 영상

sales **projections** 예상 매출
exceed **projections** 예상치를 초과하다

재옥쌤 TIP

projection은 토익에서 거의 항상 '예상(치), 추정(치)'라는 뜻으로 나와. '영상'이나 '투사' 같은 뜻도 있지만 그런 의미는 토익에선 거의 안 쓰여!

09 **consensus**
[kənsénsəs]

consent v. 동의하다 n. 동의
㊌ agreement 동의, 합의

의견 일치, 합의

a general **consensus** 일반적인 합의
come to a **consensus** 합의에 도달하다

10 **flaw**
[flɔː]

flawed a. 결함 있는
flawless a. 결함 없는

결함, 결점

fix a **flaw** 결함을 고치다
some design **flaws** 일부 설계 결함들

11 **outage**
[áutidʒ]

(전기·수도·가스 등의) 공급 중단, 끊김

a power[water] **outage** 정전[단수]
a service **outage** 서비스 중단

12 **constraint**
[kənstréint]

constrain v. 제약하다, 제한하다

제약, 제한

remove[relieve] a **constraint** 제약을 없애다[완화하다]
budget[time] **constraints** 예산[시간] 제약

13 **debt**
[det]

빚, 부채

be in **debt** 빚을 지고 있다
outstanding **debts** 미지불 부채

14 **protocol**
[próutəkɔ̀ːl]

규정, 절차

safety **protocols** 안전 규정[수칙]
the standard sign-in **protocol** 표준 로그인 절차

15 **logistics**
[loudʒístiks]

물류; (업무 · 행사의) 준비, 계획

a **logistics** company[department] 물류 회사[부서]
handle[oversee] the **logistics**
(행사 준비 등의) 계획을 담당하다

재옥쌤 TIP

logistics는 항상 복수형으로 쓰이고, 단순히 '물류(shipping)'뿐 아니라 행사나 업무의 '준비 · 운영' 전반을 뜻하기도 해. '배송'으로만 외우면 실제 시험에서 문맥을 놓치기 쉬워!

16 **attire**
[ətáiər]

의복, 복장

formal **attire** 정장 차림
regular office **attire** 일반 사무실 복장

17 **prosperity**
[praspérəti]

prosper v. 번영하다, 번창하다
prosperous a. 번영하는, 번창하는

번영, 번창

economic **prosperity** 경제적 번영
a **prosperous** business 번창하는 사업

18 **appraisal**
[əpréizəl]

appraise v. 평가하다
㊌ evaluation, assessment 평가

평가

a comprehensive **appraisal** 종합적인 평가
appraisals of job performance 업무 성과에 대한 평가

19 **amenity**
[əménəti, əmíː-]

편의 시설, 편의 용품

workplace **amenities** 직원용 편의 시설
hotel **amenities** 호텔 편의 시설

재옥쌤 TIP

amenities는 '시설 + 용품' 둘 다 포함하는 말이야.
▶ hotel amenities → 헬스장, 레스토랑, 주차장 같은 시설
▶ room amenities → 샴푸, 로션, 드라이어 같은 객실 용품

20 **installment**
[instɔ́:lmənt]

할부(금); (연재물 등의) 1회분, 1편

pay in **installments** 할부로 지불하다
the first **installment** of the series 시리즈 첫 회분

재옥쌤 TIP
철자가 비슷한 명사 두 개 확실히 구분해 둬!
▶ installment 할부
▶ installation 설치

---

21 **surplus**
[sə́:rplʌs]
[반] deficit 적자

잉여, 흑자 a. 잉여의, 과잉의

a budget[trade] **surplus** 예산[무역] 흑자
dispose of **surplus** equipment 잉여 장비를 처분하다

---

22 **bookkeeping**
[búkki:piŋ]
bookkeeper n. 회계 장부 담당자

부기, 회계 기록 업무

a **bookkeeping** system 부기(장부 기입) 시스템
automate **bookkeeping** tasks
부기 업무를 자동화하다

재옥쌤 TIP
bookkeeping에서의 book은 '회계 장부', keep은 '기록·관리하다'라는 뜻이야. 즉 'keep the books(장부를 기록하다)'에서 온 말로, 도서관 관련 단어가 아니라 '회계 기록 업무(부기)'를 뜻해!

---

23 **subordinate**
[səbɔ́:rdənət]
[유] inferior 하급자

부하 직원, 하급자 a. 종속된, 부수적인

manage **subordinates** 부하 직원들을 관리하다
superiors and **subordinates** 상사와 부하 직원들

---

24 **turnout**
[tə́rnaut]

참가자 수, 출석자 수

a record **turnout** 기록적인 참가자 수
a high[low] **turnout** 높은[낮은] 참석률

---

25 **restraint**
[ristréint]
restrain v. 억제하다, 제지하다

규제, 제한; 자제, 절제

impose **restraints** on ~ ~에 제약을 가하다
show[exercise] **restraint** 자제하다, 절제하다

26 **capital**
[kǽpətl]

자본; 수도 a. 대문자의

capital investment 자본 투자
the **capital** city 수도 도시

27 **integrity**
[intégrəti]

정직, 성실; 온전함, 완전(한 상태)

with **integrity** 정직[성실]하게
maintain structural **integrity** 구조적 온전함을 유지하다

28 **premises**
[prémisiz]

부지, 건물

on the **premises** 구내에서, 건물 내에서
business[commercial, industrial] **premises**
사업용[상업용, 산업] 부지

29 **fluctuation**
[flʌ̀ktʃuéiʃən]

fluctuate v. 오르내리다
㊌ volatility (시장의) 변동성

(주가·물가 등의) 변동, 등락

fluctuations in demand 수요의 변동
minimize market **fluctuations** 시장 변동을 최소화하다

재옥쌤 TIP

fluctuation은 주로 복수형으로 많이 쓰여.
···› price fluctuations(가격 변동), market fluctuations(시장 변동)
또 〈fluctuations in + 명사〉 구조도 자주 쓰이니 세트로 기억하자.

30 **proximity**
[praksíməti]

㊌ vicinity 부근, 인근

근접, 가까움

proximity to ~ ~에 가까움
in the **proximity** of ~ ~의 근처에

31 **obstacle**
[ɑ́bstəkl]

장애물

run into **obstacles** 장애물에 부딪히다
an **obstacle** to success[progress]
성공[발전]을 가로막는 장애물

32 **setback**
[sétbæk]

차질, 지연

experience[suffer] a **setback** 차질을 겪다
a **setback** to the project[plan, schedule]
프로젝트[계획, 일정]의 차질

33 **exposure**
[ikspóuʒər]

expose v. 노출시키다

노출

exposure to risk[chemicals] 위험[화학 물질]에 노출
be **exposed** to new ideas
새로운 생각에 노출되다(새로운 생각을 접하다)

---

34 **textile**
[tékstail]

[유] fabric, cloth 직물, 천

직물, 옷감, 섬유

a **textile** factory 직물 공장
the **textile** industry[sector] 섬유 산업[부문]

---

35 **transit**
[trǽnsit, -zit]

수송, 운송; 환승

in **transit** 운송 중에, 이동 중에
transit passengers 환승 승객

재옥쌤 TIP

transit과 transition 이 두 단어는 발음이 비슷해서 헷갈리기 쉬운데 초점이 달라.

- transition(변화 · 전환): 역할이나 상태가 바뀌는 것
  - ⋯→ transition to another department 다른 부서로 전환
- transit(이동 · 수송): 실제로 옮겨지는 것
  - ⋯→ in transit 운송 중
  - public transit 대중교통

---

36 **flooring**
[flɔ́:riŋ]

바닥재

install stone **flooring** 석재 바닥재를 설치하다
flooring materials 바닥재 자재들

---

37 **patent**
[pǽtnt, péi-]

특허(권) a. 특허권이 있는

apply for[obtain] a **patent** 특허권을 출원하다[획득하다]
patent infringement 특허권 침해

---

38 **proportion**
[prəpɔ́:rʃən]

proportional a. 비례하는
[유] ratio 비율

비율, 비중; 균형

a large **proportion** of sales 판매의 큰 비중
in **proportion** to ~ ~에 비례하여

재옥쌤 TIP

portion(= part)은 '덩어리 중 일부'라는 느낌이고, proportion(= ratio)은 '비율, 비중'이라는 수학적 의미에 가까워.

39 **subsidiary**
[səbsídièri, -diəri]

자회사 a. 부수적인

overseas **subsidiaries** 해외 자회사들
establish a **subsidiary** 자회사를 설립하다

---

40 **proceeds**
[próusi:dz]

수익금, 수입

the **proceeds** from the event 행사 수익금
donate the **proceeds** to charity
수익금을 자선 단체에 기부하다

재옥쌤 TIP

비슷하게 생긴 단어들을 정리해볼게. 헷갈리지 말고 같이 기억해 두자!
▶ proceeds n. 수익금
▶ proceed v. 진행하다
▶ proceedings n. 회의록 (= minutes)

---

41 **bid**
[bid]

bidder n. 입찰자

입찰 v. 입찰하다

place[win] a **bid** 입찰하다[입찰을 따내다]
bid for a government contract 정부 계약에 입찰하다

---

42 **entrepreneur**
[à:ntrəprənə́:r]

enterprise n. 기업, 회사

사업가, 기업가

a local **entrepreneur** 지역 사업가
aspiring **entrepreneurs** 예비 창업가들

---

43 **deduction**
[didʌ́kʃən]

deduct v. 공제하다

공제(액); 추론

payroll[tax] **deductions** 급여[세금] 공제액
be **deducted** from salary 급여에서 공제되다

재옥쌤 TIP

토익에서 deduction은 거의 '급여·세금 공제' 의미로만 출제돼. '추론'이라는 뜻도 있지만 시험에서 만날 일은 거의 없어!

---

44 **drawback**
[drɔ́:bæk]

㊌ disadvantage 약점

결점, 문제점

this model's only **drawback** 이 모델의 유일한 단점
potential **drawbacks** 잠재적 문제점들

45 **alliance**
[əláiəns]

㊌ partnership 협력 관계
affiliation 제휴

동맹, 제휴

form an **alliance** with ~ ~와 제휴를 맺다
a strategic **alliance** 전략적 제휴

---

46 **purification**
[pjùərəfikéiʃən]

purify v. 정화하다
purifier n. 정화 장치

정화, 정제

an air **purification** system 공기 정화 장치
a water **purifier** 정수기, 정수 장치

---

47 **quota**
[kwóutə]

몫, 할당량

meet the sales **quota** 판매 할당량을 채우다
exceed a **quota** 할당량을 초과하다

---

48 **settlement**
[sétlmənt]

settle v. 해결하다; 정착하다
㊌ agreement 합의
resolution 해결; 결의(안)

합의, 해결

reach a **settlement** 합의에 도달하다
the **settlement** of a dispute 분쟁 해결

---

49 **allowance**
[əláuəns]

allow v. 허락하다
allowable a. 허용되는

(특정 목적을 위한) 비용[수당]; 허용량

a travel[meal] **allowance** 출장[식대] 수당
exceed the baggage **allowance**
수하물 허용량을 초과하다

재옥쌤 TIP

allowable은 '허용되는'이라는 뜻인데, 토익에서는 회사 규정상 인정되는 비용을 말할 때 자주 써.
⋯› allowable expense 인정되는 비용(비용 처리 가능)
비슷한 표현으로 reimbursable expense(환급 가능한 비용)도 기억해.

---

50 **affiliate**
[əfílièit]

affiliated a. 제휴된, 소속된
affiliation n. 제휴, 소속

계열사, 지점 v. 제휴하다

an **affiliate** company 계열사
be **affiliated** with ~ ~와 제휴되어 있다

REVIEW TEST

정답 p.352

✦ Check After You Study 이제 이 단어들을 마스터했는지 확인해보세요.

□ occupation	□ protocol	□ integrity	□ subsidiary
□ costume	□ logistics	□ premises	□ proceeds
□ tenure	□ attire	□ fluctuation	□ bid
□ awareness	□ prosperity	□ proximity	□ entrepreneur
□ contractor	□ appraisal	□ obstacle	□ deduction
□ landlord	□ amenity	□ setback	□ drawback
□ time off	□ installment	□ exposure	□ alliance
□ projection	□ surplus	□ textile	□ purification
□ consensus	□ bookkeeping	□ transit	□ quota
□ flaw	□ subordinate	□ flooring	□ settlement
□ outage	□ turnout	□ patent	□ allowance
□ constraint	□ restraint	□ proportion	□ affiliate
□ debt	□ capital		

✦ Fill In the Blanks 문맥에 알맞은 말을 골라 빈칸을 채우세요. (필요시 적절한 형태로)

setback	contractor	turnout	proceeds	outage	installment

1 Residents suffered an unexpected power ____________ last night.
주민들은 지난밤 예상치 못한 정전으로 불편을 겪었다.

2 The latest ____________ in a series on the traditional music of Peru.
페루 전통 음악 시리즈의 최신 회차.

3 The ____________ completed the renovation ahead of schedule.
도급업체가 공사를 예정보다 빨리 완료했다.

4 We had a ____________ due to a laser printer problem yesterday.
우리는 어제 레이저 프린터 문제로 차질을 겪었다.

5 Organizers hope that the ____________ is better than last year.
주최 측은 참가율이 작년보다 더 좋기를 바라고 있다.

6 All ____________ from the event will be donated to the Child Foundation.
행사에서 발생한 수익금 전액은 어린이 재단에 기부될 것입니다.

DAY 26 명사 2

Check Before You Study

학습을 시작하기 전에, 아는 단어와 모르는 단어를 빠르게 점검해보세요.

☐ nutrient	☐ liability	☐ turnover
☐ supplement	☐ discretion	☐ population
☐ endeavor	☐ heritage	☐ tendency
☐ shelving	☐ contamination	☐ leak
☐ infrastructure	☐ wildlife	☐ endorsement
☐ obligation	☐ habitat	☐ default
☐ biography	☐ landfill	☐ query
☐ evidence	☐ flock	☐ aviation
☐ fleet	☐ morale	☐ specimen
☐ debris	☐ discrepancy	☐ contingency
☐ formula	☐ refurbishment	☐ artisan
☐ ordinance	☐ implication	☐ custodian
☐ breach	☐ segment	☐ institute
☐ outreach	☐ courtesy	☐ lodging
☐ criteria	☐ element	☐ ventilation
☐ auction	☐ novice	☐ insulation
☐ recession	☐ probation	

01 **nutrient**
[njúːtriənt]

nutrition n. 영양
nutritious a. 영양가 높은

영양소, 영양분

lack **nutrients** 영양소가 부족하다
the **nutrients** in vegetables 채소에 들어 있는 영양소

02 **supplement**
[sʌ́pləmənt] v. [sʌ́pləmènt]

supplementary a. 보충의, 추가의

보충제, 추가물 v. 보충하다

a dietary **supplement** 건강 보충제
supplementary materials 보충 자료

03 **endeavor**
[indévər]

노력, 시도 v. 노력하다, 애쓰다

make an **endeavor** to improve productivity
생산성을 높이려는 노력을 하다
endeavor to achieve a goal 목표 달성을 위해 노력하다

04 **shelving**
[ʃélviŋ]

shelf n. (개별) 선반

선반 (세트), 선반 설비

adjustable **shelving** 조절 가능한 선반
set up[install] **shelving** 선반을 설치하다

재옥쌤 TIP

shelving은 불가산이라서 'install shelving'처럼 무관사로 써. 개별 선반을 말할 땐 a shelf나 shelves로 써야 하고, 설비 전체를 말할 땐 shelving을 써.

05 **infrastructure**
[ínfrəstrəktʃər]

사회[공공] 기반 시설

information technology **infrastructure**
정보기술 인프라
infrastructure development 사회 기반 시설 개발

06 **obligation**
[àbləgéiʃən]

obligatory a. 의무적인
obligate v. 의무를 지우다

의무, 책임

have an **obligation** to do ~할 의무가 있다
legal **obligations** 법적 의무

재옥쌤 TIP

obligation은 보통 뒤에 to부정사가 따라와 '~할 의무' 형태로 써. 동사인 obligate는 토익에서 거의 항상 be obligated to do(~할 의무가 있다) 형태로 나와.

→ Employees are obligated to follow the company policy.
직원들은 회사 방침을 따라야 한다.

07 **biography** [baiágrəfi]

biographical a. 전기의
autobiography n. 자서전

전기; 약력

an aritist's **biography** 한 예술가의 전기
biographies of our faculty 교수진 약력

재옥쌤 TIP

▶ biography는 '남'이 쓴 내 이야기
▶ autobiography는 '내'가 쓴 내 이야기!

---

08 **evidence** [évədəns]

evident a. 분명한
evidently ad. 분명히

증거

substantial[clear] **evidence** 상당한[명백한] 증거
provide[present] **evidence** 증거를 제공[제시]하다

---

09 **fleet** [fli:t]

(한 회사 소유의) 모든 차량[선박]

a **fleet** of taxis 한 회사 소유의 모든 택시
increase the size of its **fleet**
보유 차량[선박] 규모를 늘리다

---

10 **debris** [dəbrí:]

잔해, 쓰레기

clean up **debris** 쓰레기를 치우다
sweep **debris** from the sidewalk
인도에서 잔해를 쓸어내다

---

11 **formula** [fɔ́:rmjulə]

formulate v. 만들어내다

방식, 공식; 제조법

different **formulas** for various needs
다양한 필요에 맞는 다른 공식[방식]들
revise[develop] a **formula** 제조법을 수정[개발]하다

---

12 **ordinance** [ɔ́:rdənəns]

법령, 조례

adopt an **ordinance** 조례를 채택하다
parking **ordinances** 주차 관련 조례들

---

13 **breach** [bri:tʃ]

위반, 침해, 유출 v. 위반하다

breach of contract 계약 위반
data **breach** 데이터 유출

14 **outreach**
[áutriːtʃ]

봉사[지원] 활동

educational **outreach** 교육 보급 활동
community[corporate] **outreach**
지역 사회[기업] 사회공헌 활동

---

15 **criteria**
[kraití(ə)riə]

기준

meet **criteria** 기준을 충족시키다
criteria for employee promotions
직원 승진을 위한 기준

재옥쌤 TIP

원래 criterion이 단수, criteria가 복수야. 하지만 실제 영어에서는 criteria를 단수처럼 쓰는 경우가 많고 criterion은 거의 안 써.
그래서 criteria는 복수형 명사라 앞에 관사가 붙지 않고 -s도 붙지 않아.

---

16 **auction**
[ɔ́ːkʃən]

경매

put items up for **auction** 물품을 경매에 내놓다
a fund-raising **auction** 기금 마련 경매

---

17 **recession**
[riséʃən]

유 downturn, depression 불황
반 boom 호황

불황, 불경기

an economic **recession** 경기 침체
the global **recession** 전 세계적인 불황

---

18 **liability**
[làiəbíləti]

liable a. 책임이 있는; ~하기 쉬운

(법적) 책임, 의무; 부채, 빚

assume **liability** 책임을 지다
financial **liabilities** 재무상 부채

---

19 **discretion**
[diskréʃən]

discreet a. 신중한
discreetly ad. 신중하게

재량(권); 신중함

at one's **discretion** ~의 재량에 따라
act with **discretion** 신중하게 행동하다

재옥쌤 TIP

discretion의 형용사가 discreet(신중한)인데, discrete(분리된)라는 형용사와 철자가 비슷해서 헷갈릴 수 있어. 철자에 e 두 개가 붙어 있으면 '신중하게 붙어 있는' 느낌(discreet), e가 떨어져 있으면 '분리된' 느낌(discrete)으로 기억해!

20 **heritage**
[héritidʒ]

유산, 문화 유산

cultural **heritage** 문화재
historic **heritage** sites 역사적 유적지

21 **contamination**
[kəntæmənéiʃən]

contaminate v. 오염시키다
contaminant n. 오염 물질
[유] pollution n. 오염

오염, 불순물 유입

food **contamination** 식품 오염
prevent **contamination** 오염을 방지하다

재옥쌤 TIP

pollution과 contamination 둘 다 '오염'이지만 뉘앙스가 달라.
▶ pollution: 환경 전반의 오염
⋯→ air[water] pollution 대기[수질] 오염
▶ contamination: 특정 물질 · 식품에 불순물이 들어간 오염
⋯→ food contamination 식품 오염

22 **wildlife**
[wáildlaif]

야생 동물

protect[conserve] **wildlife** 야생 동물을 보호[보존]하다
several species of **wildlife** 여러 종의 야생 동물

23 **habitat**
[hǽbitæt]

inhabitant n. 거주자

서식지

the natural **habitat** of a rare bird 희귀한 새의 자연 서식지
the protection of **habitats** 서식지 보호

24 **landfill**
[lǽndfil]

쓰레기 매립지

dispose of waste in a **landfill**
매립지에 쓰레기를 처리하다
be sent[transported] to **landfills**
쓰레기 매립지로 보내지다

25 **flock**
[flak, flɔk]

무리, 떼 v. (사람들이) 모이다, 몰려들다

large **flocks** of tourists 많은 무리의 관광객들
Visitors **flock** to the exhibition.
방문객들이 전시회에 몰려든다.

재옥쌤 TIP

flock은 명사로도 쓰이지만, 토익에서는 1형식 자동사로 '(사람들이) 몰려들다'라는 뜻으로도 자주 쓰여. 보통 전치사 to와 함께 사용돼.

26 **morale**
[mərǽl, mɔrɑ́:l]

사기, 의욕

boost[improve] **morale** 사기를 북돋우다[높이다]
improvements in staff **morale** 직원들의 사기 향상

---

27 **discrepancy**
[diskrépənsi]

불일치, 차이

a **discrepancy** in the figures 수치의 불일치
report[identify] a **discrepancy** 불일치를 보고[확인]하다

---

28 **refurbishment**
[rifə́:rbiʃmənt]

refurbish v. 개조하다, 재단장하다
㈜ renovation 개조
remodeling 리모델링

개조, 재단장, 리모델링

undergo **refurbishment** 재단장을 하다
a **refurbishment** project 재정비 프로젝트

---

29 **implication**
[ìmplikéiʃən]

imply v. 함축하다, 암시하다
implicit a. 암시된, 내포된

영향, 결과; 함축

have serious **implications** for ~ ~에 중대한 영향을 미치다
business[social] **implications** 사업상의[사회적] 파급 효과

재옥쌤 TIP
implication은 '함축'이라고만 외우면 안 돼. 토익에서는 '영향, 파급 효과'의 뜻으로도 자주 등장하니까 꼭 챙겨둬!

---

30 **segment**
[ségmənt]

㈜ section, part 부분

부분; 부문, 분야

the fastest-growing **segment** 가장 빠르게 성장하는 분야
a customer[market] **segment** 고객군[시장의 한 부문]

---

31 **courtesy**
[kə́:rtəsi]

courteous a. 공손한
courteously ad. 공손하게

예의, 공손함, 호의 a. 무료의

extend a **courtesy** to A A에게 호의를 베풀다
a **courtesy** bus[shuttle] 무료 셔틀버스

---

32 **element**
[éləmənt]

㈜ component 요소

요소, 성분

key **elements** 핵심 요소들
modern design **elements** 현대적인 디자인 요소들

33 **novice**
[návis]
[유] beginner 초보자

초보자

novice business owners 초보 사업가들
complete **novices** 완전 초보자들

---

34 **probation**
[proubéiʃən]
probationary a. 수습의
[유] trial period 시범 운영 기간, 수습 기간

수습 (기간)

on **probation** 수습 기간 중인
a **probationary** employee 수습 직원

---

35 **turnover**
[tə́:rnouvər]

이직률; 판매량, 매출액

employee **turnover** 직원 이직률
a fall in **turnover** 매출 감소

---

36 **population**
[pàpjuléiʃən]

인구

population growth 인구 증가
the local **population** 지역 주민[인구]

---

37 **tendency**
[téndənsi]
tend v. ~하는 경향이 있다
[유] trend 추세

경향, 성향; 추세

have a **tendency** to do ~하는 경향이 있다
a common **tendency** 흔한 경향

재옥쌤 TIP

tendency는 사전적으로 '경향, 성향, 추세' 뜻이 모두 있지만, 토익에서는 주로 '사람이나 사물의 성향·버릇'을 말할 때만 써. '시장·사회 흐름'처럼 추세 맥락일 땐 trend가 정답이야!
→ The surface has a tendency to change color.
표면은 색이 변질되는 경향이 있다.
an upward trend in sales 매출 상승 추세

---

38 **leak**
[li:k]
leaky a. 새는

누수, 누출 v. 새다, 누출하다

a water[gas] **leak** 수도 누수[가스 누출]
leaking water pipes 누수되는 배관

39 **endorsement**
[indɔ́:rsmənt]

endorse v. (공개적으로) 지지하다, 보증하다

(공개적) 지지; 보증, 홍보

provide an **endorsement** for ~ ~을 지지하다
use celebrities for **endorsements**
홍보를 위해 유명인들을 활용하다

---

40 **default**
[difɔ́:lt]

채무 불이행, 체납; 기본값

be in **default** on a loan 대출 채무를 불이행하다
by **default** 기본으로

재옥쌤 TIP
default는 토익에서 두 가지 의미로 나와.
▶ 금융 기사 → '채무 불이행'
▶ 제품 안내 / IT 지문 → '기본값'

---

41 **query**
[kwíri, kwíəri]

㊌ question, inquiry 문의, 질문

문의, 질문

respond to **queries** 문의에 답하다
a **query** regarding the bill 청구서 관련 문의

---

42 **aviation**
[èiviéiʃən, æv-]

항공(업)

the **aviation** industry 항공 산업
civil[military] **aviation** 민간[군사] 항공

---

43 **specimen**
[spésəmən]

견본, 샘플, 표본

examine[collect] **specimens** 표본을 조사하다[모으다]
a **specimen** signature 서명 견본

---

44 **contingency**
[kəntíndʒənsi]

contingent a. ~에 달려 있는, ~을 조건으로 하는

만일의 사태; 우연성

a **contingency** plan 비상 계획
be **contingent** on approval 승인을 조건으로 하다

재옥쌤 TIP
〈be contingent[dependent, reliant] on ~〉 전부 '~에 달려 있다, 의존하다'라는 뜻이야. 세트로 외워 둬!

45 **artisan**
[á:rtizən, à:tizǽn]

artisanal a. 장인의
[유] craftsman 장인, 공예가

장인, 기능공

local[skilled] **artisans** 지역[숙련된] 장인들
artisan goods[products] 수공예품, 장인 제품

---

46 **custodian**
[kʌstóudiən]

custodial a. 관리의

관리인(건물 · 시설의 안전 · 청결 담당자)

a building **custodian** 건물 관리인
custodial staff 관리직원들

---

47 **institute**
[ínstətjù:t]

institution n. (대학 · 은행 · 병원 등 대규모) 기관; 제도

기관, 협회 v. (제도, 정책 등을) 도입하다

a research[educational] **institute** 연구소[교육 기관]
institute a new parking policy
새로운 주차 정책을 도입하다

재옥쌤 TIP

institute와 institution은 둘 다 '기관'을 뜻하지만, 보통 institute는 연구 · 교육 같은 특정 목적 기관, institution은 범위가 더 넓은 일반 기관이야.
··· a language institute 어학원
a financial institution 금융 기관
토익에서는 둘 다 그냥 '기관' 정도로 이해해도 충분해!

---

48 **lodging**
[ládʒiŋ]

[유] accommodation 숙박 시설

숙박, 임시 숙소

lodging expenses 숙박비
secure **lodging** 숙박 시설을 확보하다

---

49 **ventilation**
[vèntəléiʃən]

ventilate v. 환기하다

환기, 통풍

poor **ventilation** 환기가 잘 안 됨
ensure adequate **ventilation** 충분한 환기를 보장하다

---

50 **insulation**
[ìnsəléiʃən]

insulate v. 단열[방음] 처리를 하다

단열(재), 방음 처리

wall **insulation** 벽 단열(재)
be fully **insulated** 완전히 단열되어 있다

REVIEW TEST

정답 p.352

✦ Check After You Study 이제 이 단어들을 마스터했는지 확인해보세요.

- ☐ nutrient
- ☐ supplement
- ☐ endeavor
- ☐ shelving
- ☐ infrastructure
- ☐ obligation
- ☐ biography
- ☐ evidence
- ☐ fleet
- ☐ debris
- ☐ formula
- ☐ ordinance
- ☐ breach
- ☐ outreach
- ☐ criteria
- ☐ auction
- ☐ recession
- ☐ liability
- ☐ discretion
- ☐ heritage
- ☐ contamination
- ☐ wildlife
- ☐ habitat
- ☐ landfill
- ☐ flock
- ☐ morale
- ☐ discrepancy
- ☐ refurbishment
- ☐ implication
- ☐ segment
- ☐ courtesy
- ☐ element
- ☐ novice
- ☐ probation
- ☐ turnover
- ☐ population
- ☐ tendency
- ☐ leak
- ☐ endorsement
- ☐ default
- ☐ query
- ☐ aviation
- ☐ specimen
- ☐ contingency
- ☐ artisan
- ☐ custodian
- ☐ institute
- ☐ lodging
- ☐ ventilation
- ☐ insulation

✦ Fill In the Blanks 문맥에 알맞은 말을 골라 빈칸을 채우세요. (필요시 적절한 형태로)

obligation	criteria	discrepancy	recession	breach	ordinance

1 Does the nominee meet the eligibility ____________?
후보자가 자격 기준을 충족합니까?

2 The recent data shows that an economic ____________ is coming.
최근 자료는 경기 침체가 다가오고 있음을 보여준다.

3 This charge is mandated by a new city ____________.
이 요금은 새로운 시 조례에 의해 의무화되었습니다.

4 It's our ____________ to provide excellent customer service.
우수한 고객 서비스를 제공하는 것은 우리의 의무이다.

5 There is a ____________ between sales figures and actual revenue.
매출 수치와 실제 수익 사이에 차이가 있다.

6 The company was fined for ____________ of contract.
회사는 계약 위반으로 벌금을 부과받았다.

DAY 27

동사 1

Check Before You Study

학습을 시작하기 전에, 아는 단어와 모르는 단어를 빠르게 점검해보세요.

□ reinforce	□ enlarge	□ boast
□ capture	□ diminish	□ waive
□ possess	□ reform	□ attribute
□ suspend	□ coincide	□ thrive
□ acclaim	□ soar	□ transform
□ facilitate	□ misplace	□ incorporate
□ unveil	□ abandon	□ migrate
□ outperform	□ diversify	□ transmit
□ convert	□ weigh	□ outsource
□ distract	□ discourage	□ deliberate
□ advocate	□ rotate	□ refine
□ restructure	□ telecommute	□ withstand
□ fasten	□ proofread	□ accuse
□ foster	□ tear	□ attain
□ reflect	□ conceive	□ redeem
□ interfere	□ mount	□ retrieve
□ convene	□ disclose	

01 **reinforce** [rì:infɔ́:rs]

reinforcement n. 강화, 보강
㊌ strengthen 강화하다

강화하다, 보강하다

reinforce a relationship[partnership]
관계를[파트너십을] 강화하다
reinforce a structure 구조물을 보강하다

---

02 **capture** [kǽptʃər]

포착하다, 사로잡다[포획하다]

capture attention 관심을 사로잡다
capture the moment 순간을 포착하다

---

03 **possess** [pəzés]

possession n. 소유, 소유물

소유하다, 갖고 있다

possess strong communication skills
뛰어난 소통 능력을 지니다
in **possession** of ~ ~을 소유한

---

04 **suspend** [səspénd]

suspension n. 정지, 보류; 매달림

(일시적으로) 중단[보류]하다; 매달다, 걸다

suspend operations 업무를 중단하다
suspend a contract 계약을 보류하다

재옥쌤 TIP

suspend는 LC 파트 1(사진 묘사)에서는 '매달다, 걸다', RC에서는 '일시 중단하다'의 의미로 자주 나와!
··· suspend a light 조명을 매달다
suspend operations 업무를 일시 중단하다

---

05 **acclaim** [əkléim]

칭송하다, 찬사를 보내다

be **acclaimed** for ~ ~로 찬사를 받다
a highly **acclaimed** performance 크게 찬사받는 공연

재옥쌤 TIP

acclaim은 praise, commend처럼 A for B 구조로 써서 'B 때문에 A를 칭찬하다'는 의미야. 다만 토익에서는 주로 수동태(be acclaimed for)로 나와!
··· The film was acclaimed for its originality.
그 영화는 독창성으로 호평받았다.

---

06 **facilitate** [fəsílətèit]

facilitator n. 조력자, 협력자

용이하게 하다, 촉진하다

facilitate communication[discussion]
의사소통[토론]을 원활하게 하다
facilitate access 접근을 용이하게 하다

07 **unveil**
[ənvéil]
[유] reveal 드러내다

공개하다, 발표하다

unveil a new product 신제품을 공개하다
officially **unveil** 공식 발표하다

08 **outperform**
[àutpərfɔ́:rm]
[유] surpass 능가하다

능가하다, ~보다 뛰어나다

outperform competitors 경쟁업체를 능가하다
outperform expectations 기대치를 능가하다

09 **convert**
[kənvə́:rt]
conversion n. 변환, 전환
[유] transform 변형하다

전환하다, 바꾸다

convert A into B A를 B로 전환하다
convert a warehouse into an office
창고를 사무실로 바꾸다

10 **distract**
[distrǽkt]
distraction n. 방해, 산만하게 하는 것
distracting a. 주의를 산만하게 하는
[유] disturb 방해하다

산만하게 하다

distract employees from work
직원들이 일에 집중하지 못하게 하다
a **distracting** noise 산만하게 만드는 소음

11 **advocate**
[ǽdvəkèit] n. [ǽdvəkət]
[반] oppose 반대하다

지지하다, 옹호하다 n. 지지자, 옹호자

advocate a policy 정책을 지지하다
advocate strongly for environmental protection
환경 보호를 강하게 지지하다

✓ 재옥쌤 TIP

advocate는 자동사/타동사가 둘 다 되는 동사야. 그래서 전치사 for가 있어도 되고 없어도 돼.
→ advocate for a policy (O)
advocate a policy (O)

12 **restructure**
[ri:strʌ́ktʃər]
restructuring n. 구조 조정, 개편

구조를 조정하다, 재편성하다

restructure a department 부서를 재편성하다
corporate **restructuring** 기업 구조 조정

13 **fasten**
[fǽsn, fá:sn]

매다, 잠그다, 고정하다

Fasten your seatbelt. 안전벨트를 매세요.
fasten securely 단단히 고정하다

14 **foster**
[fɔ́:stər]
㊎ promote 촉진하다

촉진하다, 육성하다

foster innovation[cooperation] 혁신[협력]을 촉진하다
foster relationships 관계를 돈독히 하다

---

15 **reflect**
[riflékt]
reflection n. 반사; 반영; 숙고

비추다, 반사하다; 반영하다

reflect light[sound] 빛을[소리를] 반사하다
reflect company values 기업 가치를 반영하다

재옥쌤 TIP
reflect는 토익에서 보통 '반영하다'의 의미로 많이 나와. reflect on은 '되돌아보다, 반성하다'라는 뜻이니까 따로 챙겨 둬.
→ reflect on one's performance 자신의 성과를 되돌아보다

---

16 **interfere**
[ìntərfíər]
interference n. 간섭, 방해

간섭하다, 방해하다

interfere with operations 운영을 방해하다
interfere in negotiations 협상에 간섭하다

재옥쌤 TIP
interfere는 1형식 자동사야. 보통 전치사 with나 in과 함께 써!

---

17 **convene**
[kənví:n]
convention n. 회의, 대회

소집하다, 모이다

convene a meeting 회의를 소집하다
convene annually 매년 모이다

---

18 **enlarge**
[inlá:rdʒ]
enlargement n. 확대, 확장
㊎ expand 확대[확장]하다

확대[확장]하다, 크게 하다

enlarge the image 이미지를 확대하다
enlarge the office space 사무 공간을 확장하다

재옥쌤 TIP
enlarge는 expand와 비슷하게 쓰이지만, 토익에선 주로 '사진·이미지 확대'나 '공간 확장'의 의미로 자주 나와.

---

19 **diminish**
[dimíniʃ]
diminished a. 줄어든, 약화된
㊎ decrease, shrink 줄어들다, 감소하다

감소하다, 줄어들다; 약화시키다

diminish over time 시간이 지나며 감소하다
diminish productivity[motivation] 생산성을[동기를] 약화시키다

20 **reform**
[rifɔ́ːrm]

개혁하다, 개선하다 n. 개혁, 개선

reform the education system 교육 제도를 개혁하다
implement[introduce] **reforms** 개혁을 실행[도입]하다

---

21 **coincide**
[kòuinsáid]

coincidence n. 우연의 일치; 동시 발생
coincidental a. 우연의

동시에 일어나다; 겹치다, 일치하다

The launch will **coincide** with the conference.
출시는 회의와 같은 시기에 이루어질 예정이다.
coincide with one's views ~의 견해와 일치하다

재옥쌤 TIP
coincide는 1형식 자동사로, 주로 전치사 with와 함께 써!

---

22 **soar**
[sɔːr]

soaring a. 치솟는, 급등하는
㊞ surge 급등[급증]하다

급등하다, 치솟다

soar to record levels 기록적인 수준까지 치솟다
soaring costs 급등하는 비용

---

23 **misplace**
[mispléis]

misplaced a. 잘못 놓인; 부적절한

잘못 두다, 잃어버리다

misplace documents 서류를 잘못 두다
a **misplaced** file 제자리에 놓이지 않은 파일

재옥쌤 TIP
misplace는 '잘못 두다, 제자리에 두지 않다'라는 의미로, 그래서 '잠시 못 찾게 되다(잃어버리다)'라는 뉘앙스야. lose처럼 완전히 사라지는 게 아니라, 잠깐 못 찾는 느낌으로 기억해 두면 돼!

---

24 **abandon**
[əbǽndən]

abandoned a. 버려진, 유기된
㊞ dispose of, discard 버리다

버리다, 떠나다, 포기하다

abandon a project 프로젝트를 포기하다
an **abandoned** building 버려진 건물

---

25 **diversify**
[daivə́ːrsəfai, di-]

diverse a. 다양한, 여러 가지의

다각화하다, 다양화하다

diversify product lines 제품군을 다양화하다
diversify into new markets 신규 시장으로 진출하다

26 **weigh**
[wei]
weight n. 무게, 체중

따져 보다; 무게가 ~ 나가다, 무게를 달다

weigh the pros and cons 장단점을 따져 보다
The package **weighs** 60 kilograms.
그 소포의 무게는 60킬로그램이다.

재옥쌤 TIP

weigh는 단순히 '무게를 재다'뿐 아니라 결정을 내리기 전 신중히 '따져보다'라는 의미로 자주 나와!
⋯→ weigh options carefully 선택지를 신중히 검토하다

---

27 **discourage**
[diskə́:ridʒ]

단념시키다, 막다

discourage A from -ing A가 ~하지 않도록 말리다
discourage use 사용을 막다

---

28 **rotate**
[róuteit, rətéit]
rotation n. 회전; 순환, 교대

회전하다, 회전시키다; 교대로 하다[시키다]

rotate duties 업무를 교대로 하다
rotate staff 직원을 순환 배치하다

---

29 **telecommute**
[tèləkəmjú:t]
commute v. 통근하다 n. 통근

재택근무하다, 원격 근무하다

telecommute from home 집에서 원격 근무하다
telecommute full-time 풀타임으로 재택근무하다

---

30 **proofread**
[prú:fri:d]
㊌ edit 편집하다, 교정하다

교정하다

proofread a manuscript 원고를 교정하다
carefully **proofread** 주의 깊게 교정하다

---

31 **tear**
[tɛər]
torn a. 찢어진
tear down v. 허물다, 철거하다

찢다; 찢어지다 n. 찢어진 곳, 구멍

tear the packaging 포장을 뜯다
a **tear** in the seat 좌석의 찢어진 곳

---

32 **conceive**
[kənsí:v]
concept n. 개념
conceivable a. 상상할 수 있는

(생각·계획 등을) 마음속으로 하다[품다]

conceive a plan 계획을 구상하다
every **conceivable** method[way]
상상할 수 있는 모든 방법

33 **mount**
[maunt]

mounting a. 증가하는
㊌ increase 증가하다

설치하다; 증가하다 n. 거치대

a wall-**mounted** TV 벽걸이 TV
mounting costs 증가하는 비용

---

34 **disclose**
[disklóuz]

disclosure n. 공개, 폭로
㊌ reveal 밝히다, 드러내다
㉤ conceal 감추다, 숨기다

밝히다, 공개하다

disclose financial records 재무 기록을 공개하다
disclose confidential data 기밀 자료를 누설하다

---

35 **boast**
[boust]

(자랑거리 · 강점 등을) 가지고 있다, 자랑하다

boast a long history 오랜 역사를 자랑하다
boast advanced facilities 첨단 시설을 갖추다

재옥쌤 TIP

토익에서 boast는 '자랑하다'라는 의미보다 '~을 갖추다'의 의미로 훨씬 자주 써.
→ The hotel boasts a large swimming pool.
호텔은 큰 수영장을 갖추고 있다.

---

36 **waive**
[weiv]

waiver n. 면제 (서류)

포기하다, 면제하다

waive certain requirements 일부 요건을 면제하다
waive a fee 수수료를 면제하다

---

37 **attribute**
[ətríbjuːt]

(…을) ~의 덕분[탓]으로 돌리다 n. 자질, 특성

attribute success to teamwork
성공을 팀워크 덕분으로 돌리다
attribute the delay to bad weather
지연을 악천후 탓으로 돌리다

재옥쌤 TIP

〈attribute A to B〉는 'A를 B 덕분[탓]으로 돌리다'라는 의미로 공식처럼 외워 둬야 해! 명사로는 key attributes(핵심적인 자질)처럼 '자질, 특성'이라는 뜻으로도 종종 나온다는 것까지 기억해 두면 완벽해!

---

38 **thrive**
[θraiv]

thriving a. 번성하는, 성공적인
㊌ prosper, flourish 번영[번창]하다

번영[번창]하다, 잘 자라다

thrive in a competitive market 경쟁 시장에서 번창하다
thrive under pressure 압박 속에서 잘 해내다

39 **transform**
[trænsfɔ́:rm]

transformation n. 변화, 혁신
㊌ convert 전환하다, 바꾸다

변형시키다, 완전히 바꾸다

transform the industry 산업을 탈바꿈시키다
transform a building into offices
건물을 사무실로 개조하다

---

40 **incorporate**
[inkɔ́:rpərèit]

㊌ include 포함하다

포함하다; (법인을) 설립하다

incorporate ideas[features] 아이디어를[특징을] 포함하다
incorporate new technology 신기술을 포함하다

재옥쌤 TIP
incorporate는 토익에서 보통 include(포함하다)와 같은 의미로 쓰여. '법인 설립'이란 뜻도 있긴 한데, 시험에서는 거의 안 나오고 주로 회사명 뒤의 Inc. 표기로만 보일 뿐이야.

---

41 **migrate**
[máigreit]

migration n. 이주, 이동; 이전
㊌ relocate 이주하다; 이전하다

이주하다, 이동하다; 이전하다

migrate data to the cloud 데이터를 클라우드로 이전하다
Birds **migrate** south in winter.
새들은 겨울에 남쪽으로 이동한다.

---

42 **transmit**
[trænsmít, trænz-]

transmission n. 전송, 전달, 송신
transmitter n. 송신기, 발신 장치

보내다, 전송하다

transmit data[information] 데이터[정보]를 전송하다
transmit a signal 신호를 송신하다

---

43 **outsource**
[àutsɔ́:rs]

outsourcing n. 외주, 아웃소싱
㊌ subcontract 하청을 주다

(업무를) 외부에 위탁하다, 아웃소싱하다

outsource IT support IT 지원을 외부에 맡기다
outsource production 생산을 외주로 주다

---

44 **deliberate**
[dilíbərèit] a. [dilíbərət]

deliberately ad. 신중히; 고의로
deliberation n. 숙고, 신중함

숙고하다, 신중히 생각하다 a. 신중한; 고의적인

deliberate on a proposal 제안에 대해 숙고하다
a **deliberate** decision 신중한 결정

재옥쌤 TIP
동사로는 deliberate on(~을 숙고하다)이 단골 패턴이고, 형용사로 '고의적인, 신중한'이라는 의미도 중요하니 꼭 같이 챙겨야 돼!

45 **refine**
[rifáin]

refinement n. 개선; 정제
refined a. 정제된, 세련된

정제하다; 개선하다

refine a process 과정을 개선하다
a **refined** design 세련된 디자인

---

46 **withstand**
[wiðstǽnd, wiθ-]

㊐ tolerate, endure 참다, 견디다

견디다, 버티다

withstand heat 열을 견디다
withstand harsh conditions 가혹한 환경을 견뎌 내다

---

47 **accuse**
[əkjú:z]

accusation n. 고발, 비난
㊐ blame 비난하다

고발하다, 비난하다

accuse A of B A를 B로 고발[비난]하다
be **accused** of misconduct 위법 행위로 비난받다

---

48 **attain**
[ətéin]

attainment n. 성취, 달성
㊐ achieve 달성하다
reach 도달하다

달성하다, 도달하다; 얻다

attain a goal 목표를 달성하다
attain proficiency 능숙함에 도달하다

---

49 **redeem**
[ridí:m]

redemption n. 상환; 교환, 사용
redeemable a. 교환[사용] 가능한; 상환할 수 있는

(쿠폰 · 포인트 등을) 교환하다[사용하다]; (채무를) 상환하다

redeem a gift certificate 상품권을 교환하다
redeem reward points 보상 포인트를 사용하다

재옥쌤 TIP

토익에서 redeem의 핵심은 '쿠폰 · 포인트 · 상품권 교환이나 사용'이야. 그래서 redeem a coupon, redeem reward points 같은 표현이 단골로 등장하지. 가끔 redeem a loan(대출을 상환하다)처럼 '상환'의 의미도 나오지만 부차적인 용례야.

---

50 **retrieve**
[ritrí:v]

retrieval n. 검색; 회수, 되찾음

되찾다; 검색하다, 불러오다

retrieve lost luggage 분실된 수하물을 되찾다
retrieve information from the database
데이터베이스에서 정보를 검색하다[불러오다]

REVIEW TEST

정답 p.352

✦ Check After You Study 이제 이 단어들을 마스터했는지 확인해보세요.

☐ reinforce	☐ foster	☐ discourage	☐ transform
☐ capture	☐ reflect	☐ rotate	☐ incorporate
☐ possess	☐ interfere	☐ telecommute	☐ migrate
☐ suspend	☐ convene	☐ proofread	☐ transmit
☐ acclaim	☐ enlarge	☐ tear	☐ outsource
☐ facilitate	☐ diminish	☐ conceive	☐ deliberate
☐ unveil	☐ reform	☐ mount	☐ refine
☐ outperform	☐ coincide	☐ disclose	☐ withstand
☐ convert	☐ soar	☐ boast	☐ accuse
☐ distract	☐ misplace	☐ waive	☐ attain
☐ advocate	☐ abandon	☐ attribute	☐ redeem
☐ restructure	☐ diversify	☐ thrive	☐ retrieve
☐ fasten	☐ weigh		

✦ Fill In the Blanks 문맥에 알맞은 말을 골라 빈칸을 채우세요. (필요시 적절한 형태로)

disclose	weigh	reinforce	attribute	distract	redeem

1 We ____________ our success to the dedication of our employees.
우리는 성공을 직원들의 헌신 덕분이라고 본다.

2 The company ____________ its quarterly earnings yesterday.
회사는 어제 분기 실적을 공개했다.

3 The company launched a campaign to ____________ its brand image.
회사가 브랜드 이미지를 강화하기 위해 캠페인을 시작했다.

4 We need to ____________ the risks before launching the new product.
신제품 출시 전에 위험 요소를 신중히 따져봐야 한다.

5 Customers can ____________ reward points for future purchases.
고객들은 보상 포인트를 향후 구매에 사용할 수 있다.

6 Personal devices often ____________ workers in the office.
개인 기기는 종종 사무실에서 직원들의 주의를 산만하게 한다.

DAY 28 동사 2

Check Before You Study

학습을 시작하기 전에, 아는 단어와 모르는 단어를 빠르게 점검해보세요.

☐ persist	☐ rectify	☐ embark
☐ flourish	☐ entail	☐ oblige
☐ surge	☐ endanger	☐ persevere
☐ align	☐ acquaint	☐ render
☐ captivate	☐ revolutionize	☐ incur
☐ formulate	☐ compile	☐ gauge
☐ precede	☐ entrust	☐ omit
☐ offset	☐ disregard	☐ cultivate
☐ restock	☐ preside	☐ encompass
☐ complement	☐ evoke	☐ evacuate
☐ shrink	☐ scout	☐ scrutinize
☐ stimulate	☐ subcontract	☐ authenticate
☐ troubleshoot	☐ demolish	☐ lapse
☐ solicit	☐ consolidate	☐ stipulate
☐ compromise	☐ overhaul	☐ mandate
☐ temper	☐ deter	☐ procure
☐ absorb	☐ aspire	

01 **persist**
[pərsíst]

persistence n. 끈기, 지속
persistent a. 끈질긴, 지속적인

지속되다; (끈질기게) 고집하다

if symptoms **persist** 증상이 지속되면
persist in one's opinion 자신의 의견을 고집하다

---

02 **flourish**
[flə́:riʃ]

flourishing a. 번창하는, 활발한
㊞ prosper, thrive 번영[번창]하다

번성[번창]하다, 잘 자라다

business **flourishes** 사업이 잘 되다
flourish under new management
새 경영진 아래에서 번창하다

재옥쌤 TIP

flourish, prosper, thrive 셋 다 기본적으로 '번영하다, 번창하다' 뜻의 자동사야. prosper만 아주 드물게 타동사로 쓰이기도 하지만, 토익에서는 전부 1형식 자동사로 기억하면 돼!

---

03 **surge**
[sə:rdʒ]

㊞ soar 급등하다, 치솟다

급증하다, 급등하다 n. 급증, 급등

Sales **surged** last quarter. 지난 분기에 매출이 급증했다.
a **surge** in demand[prices] 수요[가격] 급증

재옥쌤 TIP

increase, rise, surge, soar 전부 '오르다, 증가하다'라는 뜻이야. 이 중 increase만 자동사·타동사 모두 가능하고, rise, surge, soar는 1형식 자동사로만 사용돼!

---

04 **align**
[əláin]

alignment n. 정렬, 조정, 일치

일치시키다, 맞추다

align production with demand 생산을 수요에 맞추다
be **aligned** with ~ ~와 일치하다, ~에 맞춰져 있다

---

05 **captivate**
[kǽptəvèit]

captivating a. 매혹적인
㊞ fascinate 마음을 사로잡다

매료시키다, 마음을 사로잡다

captivate an audience 청중을 매료시키다
a **captivating** performance 매혹적인 공연

---

06 **formulate**
[fɔ́:rmjulèit]

formulation n. 수립, 공식화
formula n. 공식, 방식; 제조법

만들어 내다, 공식화하다

formulate a strategy[policy] 전략[정책]을 수립하다
formulate a new theory 새로운 이론을 만들어 내다

07 **precede**
[prisíːd]

preceding a. 이전의, 앞선

~에 앞서다, 선행하다

A brief introduction **preceded** the presentation.
간단한 소개가 발표에 앞서 있었다.

preceding years 지난 몇 년

---

08 **offset**
[ɔ́ːfsèt]

상쇄하다, 보완하다

offset the increased cost of materials
늘어난 원자재 값을 상쇄하다

offset a loss 손실을 보완하다

---

09 **restock**
[ristάk]

stock v. 채우다, 비축하다 n. 재고(품)

다시 채우다, 보충하다

restock inventory[shelves] 재고[진열대]를 다시 채우다

items are **restocked** 물품이 재입고되다

---

10 **complement**
[kάmpləmənt]

complementary a. 상호 보완적인

㊌ supplement 보충하다

보완[보충]하다 n. 보완물

complement existing products 기존 제품을 보완하다

complement each other 서로를 보완하다

재옥쌤 TIP

complement(보완하다)와 compliment(칭찬하다)는 비슷해서 많이 헷갈리는데, 철자 e와 i 하나 차이로 뜻이 완전히 달라! "아이(i)는 칭찬해줘야 한다"고 기억해 두면 좋아!

---

11 **shrink**
[ʃriŋk]

shrinkage n. 수축, 감소

㊌ decrease, diminish
감소하다, 줄어들다

줄어들다, 감소하다; 줄이다

shrink in size 크기가 줄어들다

shrink the workforce 직원을 감축하다

---

12 **stimulate**
[stímjulèit]

stimulation n. 자극, 활성화

stimulus n. 자극(제), 촉진 요인

자극하다, 촉진[활성화]시키다

stimulate economic growth 경제 성장을 촉진하다

stimulate interest 관심을 불러일으키다

---

13 **troubleshoot**
[trʌ́blʃùːt]

troubleshooting n. 문제 해결

문제를 해결하다

troubleshoot technical issues 기술적 문제를 해결하다

a **troubleshooting** guide[manual] 문제 해결 안내서

14 **solicit**
[səlísit]

간청하다, 요청하다

solicit bids 입찰을 요청하다
solicit feedback 피드백을 요청하다

---

15 **compromise**
[kámprəmàiz]

compromised a. 위태로워진, 손상된

타협하다; ~을 위태롭게 하다 n. 타협, 절충

compromise on quality[price] 품질[가격]에 타협하다
reach a **compromise** 타협에 도달하다

재옥쌤 TIP

compromise는 두 얼굴을 가진 단어야. '타협(하다), 절충(하다)'의 의미로 주로 알고 있지만, 토익에서는 '위태롭게 하다'라는 의미도 많이 나와.
··· compromise safety[security] 안전을 위태롭게 하다

---

16 **temper**
[témpər]

temperate a. 온화한, 차분한
㊐ moderate 완화하다

누그러뜨리다, 완화하다 n. 성질, 화

temper one's remarks 발언의 강도를 누그러뜨리다
lose[keep] one's **temper** 화를 내다[참다]

재옥쌤 TIP

temper는 '성질'이라는 의미의 명사로 익숙하지만, 토익에서는 동사로 '완화시키다, 누그러뜨리다'의 의미로 나와!
··· temper expectations 기대를 누그러뜨리다

---

17 **absorb**
[əbzɔ́:rb, æbsɔ́:rb]

absorption n. 흡수; 몰두
㊐ take in 받아들이다

흡수하다; 받아들이다

absorb information quickly 정보를 빨리 받아들이다
be **absorbed** in work 일에 흡수되다(몰두하다)

재옥쌤 TIP

absorb는 '물리적으로 흡수하다'뿐 아니라 정보를 받아들이거나 일에 몰두하는 느낌으로도 자주 써!

---

18 **rectify**
[réktəfài]

㊐ correct 바로잡다, 수정하다

바로잡다, 수정하다

rectify a situation 상황을 바로잡다
rectify an error 오류를 바로잡다

---

19 **entail**
[intéil]

㊐ involve 포함하다, 수반하다

수반하다, 포함하다

entail a risk 위험을 수반하다
entail significant costs 상당한 비용을 수반하다

20 **endanger**
[indéindʒər]

endangered a. 멸종 위기의
[유] jeopardize 위태롭게 하다

위험에 빠뜨리다, 위태롭게 하다

endanger public safety 공공 안전을 위태롭게 하다
endangered species 멸종 위기 종

---

21 **acquaint**
[əkwéint]

acquaintance n. 아는 사람, 지인
acquainted a. 정통한, 알고 있는

숙지시키다

acquaint employees with new policies
직원들에게 새 정책을 숙지시키다
acquaint oneself with regulations 규정을 숙지하다

✔ 재옥쌤 TIP
acquaint는 be acquainted with(~에 정통하다, 잘 알고 있다) 패턴이 자주 나와. 또, acquaint oneself with(~을 숙지하다)도 알아 두면 좋아.

---

22 **revolutionize**
[rèvəlú:ʃənaiz]

revolution n. 혁명, 혁신
revolutionary a. 혁명적인, 혁신적인

혁신을 일으키다, 혁신하다

revolutionize an industry[a market] 산업[시장]을 혁신하다
revolutionize the way we communicate
소통하는 방식을 혁신하다

---

23 **compile**
[kəmpáil]

compilation n. 모음집; 편집[편찬]

모으다[엮다]; 작성하다; 편집[편찬]하다

compile a list of suppliers 공급업체 목록을 작성하다
compile data 데이터를 모으다

---

24 **entrust**
[intrʌ́st]

[유] delegate 위임하다
assign 맡기다

맡기다, 위임하다

entrust an experienced manager with the project
경험 많은 관리자에게 프로젝트를 맡기다
entrust the project to an experienced manager
프로젝트를 경험 많은 관리자에게 맡기다

✔ 재옥쌤 TIP
entrust는 전치사와 세트로 기억해!
▶ entrust A with B A에게 B를 맡기다
▶ entrust B to A B를 A에게 맡기다

---

25 **disregard**
[dìsrigá:rd]

[유] ignore 무시하다
neglect 소홀히 하다

무시하다, 소홀히 하다 n. 무시, 묵살

disregard advice 충고를 무시하다
disregard a company policy 회사 방침을 무시하다

26 **preside**
[prizáid]

(회의·행사 등을) 주재하다, 사회를 보다

preside over the annual general meeting 연례 총회를 주재하다
preside at a conference 컨퍼런스에서 사회를 보다

27 **evoke**
[ivóuk]

㊌ arouse 불러일으키다

불러일으키다

evoke interest 관심을 불러일으키다
evoke memories 기억을 떠올리게 하다

28 **scout**
[skaut]

㊌ search for, seek 찾다

찾아다니다, 물색하다

scout new locations 새 장소를 물색하다
scout for opportunities 기회를 찾다

재옥쌤 TIP

scout는 보통 '사람을 스카우트하다(영입하다)'로 알고 있지만, 토익에서는 '장소나 기회를 물색하다'의 의미로 더 자주 나와!
⋯→ scout (for) new locations 새 장소를 물색하다

29 **subcontract**
[sʌbkántrækt]

subcontractor n. 하청업자
㊌ outsource 외주 주다

하청을 주다 n. 하청 (계약)

subcontract the project 프로젝트를 하청 주다
hire a **subcontractor** 하청업체를 고용하다

30 **demolish**
[dimáliʃ]

demolition n. 철거, 파괴
㊌ tear down 철거하다

철거하다

demolish a structure 구조물을 철거하다
a **demolition** project 철거 작업

31 **consolidate**
[kənsálədèit]

consolidation n. 통합; 강화
consolidated a. 통합된
㊌ strengthen 강화하다
unify 통합하다

강화하다; 통합하다

consolidate one's position 입지를 강화하다
consolidate departments[offices] 부서를 통합하다

32 **overhaul**
[ouvərhɔ́:l]

점검[정비]하다 n. 점검, 정비

overhaul machinery 기계를 정비하다
a major[complete] **overhaul** 대대적인[완전한] 정비

33 **deter**
[ditə́:r]

단념시키다, 막다

deter A from -ing A가 ~하는 것을 막다
High prices may **deter** potential buyers.
높은 가격은 잠재 구매자들을 단념시킬 수 있다.

---

34 **aspire**
[əspáiər]

aspiration n. 열망, 포부
aspiring a. 포부가 있는

열망하다, 갈망하다

aspire to become a manager 관리자가 되기를 열망하다
an **aspiring** writer 작가 지망생

재옥쌤 TIP

aspire는 주로 to부정사를 동반해서 '~하기를 열망하다'라는 의미로 써! 그리고 형용사인 aspiring이 토익에서 자주 등장하는데, '포부가 있는, 장래의 ~' 뉘앙스로 직업명 앞에 자주 붙어!
⋯→ an aspiring chef 요리사 지망생

---

35 **embark**
[imbá:rk]

착수하다; 승선하다

embark on[upon] ~ ~에 착수하다
embark on a new project 새 프로젝트에 착수하다

---

36 **oblige**
[əbláidʒ]

obliged a. 감사하는; 의무가 있는
㊍ compel 강제하다
require 요구하다

강요하다, 의무적으로 ~하게 하다

be **obliged** to do ~해야 한다
oblige employees to comply with safety regulations
직원들에게 안전 규정을 준수하도록 요구하다

재옥쌤 TIP

be obliged for(~에 감사하다)라는 표현도 있긴 한데, 토익에서는 잘 안 나와. be obliged to do(~해야 한다)라는 표현만 챙기면 돼!

---

37 **persevere**
[pə̀:rsəvíər]

perseverance n. 인내, 끈기
㊍ persist 지속하다, 고집하다

인내하다, 꾸준히 계속하다

persevere in the face of difficulties
어려움에도 불구하고 인내하다
persevere through challenges
도전을 견뎌 내며 꾸준히 계속하다

---

38 **render**
[réndər]

㊍ provide 제공하다
make 만들다

제공하다; (~한 상태로) 만들다

render assistance 도움을 제공하다
render the contract void 계약을 무효로 만들다

39 **incur**
[inkə́ːr]

(좋지 못한 상황을) 초래하다, 발생시키다

incur a loss 손실을 입다
incur expenses 비용을 발생시키다

---

40 **gauge**
[geidʒ]

[유] measure 측정하다

측정하다, 판단하다 n. 측정기, 계기

gauge customer satisfaction 고객 만족도를 측정하다
gauge employee performance 직원 성과를 측정하다

재옥쌤 TIP

gauge는 철자만 보면 '가우지'처럼 읽힐 것 같지만, 우리가 아는 그 '게이지(계기판)' 발음이야! 그래서 '게이지처럼 수치를 재다', 즉 '측정하다, 판단하다' 느낌으로 기억해!

---

41 **omit**
[oumít]

[유] leave out 생략하다, 빼다

빠뜨리다, 생략하다

omit details 세부 사항을 빠뜨리다
omit an item from a list 목록에서 한 항목을 제외하다

---

42 **cultivate**
[kʌ́ltəvèit]

cultivation n. 개발, 함양; 경작

발전시키다, 기르다; 재배[경작]하다

cultivate customer loyalty 고객 충성도를 기르다(높이다)
cultivate a relationship 관계를 발전시키다

재옥쌤 TIP

cultivate는 가끔 파트 7의 농업 관련 지문에서 '경작하다, 재배하다'의 의미로도 쓰이지만, 주로 관계·기술·고객 충성도 같은 추상적인 대상을 '발전시키다, 기르다'의 의미로 더 자주 나와!

---

43 **encompass**
[inkʌ́mpəs]

[유] include 포함하다

포함하다, 아우르다; 둘러싸다

encompass a wide range of services
광범위한 서비스를 포함하다
encompass various fields 여러 분야를 아우르다

---

44 **evacuate**
[ivǽkjuèit]

evacuation n. 대피, 피난
[유] vacate 비우다
[반] occupy 점유하다, 차지하다

대피시키다; 비우다

evacuate residents 주민들을 대피시키다
evacuate the building 건물을 비우다

45 **scrutinize**

[skrúːtənàiz]

scrutiny n. 정밀 조사, 면밀한 검토

면밀히 조사[검토]하다

scrutinize the contract 계약서를 세밀히 살펴보다
scrutinize each application 각 지원서를 검토하다

---

46 **authenticate**

[ɔːθéntəkèit]

authentication n. 인증, 확인
㊌ verify 입증하다, 증명하다
validate 입증하다, 인증하다

인증하다, 입증하다

authenticate login credentials
로그인 정보를 인증하다
user **authentication** 사용자 인증

재옥쌤 TIP

authenticate는 '진짜임을 확인하다, 인증하다' 의미로 써! 주로 사용자 정보, 서명, 문서, 계정 등을 확인할 때 자주 나와.
⋯ authenticate a user account 사용자 계정을 인증하다
authenticate a document 문서를 인증하다(진위를 확인하다)

---

47 **lapse**

[læps]

실효되다; (시간이) 경과하다 n. (시간) 경과

The contract **lapsed**. 계약이 실효되었다.
Several hours **lapsed**. 몇 시간이 경과했다.

---

48 **stipulate**

[stípjulèit]

stipulation n. 규정, 조항
㊌ specify 명시하다

규정하다, 명시하다

stipulate the terms of a contract
계약 조건을 명시하다
stipulate that all employees must attend
모든 직원이 참석해야 한다고 규정하다

---

49 **mandate**

[mǽndeit]

mandatory a. 의무적인

의무화하다, 명령하다 n. 명령

mandate vaccinations 예방 접종을 의무화하다
mandatory training 의무 교육

---

50 **procure**

[proukjúər, prə-]

procurement n. 조달, 구매

구하다, 조달하다

procure supplies 물품을 조달하다
a **procurement** department 조달 부서, 구매 부서

REVIEW TEST

정답 p.352

✦ Check After You Study 이제 이 단어들을 마스터했는지 확인해보세요.

☐ persist	☐ solicit	☐ evoke	☐ incur
☐ flourish	☐ compromise	☐ scout	☐ gauge
☐ surge	☐ temper	☐ subcontract	☐ omit
☐ align	☐ absorb	☐ demolish	☐ cultivate
☐ captivate	☐ rectify	☐ consolidate	☐ encompass
☐ formulate	☐ entail	☐ overhaul	☐ evacuate
☐ precede	☐ endanger	☐ deter	☐ scrutinize
☐ offset	☐ acquaint	☐ aspire	☐ authenticate
☐ restock	☐ revolutionize	☐ embark	☐ lapse
☐ complement	☐ compile	☐ oblige	☐ stipulate
☐ shrink	☐ entrust	☐ persevere	☐ mandate
☐ stimulate	☐ disregard	☐ render	☐ procure
☐ troubleshoot	☐ preside		

✦ Fill In the Blanks 문맥에 알맞은 말을 골라 빈칸을 채우세요. (필요시 적절한 형태로)

precede	solicit	acquaint	offset	scout	render

1 The company is ____________ new locations for its retail stores.
회사는 새 매장 위치를 물색하고 있다.

2 Please ____________ yourself with the new compliance regulations.
새로운 준수 규정을 숙지해 주세요.

3 Formal approval must ____________ the start of the project.
프로젝트 시작 전에 공식 승인이 있어야 한다.

4 The additional expenses were ____________ by cost-saving measures.
추가 비용은 비용 절감 조치로 상쇄되었다.

5 High demand ____________ the product out of stock quickly.
높은 수요로 인해 제품이 빠르게 품절되었다.

6 We are ____________ bids from several suppliers for the new project.
우리는 새 프로젝트를 위해 여러 공급업체로부터 입찰을 요청하고 있다.

DAY 29

형용사 1

Check Before You Study

학습을 시작하기 전에, 아는 단어와 모르는 단어를 빠르게 점검해보세요.

☐ customary	☐ sluggish	☐ off-limits
☐ persistent	☐ resourceful	☐ obscure
☐ robust	☐ vague	☐ stringent
☐ successive	☐ physical	☐ interim
☐ unattended	☐ pertinent	☐ sturdy
☐ prolonged	☐ rigorous	☐ marginal
☐ seasoned	☐ incidental	☐ hearty
☐ rechargeable	☐ intriguing	☐ impeccable
☐ exquisite	☐ intact	☐ commensurate
☐ versatile	☐ synthetic	☐ proprietary
☐ mindful	☐ flammable	☐ explicit
☐ recurring	☐ pharmaceutical	☐ predominant
☐ unprecedented	☐ susceptible	☐ reminiscent
☐ neutral	☐ indicative	☐ vulnerable
☐ receptive	☐ stagnant	☐ prevalent
☐ perishable	☐ proactive	☐ pessimistic
☐ variable	☐ instrumental	

01 **customary**
[kʌ́stəmeri, -məri]

customarily ad. 관례적으로, 습관적으로

관례적인, 통상적인

a **customary** procedure[practice]
통상적인 절차[관행]

it is **customary** to do ~ 하는 것이 관례이다

---

02 **persistent**
[pərsístənt]

persist v. 지속하다, 고집하다
persistence n. 지속, 끈기

끊임없는, 지속적인, 끈질긴

persistent problems[issues] 지속적인 문제들
persistent demand 끊임없는 수요

---

03 **robust**
[roubʌ́st]

㊐ sturdy 견고한, 튼튼한

튼튼한, 견고한, 탄탄한

robust communication skills 탄탄한 의사소통 능력
a **robust** system 견고한 시스템

---

04 **successive**
[səksésiv]

succeed v. 성공하다; 계승하다
succession n. 연속; 계승
㊐ consecutive 연속적인, 연이은

연속적인, 연이은

three **successive** days 3일 연속
a **succession** of events 일련의 사건들

재옥쌤 TIP

successive가 successful과 비슷해 보이지만 의미는 완전히 달라!
▶ successful 성공적인
⋯▸ a successful campaign 성공적인 캠페인
▶ successive 연속적인
⋯▸ successive years 연이은 해

---

05 **unattended**
[ənəténdid]

attend v. 참석하다; 돌보다(to)

지켜보는 사람이 없는, 방치된

be left **unattended** 방치되다
Please do not leave your luggage **unattended.**
짐을 방치하지 마세요.

---

06 **prolonged**
[prəlɔ́:ŋd]

prolong v. 연장하다

오래 계속되는, 장기적인

prolonged exposure to ~ ~에 장기간 노출
a **prolonged** delay 장시간 지연

07 **seasoned**
[síːznd]

seasoning n. 조미료, 양념
㊌ experienced 경험 많은

경험 많은, 노련한; 양념된

seasoned professionals 경험 많은 전문가
seasoned with salt and pepper 소금과 후추로 양념된

---

08 **rechargeable**
[rìʧɑ́ːrdʒəbl]

recharge v. 재충전하다

재충전 가능한

a **rechargeable** battery 충전식 배터리
fully **rechargeable** 완전히 충전 가능한

---

09 **exquisite**
[ikskwízit, ékskwizit]

정교한; 매우 아름다운, 훌륭한

exquisite paintings 정교한 그림들
exquisite views 매우 아름다운 경치들

---

10 **versatile**
[vəːrsətl, -tàil]

㊌ adaptable 다용도의, 적응할 수 있는

다용도의, 다재다능한

a **versatile** material[tool] 다용도 자재[도구]
a **versatile** employee 다재다능한 직원

---

11 **mindful**
[máindfəl]

mindfully ad. 신중히, 주의 깊게
mind n. 마음, 정신 v. 꺼리다

~을 염두에 두는, 유념하는

be **mindful** of safety regulations 안전 규정을 유념하다
be **mindful** of others 타인을 배려하다

---

12 **recurring**
[rikə́ːriŋ]

recur v. 재발하다, 반복되다

되풀이되는, 반복되는

a **recurring** problem 반복되는 문제
a **recurring** service 정기적으로 제공되는 서비스

재옥쌤 TIP

a recurring service는 '1회 서비스(one-time service)'가 아니라 매주·매월 제공되는 정기 서비스를 말해. recurring은 '정기적으로 반복되는'의 의미로 payment, order, issue 같은 명사와 자주 써!

---

13 **unprecedented**
[ənprésidentid]

전례 없는, 유례 없는

unprecedented growth 전례 없는 성장
on an **unprecedented** scale 전례 없는 규모로

14 **neutral**
[njúːtrəl]
neutrally ad. 중립적으로

중립적인
remain politically **neutral** 정치적 중립을 지키다
a **neutral** position 중립적 입장

---

15 **receptive**
[riséptiv]
receive v. 받다, 수령하다
reception n. 접수처; 환영회
㉥ resistant 저항[반대]하는

수용적인, 잘 받아들이는
receptive to feedback[advice]
피드백[조언]을 잘 수용하는
a **receptive** audience 반응이 좋은 청중

재옥쌤 TIP
receptive는 전치사 to와 세트로 기억해! 시험에 자주 나오는 표현이야.
···› be receptive to feedback[suggestions, ideas]
피드백[제안, 아이디어]을 잘 수용하다

---

16 **perishable**
[périʃəbl]

잘 상하는, 부패하기 쉬운
perishable items 부패하기 쉬운 상품
handle **perishable** food 부패하기 쉬운 식품을 취급하다

---

17 **variable**
[vɛ́əriəbl]
vary v. 다르다, 달라지다
various a. 다양한

변하기 쉬운, 가변적인
a **variable** interest rate 변동 금리
variable results[outcomes] 변동적인 결과

---

18 **sluggish**
[slʌ́giʃ]
㉤ stagnant 침체된

느릿느릿한, 부진한, 침체된
a **sluggish** economy[market] 침체된 경제[시장]
sluggish sales 부진한 매출

---

19 **resourceful**
[risɔ́ːrsfəl]
resource n. 자원

지략 있는
a **resourceful** manager 지략 있는 관리자
a **resourceful** negotiator 수완 좋은 협상가

재옥쌤 TIP
resourceful은 '자원이 많은'이 아니라 '문제를 잘 해결하는' 또는 '지략 있는'이란 뜻이야. 주로 사람을 수식해서 a resourceful employee [manager]처럼 써!

20 **vague**
[veig]

vaguely ad. 모호하게, 어렴풋이
[유] ambiguous, obscure 애매모호한

모호한, 애매한

vague plans 모호한 계획들
a **vague** description 모호한 설명

---

21 **physical**
[fízikəl]

[반] virtual 가상의

실제의, 눈에 보이는; 신체의

a **physical** store 오프라인 매장
a **physical** address 실제 주소

재옥쌤 TIP

physical은 보통 '신체의, 물리적인'의 의미로 알고 있지만, 토익에서는 '실제의, 오프라인의'라는 뜻도 자주 보여.
··· a physical store 오프라인 매장
a physical book 종이책(전자책과 대비)
'실제로 존재한다'는 의미로 챙겨두면 헷갈리지 않을 거야!

---

22 **pertinent**
[pə́:rtənənt]

[유] relevant 관련 있는

관련 있는, 적절한

pertinent to the topic 주제와 관련 있는
several **pertinent** questions 몇 가지 적절한 질문

---

23 **rigorous**
[rígərəs]

rigorously ad. 엄격히, 철저히
[유] strict 엄격한

엄격한, 철저한

a **rigorous** development process 엄격한 개발 절차
rigorous team-building activities 철저한 팀 빌딩 활동

---

24 **incidental**
[ìnsədéntl]

incident n. 사건
incidentally ad. 우연히; 부수적으로; 그건 그렇고

부수적인, 부차적인

incidental expenses[charges] 부대 비용[요금]
These costs are **incidental** to the trip.
이 비용은 여행에 부수적으로 발생하는 것이다.

---

25 **intriguing**
[intrí:giŋ]

[유] fascinating 매혹적인, 흥미진진한

흥미로운

an **intriguing** idea 흥미로운 아이디어
an **intriguing** opportunity 흥미로운 기회

26 **intact**
[intǽkt]

손상되지 않은, 온전한

keep the documents **intact** 문서들을 온전히 보존하다
remain **intact** 온전히 남아 있다

---

27 **synthetic**
[sinθétik]

합성의, 인조의

synthetic materials 합성 소재
synthetic drugs[fabrics] 합성 약물[직물]

---

28 **flammable**
[flǽməbl]

flame n. 불꽃, 불길 v. 타오르다

불에 잘 타는, 인화성의

flammable materials[liquids] 인화성 물질[액체]
'Flammable' sticker '인화성물질 경고' 스티커

---

29 **pharmaceutical**
[fɑ̀ːrməsjúːtikəl]

pharmacy n. 약국, 약학
pharmacist n. 약사

제약의, 약학의

the **pharmaceutical** industry 제약업계
pharmaceutical manufacturers 의약품 제조업체들

---

30 **susceptible**
[səséptəbl]

~의 영향을 받기 쉬운, 취약한

be **susceptible** to criticism 비판에 쉽게 영향받다
be **susceptible** to damage 손상되기 쉽다

재옥쌤 TIP

be susceptible to는 '~에 취약하다, ~의 영향을 받기 쉽다'라는 의미로 묶어서 기억해 둬!

---

31 **indicative**
[indíkətiv]

indicate v. 나타내다, 보여주다

~을 나타내는, 보여주는

be **indicative** of ~ ~을 나타내다
be **indicative** of future growth 미래 성장을 나타내다

---

32 **stagnant**
[stǽgnənt]

stagnation n. 침체, 불황
유 sluggish 부진한

침체된, 정체된

a **stagnant** economy[market] 정체된 경제[시장]
remain **stagnant** 침체된 상태로 머무르다

33 **proactive**
[prouǽktiv]

주도적인, 앞서서 행동하는

a **proactive** approach[measure] 선제적 접근[조치]
take a **proactive** role 주도적인 역할을 하다

---

34 **instrumental**
[ìnstrəméntl]

instrument n. 도구, 악기

(~ 하는 데) 중요한; 도움이 되는

be **instrumental** in solving the problem
문제를 해결하는 데 중요한 역할을 하다
an **instrumental** role 중요한 역할

재옥쌤 TIP

instrumental은 '악기' 관련 뜻보다 〈be instrumental in ~〉 구조로 '~에 중요한 역할을 하다'로 자주 써.
→ She was instrumental in launching the new project.
그녀는 신제품 출시에 중요한 역할을 했다.

---

35 **off-limits**
[ɔ́:f limits]

출입 금지의

off-limits to A A에게 출입 금지인
The site is **off-limits** to the general public.
그 장소는 일반인들의 출입이 금지되어 있다.

---

36 **obscure**
[əbskjúər]

유 ambiguous, vague
애매한, 모호한

잘 알려지지 않은; 모호한, 애매한

an **obscure** author 무명 작가
an **obscure** explanation[regulation] 모호한 설명[규정]

---

37 **stringent**
[stríndʒənt]

stringently ad. 엄격하게

엄격한

stringent guidelines 엄격한 지침
stringent safety policies 엄격한 안전 정책들

재옥쌤 TIP

strict, rigorous, stringent 이 세 단어는 토익에서는 그냥 '엄격한'이라는 뜻으로 잡으면 돼! '규정, 기준, 검사, 요건' 앞에 붙는 게 거의 패턴이라 뉘앙스 차이는 사실 중요하지 않아.

---

38 **interim**
[íntərəm]

유 provisional 임시의, 잠정적인

임시의, 잠정적인; 중간의

an **interim** manager 임시 관리자
an **interim** report[result] 중간 보고서[결과]

39 **sturdy**
[stə́:rdi]

㊌ robust 튼튼한, 견고한

튼튼한, 견고한

a **sturdy** table 튼튼한 탁자
a **sturdy** construction 튼튼한 구조물[건축물]

---

40 **marginal**
[má:rdʒinl]

margin n. 여백; 수익; 가장자리[끝]
marginally ad. 조금, 미미하게

미미한; 중요하지 않은, 주변적인

a **marginal** improvement 미미한 개선
marginal increase[decrease] 미미한 증가[감소]

---

41 **hearty**
[há:rti]

heartily ad. 진심으로, 푸짐하게

(음식이) 푸짐한, 든든한; 진심 어린

a **hearty** meal 푸짐한 식사
a **hearty** welcome 진심 어린 환영

재옥쌤 TIP

hearty는 토익에서 음식 앞에 자주 붙어서 '푸짐하고 든든한' 느낌이야.
⋯→ a hearty breakfast 푸짐한 아침식사

---

42 **impeccable**
[impékəbl]

흠잡을 데 없는

impeccable service 흠잡을 데 없는 서비스
an **impeccable** reputation 완벽한 명성

---

43 **commensurate**
[kəménsərət]

~에 상응하는, 어울리는

commensurate benefits[compensation]
상응하는 혜택[보상]
salary **commensurate** with qualifications
자격에 상응하는 급여

재옥쌤 TIP

commensurate는 주로 전치사 with와 함께 〈be commensurate with〉로 써서 '~에 상응하다, 비례하다'라는 뜻이야.
⋯→ Salary will be commensurate with experience.
급여는 경력에 상응할 것이다.

---

44 **proprietary**
[prəpráiətèri, -təri]

proprietor n. 소유주

소유주의; 독점의

proprietary rights 소유권
a **proprietary** product 독점 제품

45 **explicit**
[iksplísit]
explicitly ad. 분명하게

명백한, 분명한; 명시적인

explicit permission to use images
이미지 사용에 대한 명시적 허가
explicitly state 분명히 언급하다

---

46 **predominant**
[pridámənənt]
predominantly ad. 주로, 대체로

두드러진, 주요한

a **predominant** feature 두드러진 특징
a **predominant** role[factor] 주요 역할[요인]

재옥쌤 TIP

predominant vs. dominant 비슷하게 생겼지만 의미는 좀 달라.
▶ predominant 눈에 띄는, 두드러진
⋯→ a predominant feature 두드러진 특징
▶ dominant 힘이나 영향력에서 지배적인
⋯→ a dominant company 시장 내 지배적 위치를 가진 회사

---

47 **reminiscent**
[rèmənísnt]

~을 연상시키는

be **reminiscent** of ~ ~을 연상시키다
a style **reminiscent** of the 1980s
1980년대를 연상시키는 스타일

---

48 **vulnerable**
[vʌ́lnərəbl]

취약한, 연약한

be **vulnerable** to ~ ~에 취약하다
vulnerable groups 취약 계층

---

49 **prevalent**
[prévələnt]
prevalence n. 널리 퍼짐, 유행

널리 퍼져 있는, 일반적인

a **prevalent** practice 흔히 있는 관행
prevalent among ~ ~ 사이에 널리 퍼진

---

50 **pessimistic**
[pèsəmístik]
반 optimistic 낙관적인

비관적인, 회의적인

a **pessimistic** outlook[view] 비관적인 전망[견해]
be **pessimistic** about the future
미래에 대해 비관적이다

REVIEW TEST

정답 p.352

♦ Check After You Study 이제 이 단어들을 마스터했는지 확인해보세요.

- ☐ customary
- ☐ persistent
- ☐ robust
- ☐ successive
- ☐ unattended
- ☐ prolonged
- ☐ seasoned
- ☐ rechargeable
- ☐ exquisite
- ☐ versatile
- ☐ mindful
- ☐ recurring
- ☐ unprecedented
- ☐ neutral
- ☐ receptive
- ☐ perishable
- ☐ variable
- ☐ sluggish
- ☐ resourceful
- ☐ vague
- ☐ physical
- ☐ pertinent
- ☐ rigorous
- ☐ incidental
- ☐ intriguing
- ☐ intact
- ☐ synthetic
- ☐ flammable
- ☐ pharmaceutical
- ☐ susceptible
- ☐ indicative
- ☐ stagnant
- ☐ proactive
- ☐ instrumental
- ☐ off-limits
- ☐ obscure
- ☐ stringent
- ☐ interim
- ☐ sturdy
- ☐ marginal
- ☐ hearty
- ☐ impeccable
- ☐ commensurate
- ☐ proprietary
- ☐ explicit
- ☐ predominant
- ☐ reminiscent
- ☐ vulnerable
- ☐ prevalent
- ☐ pessimistic

♦ Fill In the Blanks 문맥에 알맞은 말을 골라 빈칸을 채우세요. (필요시 적절한 형태로)

physical	recurring	stagnant	seasoned	instrumental	successive

1 The company reported profits for five ____________ quarters.
그 회사는 5분기 연속으로 이익을 보고했다.

2 ____________ charges will be made to this card monthly.
이 카드로 매월 정기 결제가 청구됩니다.

3 He prefers to submit a ____________ copy of a form.
그는 서식의 종이 사본을 제출하는 것을 선호한다.

4 Our company hires only ____________ experts in the field.
우리 회사는 해당 분야에서 경험이 풍부한 전문가들만 채용한다.

5 The economy has been ____________ for several years without growth.
경제가 몇 년간 침체되어 성장하지 못했다.

6 Their partnership was ____________ in expanding the business overseas.
그들의 협력은 해외 사업 확장에 중요한 역할을 했다.

DAY **30** # 형용사 2

Check Before You Study

학습을 시작하기 전에, 아는 단어와 모르는 단어를 빠르게 점검해보세요.

☐ leading	☐ managerial	☐ delinquent
☐ costly	☐ persuasive	☐ nominal
☐ equal	☐ firsthand	☐ imaginary
☐ promising	☐ liable	☐ mounting
☐ charitable	☐ obsolete	☐ wary
☐ utmost	☐ perpetual	☐ adept
☐ fabulous	☐ hostile	☐ unwavering
☐ anxious	☐ provisional	☐ lax
☐ recreational	☐ exemplary	☐ groundbreaking
☐ imperative	☐ tedious	☐ sporadic
☐ accomplished	☐ on call	☐ viable
☐ exotic	☐ unbiased	☐ succinct
☐ thrifty	☐ leisurely	☐ savvy
☐ harsh	☐ undeniable	☐ volatile
☐ unbeatable	☐ arbitrary	☐ discretionary
☐ subtle	☐ redeemable	☐ philanthropic
☐ intuitive	☐ upscale	

01 **leading**
[líːdiŋ]
lead v. 이끌다 a. 선임의, 수석의
leader n. 지도자, 선도 기업

가장 중요한, 선도적인, 선두의
a **leading** company 선도 기업
leading experts 주요 전문가들

---

02 **costly**
[kɔ́ːstli]
cost n. 비용 v. 비용이 들다

비용이 많이 드는, 값비싼
a **costly** mistake 대가가 큰 실수
a **costly** delay 비용을 많이 초래하는 지연

재옥쌤 TIP
-ly로 끝나지만 형용사라는 점만 주의해!

---

03 **equal**
[íːkwəl]
equally ad. 똑같이, 동등하게

동일한, 평등한 v. ~과 같다 n. 동등한 것[사람]
Profits are **equal** to last year's figures.
수익이 작년 수치와 같다.
The manager is **equal** to the task of ~.
그 관리자는 ~ 업무를 감당할 수 있다.

재옥쌤 TIP
〈be equal to ~〉는 '~와 같다'는 뜻도 있지만, 토익에서는 '~을 감당하다, 해낼 수 있다'의 의미로 자주 쓰여.
··· be equal to the task[challenge, responsibility]
그 업무[도전, 책임]를 감당할 수 있다

---

04 **promising**
[prámisiŋ]
promise n. 약속; 장래성
v. 약속하다; ~일 것 같다

유망한, 전망이 좋은
a **promising** candidate 유망한 후보자
promising results 전망이 좋은 결과

---

05 **charitable**
[ʧǽritəbl]
charity n. 자선, 자선 단체
㊌ philanthropic 자선의

자선의; 관대한
a **charitable** organization 자선 단체
charitable donations 자선 기부

---

06 **utmost**
[ʌ́tmòust]

최대한의, 극도의
utmost care 최대한의 주의
With the **utmost** respect, we must decline your offer. 깊은 존경을 담아 귀하의 제안을 정중히 거절합니다.

07 **fabulous**
[fǽbjuləs]

멋진, 엄청난, 훌륭한

a **fabulous** opportunity 엄청난 기회
Enjoy a **fabulous** stay with us!
저희와 함께 멋진 숙박을 즐기세요!

---

08 **anxious**
[ǽŋkʃəs]

anxiously ad. 걱정스럽게; 간절히
anxiety n. 불안, 염려; 열망
㊤ worried, concerned 걱정하는
eager 간절히 바라는

불안해하는, 걱정하는; 열망하는

be **anxious** about the result 결과에 대해 불안해하다
be **anxious** to meet the deadline
마감을 맞추기를 간절히 원하다

재옥쌤 TIP

anxious는 두 가지 뜻이 시험에 나와. 잘 구분해 둬!
▶ anxious about ~ ~을 걱정하는
▶ anxious to do 간절히 ~하고 싶어하는

---

09 **recreational**
[rèkriéiʃənəl]

recreation n. 오락, 레저

오락의, 레저의

recreational activities[facilities] 오락 활동[시설]
recreational use 레저용

---

10 **imperative**
[impérətiv]

필수적인, 반드시 해야 하는

it is **imperative** that 주어 + 동사 반드시 ~해야 한다
imperative measures 필수 조치

---

11 **accomplished**
[əkάmpliʃt]

accomplish v. 이루다, 성취하다
accomplishment n. 성취, 업적

뛰어난, 성공한, 능숙한

an **accomplished** writer 뛰어난 작가
a notable **accomplishment** 주목할 만한 업적

---

12 **exotic**
[igzάtik]

이국적인; 외국의

an **exotic** location 이국적인 장소
exotic cuisine 이국적인 요리

---

13 **thrifty**
[θrífti]

thrift n. 절약, 검소
㊤ frugal 절약하는, 검소한
economical 경제적인; 절약하는

절약하는, 검소한

a **thrifty** shopper[consumer] 알뜰한 소비자
thrifty habits 절약하는 습관

14 **harsh**
[haːrʃ]

harshly ad. 가혹하게, 혹독하게
㊌ severe 심각한, 가혹한

가혹한, 혹독한

harsh weather conditions 혹독한 기상 조건
harsh criticism 가혹한 비판

---

15 **unbeatable**
[ənbíːtəbəl]

beat v. 이기다
㊌ invincible 무적의
unrivaled 비할 데 없는
㊉ beatable 이길 수 있는

이길 수 없는, 더 이상 좋을 수 없는

an **unbeatable** price[service]
더 이상 좋을 수 없는 가격[서비스]
an **unbeatable** record 깨질 수 없는 기록

---

16 **subtle**
[sʌtl]

미묘한, 감지하기 힘든; 섬세한

a **subtle** difference[change] 미묘한 차이[변화]
a **subtle** approach 섬세한 접근

---

17 **intuitive**
[intjúːətiv]

intuitively ad. 직관적으로
intuition n. 직관
㊌ user-friendly 사용하기 쉬운

직관적인, 이해[사용]하기 쉬운

an **intuitive** design 직관적인 디자인
an **intuitive** system[interface]
이해하기 쉬운 시스템[인터페이스]

---

18 **managerial**
[mæ̀nidʒíəriəl]

manager n. 관리자, 경영자
manageable a. 관리[감당]할 수 있는

관리(자)의, 경영(자)의

a **managerial** position 관리직
managerial experience 관리 경험

재옥쌤 TIP

managerial vs. manageable 비슷하게 생겼지만 의미는 전혀 달라.
▶ managerial 관리의
→ a managerial position 관리직
managerial skills 관리 능력
▶ manageable 감당 가능한
→ a manageable task 감당할 수 있는 업무
manageable workload 감당 가능한 업무량

---

19 **persuasive**
[pərswéisiv]

persuade v. 설득하다
persuasively ad. 설득력 있게
㊌ convincing 설득력 있는

설득력 있는

a **persuasive** argument 설득력 있는 주장
persuasive evidence 설득력 있는 증거

20 **firsthand**
[fərsthǽnd]
반 secondhand 간접의; 중고의

직접의, 직접 얻은 ad. 직접, 바로

firsthand experience[knowledge] 직접 얻은 경험[지식]
deal with customers **firsthand** 고객을 직접 상대하다

---

21 **liable**
[láiəbl]

책임이 있는; ~하기 쉬운, ~할 가능성이 있는

be **liable** for damages 손상에 대해 책임이 있다
be **liable** to change[delay] 변하기[지연되기] 쉽다

재옥쌤 TIP
▶ be liable for는 '~에 대해 책임이 있다'
▶ be liable to do는 '~하기 쉽다, ~할 가능성이 있다'는 뜻이야.
전치사 for냐 to부정사냐에 따라 의미가 완전히 달라!

---

22 **obsolete**
[àbsəlíːt]
유 outdated, old-fashioned 구식의

더 이상 쓰이지 않는, 구식의

obsolete equipment 구식 장비
obsolete technology 시대에 뒤떨어진 기술

---

23 **perpetual**
[pərpétʃuəl]

영구적인; 끊임없는

a **perpetual** license[contract] 영구 사용권[계약]
perpetual problems 끊임없는 문제

---

24 **hostile**
[hástl, hɔ́stail]
hostility n. 적대감, 반감

적대적인

a **hostile** takeover 적대적 인수
a **hostile** environment 적대적인 환경

---

25 **provisional**
[prəvíʒənl]
provisionally ad. 잠정적으로
provision n. 공급; 조항; 준비
유 temporary, interim, tentative 임시의, 잠정적인

임시의, 잠정적인

a **provisional** agreement[schedule] 잠정 합의[일정]
a **provisional** measure 임시 조치

재옥쌤 TIP
provisional, temporary, interim, tentative는 미묘한 차이는 있지만, '임시·잠정'으로 기억해도 무리는 없어!

26 **exemplary**
[igzémpləri]

exemplar n. 모범, 본보기

모범적인, 훌륭한

an **exemplary** leader 모범적인 리더
exemplary performance 훌륭한 성과

---

27 **tedious**
[tíːdiəs]

tediously ad. 지루하게
㊐ monotonous 단조로운, 지루한

지루한, 따분한

a **tedious** task 지루한 업무
a **tedious** process 지루한 과정

---

28 **on call**
[ən kɔ́ːl]

대기 중인

Technicians are **on call.** 기술자들이 대기 중이다.
staff **on call** 대기 중인 직원들

---

29 **unbiased**
[ənbáiəst]

bias n. 편견, 성향 v. 편견을 갖게 하다
㊐ impartial 공정한
㊉ biased 편향된

선입견[편견] 없는, 공정한

an **unbiased** evaluation 선입견 없는(객관적인) 평가
unbiased[biased] news coverage
공정한[편향된] 뉴스 보도

---

30 **leisurely**
[líːʒərli, lé-]

leisure n. 여가, 자유 시간

느긋한, 여유 있는 ad. 느긋하게

a **leisurely** walk 느긋한 산책
leisurely lunch 여유로운 점심

재옥쌤 TIP
leisurely는 형용사·부사 둘 다 되지만, 토익에서는 주로 형용사로 등장해.

---

31 **undeniable**
[əndináiəbl]

undeniably ad. 명백히, 틀림없이
㊐ indisputable 논쟁의 여지 없는

부정할 수 없는, 명백한

undeniable evidence 부정할 수 없는 증거
an **undeniable** advantage 명백한 이점

---

32 **arbitrary**
[áːrbətrèri, -trəri]

arbitrarily ad. 자의적으로

임의의, 독단적인, 자의적인

an **arbitrary** decision 자의적인 결정
arbitrary rules 임의적 규칙

33 **redeemable**
[ridíːməbl]

redeem v. 교환[사용]하다; 상환하다

(현금·상품 등으로) 교환 가능한, 사용 가능한

redeemable points 교환 가능한 포인트
Coupons are **redeemable** at any participating store. 쿠폰은 모든 참여 매장에서 사용 가능합니다.

---

34 **upscale**
[ʌ́pskèil]

㊄ high-end 고급의

고급의, 상류층 대상의

an **upscale** restaurant 고급 레스토랑
upscale clientele 상류 고객층

---

35 **delinquent**
[dilíŋkwənt]

delinquency n. 연체, 체납
㊄ overdue 연체된

연체된, 체납된

a **delinquent** account 연체 계정
delinquent payment 연체금, 미납금

---

36 **nominal**
[námənl]

명목상의, 형식적인; (금액이) 아주 적은

a **nominal** charge[fee] 형식적인 요금
pay a **nominal** amount 소액을 지불하다

---

37 **imaginary**
[imǽdʒənèri]

imagine v. 상상하다
imaginative a. 창의적인
imaginable a. 상상할 수 있는

가상의, 실제로 존재하지 않는

imaginary figures 가상의 인물들
an **imaginary** situation 가정 상황

재옥쌤 TIP

다음의 세 형용사는 모두 동사 imagine에서 파생되었지만, 의미는 완전히 달라.

▶ imaginary 존재하지 않는, 가상의
⋯→ an imaginary situation 가상의 상황
▶ imaginative 창의적인
⋯→ an imaginative idea 창의적인 아이디어
▶ imaginable 상상할 수 있는
⋯→ every imaginable option 상상할 수 있는 모든 선택

---

38 **mounting**
[máuntiŋ]

mount v. 설치하다; 증가하다
n. 거치대
㊄ growing, increasing 증가하는

증가하는, 커져가는

mounting costs 증가하는 비용
mounting concerns 점점 커지는 우려

39 **wary**
[wέəri]
㊌ cautious 조심하는

경계하는, 조심하는

be **wary** of ~ ~을 조심하다
a **wary** investor 조심스러운 투자자

---

40 **adept**
[ədépt]
adeptly ad. 능숙하게
㊌ proficient, skilled 능숙한, 숙련된

능숙한, 숙련된

be **adept** at using software 소프트웨어 사용에 능숙하다
be **adept** at multitasking 여러 업무를 동시에 처리하는 데 능숙하다

재옥쌤 TIP
adept는 거의 항상 〈be adept at ~〉 형태로 쓰여.

---

41 **unwavering**
[ənwéivəriŋ]
waver v. 흔들리다, 주저하다
㊇ wavering a. 흔들리는

변함없는, 확고한

unwavering commitment 변함없는 헌신
unwavering confidence[belief] 확고한 자신감[신념]

---

42 **lax**
[læks]
㊇ strict, rigorous, rigid 엄격한

느슨한, 해이한, 소홀한

lax safety standards 느슨한 안전 기준
lax enforcement of regulations 규정의 허술한 집행

---

43 **groundbreaking**
[gráundbreikiŋ]

획기[혁신]적인 n. 기공식

a **groundbreaking** discovery 획기적인 발견
a **groundbreaking** (ceremony) 기공식

재옥쌤 TIP
groundbreaking은 형용사로 '혁신적인', 명사로 '착공식(공사 개시 행사)'이라는 뜻이 있어. 파트 7 지문에서 '공사 시작 행사' 의미로 등장한 적이 있으니까 꼭 함께 기억해!

---

44 **sporadic**
[spərǽdik]
sporadically ad. 산발적으로
㊌ intermittent 간헐적인
occasional 가끔의

산발적인, 이따금 일어나는

sporadic outages[delays] 이따금 발생하는 정전[지연]
sporadic attendance 드문드문한 출석

45 **viable**
[váiəbl]
viability n. 실행[성공] 가능성
㊥ feasible 실행 가능한

실행[실현] 가능한, 성공할 수 있는

a **viable** solution[option] 실행 가능한 해결책[선택지]
make the company financially **viable**
회사를 재정적으로 성공할 수 있게 만들다

---

46 **succinct**
[səksíŋkt]
succinctly ad. 간결하게
㊥ concise 간결한

간결한

a **succinct** summary[explanation] 간결한 요약[설명]
a **succinct** speech 간결한 연설

---

47 **savvy**
[sǽvi]

잘 아는, 요령 있는 n. 지식, 상식

a tech-**savvy** employee IT에 능숙한 직원
a marketing-**savvy** manager 마케팅에 밝은 관리자

재옥쌤 TIP

savvy는 토익에서 tech-savvy, marketing-savvy처럼 복합 형용사로 자주 나와!

---

48 **volatile**
[válətil, vɔ́lətàil]
volatility n. 불안정성, 변동성
㊥ unstable 불안정한
fluctuating 변동이 있는

불안정한, 변덕스러운

a **volatile** market[situation] 불안정한 시장[상황]
highly **volatile** prices 매우 불안정한 가격

---

49 **discretionary**
[diskréʃənèri, -nəri]
discretion n. 재량(권); 신중함
discretionally ad. 자유 재량으로

자유 재량의, 임의로 정할 수 있는

cut **discretionary** spending 재량 지출을 줄이다
discretionary funds 재량 기금

재옥쌤 TIP

discretionary spending은 '안 써도 되는 돈, 선택해서 쓰는 비용'이야. 여행비 · 외식비 · 취미비처럼 필수 지출이 아닌 항목을 뜻해!

---

50 **philanthropic**
[fìlənθrápik]
philanthropist n. 자선가
㊥ charitable 자선의

자선의, 박애주의적인

philanthropic activities 자선 활동
a **philanthropic** foundation 자선 재단

REVIEW TEST

정답 p.352

✦ Check After You Study 이제 이 단어들을 마스터했는지 확인해보세요.

- ☐ leading
- ☐ costly
- ☐ equal
- ☐ promising
- ☐ charitable
- ☐ utmost
- ☐ fabulous
- ☐ anxious
- ☐ recreational
- ☐ imperative
- ☐ accomplished
- ☐ exotic
- ☐ thrifty
- ☐ harsh
- ☐ unbeatable
- ☐ subtle
- ☐ intuitive
- ☐ managerial
- ☐ persuasive
- ☐ firsthand
- ☐ liable
- ☐ obsolete
- ☐ perpetual
- ☐ hostile
- ☐ provisional
- ☐ exemplary
- ☐ tedious
- ☐ on call
- ☐ unbiased
- ☐ leisurely
- ☐ undeniable
- ☐ arbitrary
- ☐ redeemable
- ☐ upscale
- ☐ delinquent
- ☐ nominal
- ☐ imaginary
- ☐ mounting
- ☐ wary
- ☐ adept
- ☐ unwavering
- ☐ lax
- ☐ groundbreaking
- ☐ sporadic
- ☐ viable
- ☐ succinct
- ☐ savvy
- ☐ volatile
- ☐ discretionary
- ☐ philanthropic

✦ Fill In the Blanks 문맥에 알맞은 말을 골라 빈칸을 채우세요. (필요시 적절한 형태로)

managerial	costly	imperative	delinquent	obsolete	unbiased

1 It is ____________ that we complete the project by Friday.
우리는 금요일까지 프로젝트를 반드시 완료해야 한다.

2 Delaying the launch could be a ____________ decision.
출시를 미루는 것은 비용이 많이 드는 결정이 될 수 있다.

3 The hiring process must be fair and ____________.
채용 과정은 공정하고 편견이 없어야 한다.

4 The software has become ____________ and is no longer supported.
그 소프트웨어는 더 이상 사용되지 않으며, 지원도 중단되었다.

5 The company is looking for someone with ____________ experience.
회사는 관리 경험이 있는 사람을 찾고 있다.

6 Please contact the client to resolve the ____________ balance.
연체 잔액을 해결하기 위해 고객에게 연락하세요.

ACTUAL TEST CHAPTER 03

1 Assembly line workers may have facial hair as long as it does not ------- with their work.

(A) affect (B) disrupt
(C) interfere (D) compromise

2 Candidates may be asked to provide ------- of their qualifications in the form of diplomas, certificates, etc.

(A) access (B) renewal
(C) evidence (D) compensation

3 The rapid speed at which technology becomes ------- makes it even more important to find a cost-effective way to recycle outdated electronic devices.

(A) persistent (B) obsolete
(C) separate (D) crucial

4 Renarc Co.'s model building kits feature ------- labeled pieces that can be assembled with minimum effort.

(A) extremely (B) remotely
(C) promptly (D) explicitly

5 The committee proposed ------- the Sparks and Corgan courts in a new building to be located in western Corgan.

(A) expediting (B) consolidating
(C) delegating (D) waiving

6 Frigigo's refrigerated trucks ensure that food items do not undergo dangerous ------- in temperature during delivery.

(A) fluctuations (B) boundaries
(C) sensations (D) standards

7 During one impressive period in her directing career, Ms. Lu earned ------- Mauller Awards for *Hand to Hand* and *The Renwicks*.

(A) successive (B) thorough
(C) mandatory (D) compatible

8 Our consistently high customer satisfaction ratings ------- the excellent quality of our product line.

(A) transmit (B) reflect
(C) deliver (D) arrange

정답 p.352

Questions 9-10 refer to the following information.

Caring for Your Oakfirth Tent

You can significantly extend the life of your Oakfirth-brand camping tent by following these guidelines. First, make sure it is clean before putting it into storage for more than a few days. Use a cloth to wipe away small amounts of dirt. If the tent must be washed, do not expose it to detergents or other cleaning fluids that contain ---9--- chemicals. Instead, obtain a specially-made tent-cleaning liquid or mix mild powdered soap with cold water. Gently scrub the inner and outer surfaces of the tent with a sponge. Then, allow it to ---10--- completely before packing it in the provided bag.

9 (A) steep
(B) harsh
(C) timely
(D) automated

10 (A) dry
(B) cool
(C) fill
(D) harden

Question 11 refers to the following notification message.

Your Time-Off Request Has Been Approved

Name: Linda Hooper | **Department:** Finance
Start Date: October 13 | **Time:** 1 P.M.
End Date: October 13 | **Time:** 5 P.M.
Total Hours: 4
Type of Time Off: Volunteer Time Off

Comments: I will use the time to help with an event that United Ormesfield is holding on that day. I have not previously used any Volunteer Time Off.

11 The word “holding” in paragraph 1, line 2, is closest in meaning to
(A) presiding over (B) remaining true (C) grasping (D) enduring

재옥쌤의

기출족보

01	빈출 불가산명사 / -ing형 명사
02	1형식 자동사
03	각 형식 동사
04	빈출 구동사
05	동명사 / to부정사를 목적어로 취하는 동사
06	수량 형용사
07	be + 형용사 + 전치사 / be + 형용사 + to부정사
08	구전치사 / 수동태 + 전치사
09	특정 대상과 어울리는 부사
10	접속부사
11	전치사 vs. 접속사
12	감정 동사의 분사

기출족보 1 빈출 불가산명사 / -ing형 명사

불가산명사

information 정보
approval 승인
equipment 장비
processing 처리
interest 관심, 흥미
machinery 기계류
negligence 부주의
luggage, baggage 수하물
manufacture 제조
stationery 문구류
furniture 가구
access 접근

knowledge 지식
employment 고용
feedback 의견
merchandise 상품
permission 허락
advice 조언
research 연구
mail 우편물
clothing 의류
attendance 참석
paperwork 서류 (작업)
attention 관심, 주의

-ing형 명사

불가산

processing 처리
seating 좌석 배치
ticketing 티켓 발급
funding 자금 지원
housing 주택 공급
accounting 회계
planning 계획 수립
pricing 가격 책정
recycling 재활용
training 훈련
borrowing 대출

handling 처리
photocopying 복사
banking 은행 업무
founding 설립
spending 지출
packaging 포장재
boarding 탑승
advertising 광고
cleaning 청소
shipping 배송
manufacturing 제조업
widening 확장

가산

serving 1인분 음식
sighting 목격
showing 상영
meaning 의미
opening 공석

복수형 고정

earnings 수익
findings 결과물
belongings 소지품
savings 저축

기출족보 2 1형식 자동사

1형식 자동사

appear 나타나다
arise 발생하다
arrive 도착하다
belong 속하다
collaborate 협력하다
commute 통근하다
consist 구성되다
deviate 벗어나다
depart 출발하다
differ 다르다
disappear 사라지다
emerge 나타나다
exist 존재하다
expire 만료되다
excel 뛰어나다
evolve 발달하다
fall 떨어지다
fluctuate 변동하다
function 기능하다
happen 발생하다
hesitate 망설이다
last 지속하다
occur 발생하다
persist 지속되다
persevere 인내하다
preside 주재하다
proceed 진행되다
reside 거주하다
rise 오르다
stay 머무르다
struggle 애쓰다
surge 급증하다
thrive 번영하다
vanish 사라지다
vary 달라지다
work 일하다

1형식 자동사 + 전치사

compensate for ~에 대해 보상하다
apply for ~에 지원하다
apply to ~에 적용되다
account for ~을 설명하다, 차지하다
search for ~을 찾다, 검색하다
refer to ~을 언급하다, 참고하다
agree to[with] ~에 동의하다
object to ~에 반대하다
consent to ~에 동의하다
respond to ~에 대답하다, 반응하다
conform to (규칙 · 기준을) 준수하다
adhere to (원칙 · 신념 등을) 고수하다
correspond to ~와 일치하다
insist on ~을 주장하다
rely[depend] on ~에 의존하다
comment on ~에 대해 논평하다
concentrate[focus] on ~에 집중하다
remark on ~에 대해 의견을 말하다
deal with ~을 다루다, 처리하다
coincide with ~와 동시에 일어나다
comply with (규칙 · 요구를) 준수하다, 따르다
interfere with ~을 방해하다
cooperate with ~와 협력하다
compete with ~와 경쟁하다
specialize in ~을 전문으로 하다
enroll in, register for ~에 등록하다
benefit[profit] from ~로부터 이익을 얻다
refrain from ~을 삼가다
dispose of ~을 버리다, 처리하다
inquire about ~에 대해 문의하다

기출족보 3 각 형식 동사

2형식

become, turn, get, grow, go, come
~이 되다
be ~이다
remain, stay ~으로 남다
prove ~으로 판명되다
seem, appear ~인 것 같다
look ~처럼 보이다
feel ~으로 느끼다
sound ~하게 들리다
taste ~한 맛이 나다
smell ~한 냄새가 나다

4형식

buy …에게 ~을 사 주다
give …에게 ~을 주다
lend …에게 ~을 빌려주다
show …에게 ~을 보여 주다
charge …에게 ~을 청구하다
award …에게 ~을 (상으로) 주다
bring …에게 ~을 가져다주다
cost …에게 ~ 비용이 들게 하다
send …에게 ~을 보내다
tell …에게 ~을 말해 주다
offer …에게 ~을 제공하다
guarantee …에게 ~을 보장하다
teach …에게 ~을 가르치다
pay …에게 ~을 지불하다

5형식

목적격 보어 자리 - 형용사, 명사

make 만들다
keep 유지하다
consider, deem, find, think 간주하다, 여기다
leave 남겨두다
appoint 임명하다
name, call 부르다
elect, vote 선출하다, 투표하다

목적격 보어 자리 - 동사원형

make, let, have 시키다
help 도와주다

목적격 보어 자리 - to부정사

ask, require, invite 요청하다, 요구하다
allow, permit, enable 허락하다, ~하게 하다
persuade, convince 설득하다
encourage 장려하다
inspire, motivate 동기 부여 하다
force, compel 강요하다
instruct 지시하다
urge 재촉하다
advise 조언하다
remind 상기시키다
expect 기대하다

기출족보 4 빈출 구동사

add up to 합계가 ~이 되다
back up 지지하다, 지원하다
bring about (변화·결과를) 초래하다
bring up (화제를) 꺼내다, 언급하다
call off 취소하다
carry on 계속하다
carry out 수행하다, 실행하다
catch up (with) 따라잡다
check in with ~와 연락하다
come across 우연히 만나다, 발견하다
come along 되어 가다, 진행되다
come up with (아이디어를) 내다, 고안하다
cut back (on) ~을 줄이다
drop off 내려 주다, 두고 가다
end up 결국 ~하게 되다
fall through (계획 등이) 무산되다, 실패하다
get along with ~와 잘 지내다
give in 굴복하다, 양보하다
go over 검토하다, 점검하다
go through 겪다; 살펴보다, 검토하다
hand in (보고서·과제 등을) 제출하다
hand out (자료·인쇄물 등을) 나눠주다
hold off (on) 연기하다, 미루다
jot down (간단히) 적다, 메모하다
keep up with 뒤처지지 않다, 따라잡다
look after 돌보다, 챙기다
look into 조사하다, 검토하다
look over 살펴보다, 검토하다
look[check] through 훑어보다, 검토하다
make up for 보상하다, 만회하다
pay off 성과를 내다; (빚을) 갚다
pick up (물건을) 집다; (사람을) 태우다; 습득하다
point out (문제·오류 등을) 지적하다
put off 미루다, 연기하다
put on hold 보류하다, 중단하다
put together (모아서) 조립하다, 작성하다
ring up (계산대에서) 계산하다, 합산하다
run into 우연히 만나다; (문제에) 부딪히다
set aside 따로 두다, (특정 용도로) 확보하다
set up 설치하다, 설립하다, 준비하다
show up 나타나다, 참석하다
sign up 등록하다, 가입하다
single out 선발하다, 지목하다
stand out 두드러지다, 눈에 띄다
switch on (스위치를) 켜다
take down 해체하다, 철거하다; 기록하다
take on (일·책임을) 떠맡다
take over 인수하다, 떠맡다
take up (시간·공간을) 차지하다; ~을 시작하다
tune in 시청하다, 청취하다
turn around 호전되다, 개선하다
turn down 거절하다; (소리·세기를) 줄이다
turn in 제출하다
turn up 나타나다; (소리·세기를) 높이다
use up 다 써버리다
watch out for ~을 조심하다, 주의하다
wear out 닳다, 닳게 하다
work out 운동하다; (문제 등을) 풀다, 해결하다

기출족보 5 동명사 / to부정사를 목적어로 취하는 동사

동명사를 목적어로 취하는 동사

finish -ing ~을 끝내다
quit -ing ~을 그만두다
give up -ing ~을 포기하다
stop -ing ~을 멈추다
discontinue -ing ~을 중단하다
postpone -ing ~을 미루다
delay -ing ~을 미루다
deny -ing ~을 부인하다
dislike -ing ~을 싫어하다
consider -ing ~을 고려하다

admit -ing ~을 인정하다
keep -ing 계속 ~하다
suggest -ing ~을 제안하다
recommend -ing ~을 추천하다
include -ing ~을 포함하다
mind -ing ~을 꺼리다
enjoy -ing ~을 즐기다
avoid -ing ~을 피하다
appreciate -ing ~에 감사하다
risk -ing ~을 감수하다

to부정사를 목적어로 취하는 동사

plan to do ~할 것을 계획하다
promise to do ~할 것을 약속하다
expect to do ~하기를 기대하다
want to do ~하기를 원하다
hope to do ~하기를 희망하다
intend to do ~하기를 의도하다
tend to do ~하는 경향이 있다
afford to do ~할 여유가 있다
offer to do ~하겠다고 제안하다
decide to do ~하기로 결정하다
choose to do ~하기로 선택하다

refuse to do ~하기를 거절하다
fail to do ~하지 못하다
try to do ~하려고 애쓰다
strive to do ~하려고 애쓰다
seek to do ~하려고 노력하다
agree to do ~하기로 동의하다
manage to do 가까스로 ~하다
attempt to do ~하려고 시도하다
hesitate to do ~하기를 주저하다
aim to do ~하기를 목표로 하다
prepare to do ~하려고 준비하다

기출족보 6 수량 형용사

가산명사		불가산명사	가산명사/불가산명사	
단수	복수		가산 복수 & 불가산	가산 단수/복수 & 불가산
a(n), one 하나의	many, numerous 많은	much 많은	all 모든	
another 다른	several, a few 몇몇의	a great amount[deal] of 많은	most 대부분의	
each 각각의	few 거의 없는	a little 약간의	other 다른	
every 모든	both 둘 다	little 거의 없는	more 더 많은	
either 둘 중 하나의	these/those 이/저	less 더 적은	a lot of, lots of, plenty of 많은	any 몇몇의, 어떤
neither 둘 중 어느 쪽도 아닌	a couple of 두서넛의		half 절반의	no 어떤 ~도 없는
the[a] single 하나의	a number of 많은		some 몇몇의	
the entire, the whole 전체의	a series of 일련의			
	various, multiple 다양한		a selection [variety, range] of 다양한	

기출족보 7 be + 형용사 + 전치사 / be + 형용사 + to부정사

be + 형용사 + 전치사

be responsible[accountable] for ~에 책임이 있다
be famous[notable, renowned] for ~으로 유명하다
be eligible for ~할 자격이 있다
be entitled to ~할 자격이 있다
be eager for ~을 열망하다
be appropriate[suitable, suited] for ~에 적합하다
be relevant[related] to ~와 관련되다
be responsive to ~에 응답하다
be equivalent to ~와 동등하다
be beneficial to ~에 유익하다
be subject to ~의 영향을 받다, ~하기 쉽다
be accessible to ~에 접근할[이용할] 수 있다
be comparable[similar] to ~와 유사하다
be equal to ~와 같다
be vulnerable to ~에 취약하다
be exempt from ~에서 면제되다
be compatible with ~와 호환 가능하다
be consistent with ~와 일치하다
be compliant with ~을 준수하다
be compared with[to] ~와 대조되다[비교되다]
be familiar with ~에 익숙하다
be capable of ~할 능력이 있다
be aware[conscious, cognizant] of ~을 알고 있다
be critical of ~에 비판적이다
be skeptical of ~에 회의적이다
be representative of ~을 대표하다
be appreciative of ~에 감사하다
be indicative of ~을 나타내다
be considerate of ~을 배려하다
be enthusiastic about ~에 대해 열성적이다
be optimistic[positive] about ~에 대해 낙관적이다
be contingent[dependent, reliant] on ~에 달려 있다, 의존하다

be + 형용사 + to부정사

be pleased[happy] to do ~해서 기쁘다
be free to do 마음껏 ~하다
be hesitant to do ~하기를 주저하다
be reluctant to do ~하기를 꺼리다
be eager[anxious] to do ~하기를 열망하다
be eligible[entitled] to do ~할 자격이 있다
be set[due] to do ~할 예정이다
be able to do ~할 수 있다
be likely[liable, apt] to do ~할 것 같다, ~하기 쉽다
be about to do 막 ~하려고 하다
be proud to do ~하게 되어 기쁘다, 영광이다
be sure to do 반드시 ~하다
be willing to do 기꺼이 ~하다
be ready[prepared] to do ~할 준비가 되다
be supposed[scheduled] to do ~할 예정이다

기출족보 8 구전치사 / 수동태 + 전치사

구전치사

in advance of ~에 앞서, ~ 이전에
in the process of ~하는 과정에서
in the heart of ~의 중심부에
as part of ~의 일부로
due to ~ 때문에
as a result of ~의 결과로
in response to ~에 대한 응답으로, 대응하여
in keeping with ~에 맞게, ~에 따라
because of ~ 때문에
in relation to ~와 관련하여
by way of ~을 거쳐, ~을 통해
in celebration of ~을 기념하여
in compliance with ~을 준수하여, ~에 따라
in honor of ~을 기려, ~을 축하하여
in favor of ~을 지지하여, ~에 찬성하여
except for ~을 제외하고
in accordance with ~에 따라서, ~에 부합하여
in addition to ~에 더하여
in case of ~의 경우에
in charge of ~을 담당하는
in observance of ~을 준수하여
in preparation for ~에 대비하여
in place of ~ 대신에
on account of ~ 때문에
in line with ~에 따라서, ~와 일치하여
in proportion to ~에 비례하여
in excess of ~을 초과하여
in pursuit of ~을 추구하여
in connection with ~와 관련하여
in opposition to ~에 반대하여

수동태 + 전치사

be satisfied with ~에 만족하다
be pleased[delighted] with ~에 기쁘다
be equipped[outfitted] with ~을 갖추고 있다
be associated[concerned] with ~와 관련되다
be concerned about ~을 걱정하다
be covered with ~으로 뒤덮이다
be filled with ~으로 채워지다
be faced with ~에 직면하다
be crowded with ~으로 붐비다
be tasked with ~하는 임무를 부여받다
be disappointed with[at] ~에 실망하다
be surprised at ~에 놀라다
be shocked[stunned] at ~에 충격을 받다
be engaged[involved] in ~와 관련되다
be interested in ~에 흥미가 있다
be skilled in[at] ~에 능력이 있다
be dedicated[committed, devoted] to ~에 헌신하다, 전념하다
be exposed to ~에 노출되다
be accustomed[used] to ~에 익숙하다
be limited to ~으로 제한되다
be attributed[ascribed] to ~ 때문이다
be opposed to ~에 반대하다
be divided into ~으로 나뉘다
be made of ~으로 만들어지다
be convinced of ~을 확신하다
be known[renowned, noted] for ~으로 알려지다, 유명하다
be distinguished from ~와 구별되다
be based on ~에 기초하다, 근거하다

기출족보 9 특정 대상과 어울리는 부사

숫자, 수량 수식 부사	거의[대략]	almost, nearly, approximately, roughly, around, about, close to
	최대/최소	a maximum of, up to 최대 a minimum of, at least 최소
	이상/이하	more than, over 이상 less than, below 이하
	겨우	only, just, no more than, merely, barely
부정 부사		hardly, rarely, scarcely, barely, seldom 거의 ~ 않다 never 결코 ~ 않다
before/after 수식 부사		[right, just, immediately, shortly(soon), directly] + before/after 바로 직전에/직후에
명사구 수식 부사		only 오직 simply, just, exclusively 단지 mainly, mostly, largely 주로 formerly, once 이전에, 한때 even ~조차도 especially, specifically 특히
형용사, 부사만 수식 (동사 수식 불가)		very, fairly, quite, highly, so 매우, 상당히 extremely, incredibly, exceedingly, absolutely 극도로 excessively, overly 지나치게 exceptionally 특히
증가, 감소, 변화 동사를 수식하는 부사		considerably, significantly, substantially 상당히 steadily 꾸준히 sharply, rapidly, dramatically 급격하게 greatly 크게 noticeably, remarkably 두드러지게 suddenly, abruptly 갑자기 slightly 약간 gradually, incrementally 점차적으로
원급, 비교급, 최상급 강조 부사	원급 강조	just 똑같이 almost, nearly 거의 twice 두 배로
	비교급 강조	a great deal, much, by far, far, even, still, a lot 훨씬 considerably, significantly, substantially, greatly 상당히 remarkably, noticeably, markedly 현저하게
	최상급 강조	최상급 **앞**: a great deal, much, by far, quite, simply, easily 단연코 가장 ~한 최상급 **중간**: very, single 단연코 가장 ~한 최상급 **뒤**: ever, yet, to date 지금까지 가장 ~한

기출족보 10 접속부사

인과	원인 + 결과	therefore 그러므로 thus 따라서 hence 그런 이유로 consequently 그 결과 as a result 결과적으로
역접	내용 + 반대되는 내용	however 하지만 even so 그렇더라도 in contrast 그에 반해서 on the contrary 반대로 on the other hand 반면에 nevertheless, nonetheless 그럼에도 불구하고
시간	사건 + 이후 발생 사건	then 그 다음에, 그때 afterwards, after that, subsequently 그 후에 finally 마침내 once there 그곳에 도착하자마자
	사건 + 동시 발생 사건	meanwhile, in the meantime 그동안
추가	내용 + 비슷한 내용	furthermore, moreover, besides, plus 게다가 also 또한 likewise 마찬가지로 additionally, in addition 추가로
조건	조건 + 수반되는 결과	if so 만일 그렇다면 if not, otherwise, or else 그렇지 않으면 in this case 이 경우 accordingly 그에 따라
기타	예시, 대안 등	in fact 사실 alternatively 대안으로 instead 대신에 unfortunately 불행히도 regrettably 유감스럽게 for example, for instance 예를 들면 after all 결국 to this end 이를 위해

기출족보 11 전치사 vs. 접속사

	전치사	접속사
~에도 불구하고	despite, in spite of, notwithstanding	although, though, even though, even if
~ 동안에	during, for, over, in	while
~ 후에	following, after	after
~ 전에	prior to, before	before
~을 하자마자	on, upon	as soon as, once
~까지	by (완료), until (지속)	by the time, until
~ 때문에	because of, due to, owing to, on account of	because, as, since, now that
~이 없다면	without	-
~의 경우에	in case of, in the event of	in case (that), in the event (that)
~를 제외하고	except (for), but for	except that
~를 고려하면	given	given (that)
~처럼	like	as if, as though
~에 관해서, ~에 대해	about, on, over, concerning, regarding, as to, as for, pertaining to, in regard to, with respect to	-
~ 이외에, ~뿐만 아니라	apart from, aside from, in addition to, on top of	-

기출족보 12 감정 동사의 분사

긍정적 감정

pleased 기쁜
pleasing 기쁘게 하는
delighted 기쁜
delighting 기쁘게 하는(= delightful)
gratified 만족한, 기뻐하는
gratifying 만족스러운
amused 즐거워하는
amusing 재미있는
excited 신난
exciting 흥분시키는
fascinated 매혹된
fascinating 매료시키는
impressed 감동 받은
impressing 감동을 주는(= impressive)
encouraged 격려 받은
encouraging 고무적인

부정적 감정

annoyed 짜증난
annoying 짜증나게 하는
disappointed 실망한
disappointing 실망시키는
frustrated 좌절된
frustrating 좌절시키는
confused 혼란스러운
confusing 혼란스럽게 하는
concerned 염려하는
concerning 염려스럽게 하는
worried 걱정하는
worrying 걱정스럽게 하는
embarrassed 당황한
embarrassing 당황스럽게 하는
puzzled 당황한
puzzling 당혹스럽게 하는
distracted (마음이) 산만한
distracting 주의를 산만하게 하는
disturbed 불안한
disturbing 불안감을 주는

긍정/부정 감정

surprised 놀란
surprising 놀라게 하는
overwhelmed 압도된
overwhelming 압도하는

상태 · 컨디션

tired 피곤한
tiring 피곤하게 하는
bored 지루해하는
boring 지루한
exhausted 기진맥진한
exhausting 지치게 하는

FINAL TEST

1~3

FINAL TEST 1

1 The candidate said it was the prospect of frequent international travel that caused him to ------- the promotion to manager.

(A) retreat (B) withhold
(C) enroll (D) decline

2 Building ample bike parking facilities is just one of the ------- Stounville has taken to promote cycling among the public.

(A) indicators (B) objectives
(C) measures (D) terms

3 Some offices prefer Horizon air purifiers due to their ------- size and portability.

(A) brief (B) compact
(C) demanding (D) authentic

4 Restaurant owners ------- face new challenges, especially in today's competitive business environment.

(A) heavily (B) constantly
(C) diversely (D) variably

5 Bauft Software's booth was crowded with visitors ------- its inconvenient placement in a back corner of the exhibition hall.

(A) despite (B) between
(C) except (D) unlike

6 Human resources staff must demonstrate ------- in handling the private information of their coworkers.

(A) prosperity (B) discretion
(C) consensus (D) aspiration

7 Choosing to specialize in wedding planning may ------- to be one of the best decisions Vohan Events has made.

(A) unite (B) prove
(C) envision (D) strive

8 Although the merger discussions have progressed slowly, company negotiators are ------- that a deal will be reached.

(A) ongoing (B) probable
(C) dedicated (D) optimistic

정답 p.354

Questions 9-10 refer to the following e-mail.

To: Crucero Staff <stafflist@crucero.net>
From: Gabrielle Jensen <jensong@crucero.net>
Date: November 16
Subject: Overtime hours

The members of the finance team have ---9--- examined the budgets for our branch and, through their meticulous work, determined that there is a significant shortfall. ---10--- this discovery, we must reduce operating expenses by minimizing overtime hours. Please try to get all of your work completed within the usual business hours. In cases where overtime work cannot be avoided, it should be approved in advance by a department head.

9 (A) thoroughly
(B) urgently
(C) adversely
(D) solely

10 (A) Because
(B) Due to
(C) Consequently
(D) Rather than

Question 11 refers to the following advertisement.

Keeping the Pace (Seminar Code #3785) - Price: $109
This seminar introduces popular employee perks, such as flexible working hours, and explains how to implement them.
→ Wednesday, November 5, 10:00 a.m.–4:00 p.m.; Training Center, Room 4
Visit www.fulbridge-gs.com for more information.

11 The word "flexible" in line 2, is closest in meaning to
(A) gradual (B) obedient (C) bendable (D) variable

FINAL TEST 2

1 Mastery of a foreign language is not a fast process, and it is normal for skills to develop ------- over a long period of time.

(A) hurriedly (B) affirmatively
(C) gradually (D) reluctantly

2 The city's landscape architects are working to ------- how more trees can be included in the Spencer Canal project.

(A) reflect (B) encourage
(C) strengthen (D) determine

3 ------- our longstanding relationship with Garston Tech, it is no surprise that it will play an important part in developing our new apps.

(A) Given
(B) Notwithstanding
(C) Beyond
(D) In place of

4 The law requiring hospital fees to be published online is intended to make the medical industry's pricing more ------- to patients.

(A) transparent
(B) equivalent
(C) adequate
(D) knowledgeable

5 Company regulations state that shift supervisors have the ------- to assign tasks to employees.

(A) amenity
(B) adjustment
(C) intention
(D) authority

6 Redesigning our Web site might help us attract a broader range of clients and ------- boost profits.

(A) closely
(B) rarely
(C) typically
(D) consequently

7 Yarroll Bank provides loans to ------- small business owners at attractive interest rates.

(A) relative
(B) aspiring
(C) unprecedented
(D) customary

8 Jocabia Market will reopen now that its organizers have ------- a dispute with the city over the market's operating license.

(A) settled (B) resigned
(C) conveyed (D) elected

Questions 9-10 refer to the following letter.

Dear Mr. Berry,

On behalf of the Small Business Owners Association (SBOA), I would like to invite you to our annual leadership workshop. This year, we have selected Kansas City as the host city because of its accessible location. The event will be held at the Jenkins Center. If you are traveling from out of town, please see the enclosed details regarding ---9---. SBOA has arranged for these hotels to offer discounted rates to our participants. This workshop is an excellent way to ---10--- your business management skills. Space is limited, so if you are interested in taking part in this event, be sure to register by the August 10 deadline.

9 (A) accommodations
(B) fees
(C) presentations
(D) requirements

10 (A) enforce
(B) observe
(C) enhance
(D) pursue

Question 11 refers to the following newsletter article.

With nearly 200 stores and 15,000 staff associates, Organic-Mor Foods has become a major natural food retailer. However, its new store openings have produced significant amounts of paper personnel records. Managing this documentation has, in turn, increased operational costs. Based on a recommendation provided by its consulting firm, the company decided to digitize its documents. This has ultimately saved time and valuable resources.

11 The word "significant" in line 3, is closest in meaning to
(A) contemporary (B) meaningful (C) necessary (D) sizable

FINAL TEST ❸

1 Situated at the foot of Emerald Mountain, Selway Valley ------- the cleanest natural spring water in the country.

(A) excels (B) emphasizes
(C) distinguishes (D) boasts

2 Many fast food outlets have significantly changed their menus in response to a ------- in demand for vegan-friendly products.

(A) pace (B) flow
(C) surge (D) phase

3 The construction noise from the building next door was so loud that we could ------- hear our coworkers speak.

(A) still (B) hardly
(C) finally (D) ever

4 Handdahar Chemicals, Inc. has 12 research laboratories spread ------- the major regions of the world.

(A) between (B) out
(C) upon (D) across

5 The technical support department's budget is no longer ------- to cover its staffing expenses.

(A) vital (B) plentiful
(C) accustomed (D) sufficient

6 Storgan Education's language programs produce self-motivated learners capable of ------- to new circumstances.

(A) cooperating (B) converting
(C) addressing (D) adapting

7 The enthusiastic ------- of the band's new album by audiences has been a surprise to critics.

(A) receipt (B) received
(C) recipient (D) reception

8 Some conference participants were displeased that organizers scheduled the only two workshops on statistics to take place -------.

(A) identically
(B) simultaneously
(C) intentionally
(D) adversely

Questions 9-10 refer to the following notice.

CHARACK TOWERS: NOTICE

Occupants of Charack Towers should be aware that the power will be turned off to most of the complex on Thursday, September 18 at 9 a.m. to install new wiring. The power should be restored by noon, but if the work takes longer than expected, it might affect ---9--- goods in your refrigerator. We will notify you if the work exceeds the estimated schedule so that you may check that your food is still edible. Please note that this planned outage will affect all parts of Charack Towers ---10--- the South Tower, which was upgraded last quarter. Thank you for your patience and understanding.

9 (A) durable
(B) renewable
(C) perishable
(D) exposed

10 (A) inside of
(B) owing to
(C) aside from
(D) such as

Question 11 refers to the following e-mail.

Dear Mr. Mobile,

We received our order of new office furniture late yesterday afternoon, and I'm afraid to report that it's not satisfactory. After setting it up, we noticed that the chairs do not fit underneath it at all. When I spoke to you about its dimensions on the phone last week, you assured me that it was more than suitable for our purposes.

As I am going out of town on a business trip for the next two days, I have passed your details to my colleague, Wayne Rollings. He has agreed to phone you this afternoon to discuss arrangements for picking up the table and delivering a larger one.

11 The word "passed" in in paragraph 2, line 2, is closest in meaning to
(A) exceeded (B) overlooked (C) transmitted (D) declined

ANSWERS

정답 및 해설

REVIEW TEST | 정답
ACTUAL TEST | 정답 및 해설
FINAL TEST | 정답 및 해설

CHAPTER 01

1순위 토익 단어 700

DAY 1~14

REVIEW TEST

Day 01_명사 1 p.21

1 shift 2 process 3 issue
4 performances 5 features 6 attention

Day 02_명사 2 p.31

1 term 2 range 3 expert
4 Qualifications 5 receipt 6 initiative

Day 03_명사 3 p.41

1 advantage 2 funding 3 disruptions
4 commitment 5 benefits 6 figures

Day 04_명사 4 p.51

1 manner 2 interest 3 recognition
4 statements 5 excess 6 reference

Day 05_동사 1 p.61

1 launch 2 confirm 3 reach
4 accessed 5 invited 6 attracts

Day 06_동사 2 p.71

1 presented 2 approved 3 address
4 employed 5 conducting 6 postponed

Day 07_동사 3 p.81

1 extended 2 obtain 3 appear
4 recognized 5 succeed 6 accommodate

Day 08_동사 4 p.91

1 directed 2 prevents 3 assigned
4 anticipated 5 enrolled 6 refer

Day 09_형용사 1 p.101

1 valid 2 impressive 3 certain
4 due 5 available 6 temporary

Day 10_형용사 2 p.111

1 outstanding 2 eligible 3 dedicated
4 ongoing 5 alternative 6 subject

Day 11_형용사 3 p.121

1 noticeable 2 eager 3 considerable
4 favorable 5 sustainable 6 consistent

Day 12_형용사 4 p.131

1 fragile 2 conscious 3 introductory
4 prospective 5 confidential 6 diverse

Day 13_부사 1 p.141

1 highly 2 exclusively 3 hardly
4 remotely 5 virtually 6 Accordingly

Day 14_부사 2 p.151

1 dramatically 2 badly 3 casually
4 necessarily 5 respectively 6 Altogether

ACTUAL TEST p.152

1 (A) 2 (C) 3 (C) 4 (D) 5 (D) 6 (B)
7 (D) 8 (C) 9 (D) 10 (C) 11 (D)

1 명사 어휘

해설 빈칸은 동사 may be extended의 주어 자리로, 문맥상 양식을 작성해 연장 가능한 대상을 나타내는 명사가 들어가야 한다. 따라서 '보증 (기간)'이라는 의미의 (A) warranty가 정답이다.

번역 밈엑스 스마트폰의 보증 기간은 온라인 양식을 작성해 연장할 수 있다.

어휘 extend 연장하다 fill out 작성하다 lifespan 수명 vendor 판매 회사

2 동사 어휘

해설 빈칸은 명사 concern과 동격 관계를 이루는 that절의 동사 자리이므로, 우려를 표할 만한(expressed concern) 상황을 나타내는 동사가 들어가야 자연스럽다. 따라서 '조직력이 부족하다'라는 의미를 완성하는 (C) lacks(~가 부족하다)가 정답이다.

번역 아데어리 씨는 추천된 후보자가 해당 직책에 요구되는 조직력이 부족하다며 우려를 표했다.

어휘 express 표현하다 concern 걱정, 우려 proposed 추천된 candidate 후보자 required 요구되는, 필요한 organizational 조직적인, 체계적인 fail 실패하다 struggle 애쓰다 limit 제한하다

3 부사 어휘

해설 수동태 동사 are being distributed를 적절히 수식하는 부사를 선택하는 문제이다. 팀원들에게 업무(tasks)가 분배되는 방식을 나타내는 부사가 빈칸에 들어가야 자연스러우므로, '균등하게, 고르게'라는 의미의 (C) evenly가 정답이다.

번역 태스코 소프트웨어는 관리자가 확실하게 팀원들에게 업무를 고르게 분배할 수 있도록 도와준다.

어휘 ensure 확실하게 ~하다 distribute 분배하다 briefly 짧게 loosely 느슨하게, 막연히 newly 새롭게

4 형용사 어휘

해설 concluded(완료된)와 함께 명사 projects를 수식하는 형용사 자리이다. 따라서 빈칸에도 프로젝트의 진행 상황을 묘사하는 형용사가 들어가야 자연스러우므로, '진행 중인'이라는 의미의 (D) ongoing이 정답이다.

번역 당신의 부서에서 작성하게 될 연말 보고서에는 완료된 프로젝트와 진행 중인 프로젝트 모두에 대한 개요가 포함되어야 합니다.

어휘 summary 개요, 요약 multiple 여러 개의, 한 개 이상의 ambitious 야심 찬 tailored 맞춤의

5 동사 어휘

해설 목적어 the company 및 전치사구 of a change in their home address와 어울리는 동사를 선택하는 문제이다. 〈동사 A of B〉 구조로 쓰여 '회사에 주소 변경을 알리다'라는 의미가 되는 것이 문맥에 맞으므로, '알리다, 통지하다'라는 뜻의 (D) inform이 정답이다. 참고로, 전치사 자리에는 of 대신 about이 올 수도 있다.

번역 알론타 어소시에이츠는 직원들에게 집 주소 변경 사항을 회사에 알리라고 요구한다.

어휘 note 기록하다 reveal 드러내다 educate 교육하다

6 부사 어휘

해설 동사 recommends의 목적어인 동명사구 rubbing coconut oil into its surface를 수식하는 부사 자리이다. 힐지 홈에서 권장하는 가구 관리 방식, 즉 오일을 바르는 행위를 적절히 수식하는 단어가 필요하므로, '가끔, 이따금씩'이라는 의미의 (B) occasionally가 정답이다.

번역 힐지 홈에서는 목재 가구 관리를 위해 가끔 코코넛 오일을 가구 표면에 문지를 것을 권장합니다.

어휘 maintain 유지하다 rub 문지르다 surface 표면 carelessly 부주의하게 unexpectedly 예상 외로 recently 최근에

7 형용사 어휘

해설 명사 search를 수식하는 형용사 자리로, 완벽한 연기자를 찾기 위한(to find the perfect performer) 작업의 특성을 적절히 묘사하는 단어가 들어가야 한다. 따라서 '광범위한, 폭넓은'이라는 의미로 조사의 범위를 나타내는 (D) extensive가 정답이다.

번역 배역 담당자는 그 영화의 주연을 맡을 완벽한 연기자를 찾기 위해 광범위한 조사를 실시했다.

어휘 conduct 실시하다 performer 연기자 starring role 주연 absolute 절대적인 eligible 자격이 있는 exhausted 지친

8 명사 어휘

해설 스즈키 박사의 이름을 따서 병동을 명명한 것(The new ward was named after Dr. Suzuki)은 그의 공헌(contributions)을 인정했기 때문이라고 볼 수 있다. 따라서 in, of와 함께 '~를 인정하여'라는 의미를 완성하는 (C) recognition이 정답이다.

번역 새 병동은 스즈키 박사가 병원에 기여한 귀중한 공헌을 인정해 박사의 이름을 따서 명명되었다.

어휘 ward 병동 name after ~의 이름을 따서 명명하다 association 제휴 obligation 의무 occasion 경우

[9-10] 이메일

골드스타인 치과 환자 여러분,

골드스타인 치과의 새 웹사이트가 개설되었다는 사실을 알리게 되어 자랑스럽습니다. 이제 환자분들은 온라인으로 예약을 할 수 있습니다. 계정을 만드는 데 특별한 컴퓨터 기술이 필요하지 않습니다. 여기를 클릭하여 입력란에 기입만 하면 됩니다. 잠깐이면 [9]손쉽게 환자 정보를 이용하는 편의를 누릴 수 있습니다. 예약 과정의 [10]자동화로 시간이 확보된 저희 프런트 데스크 직원들은 병원에서 더욱 양질의 서비스를 제공할 수 있게 됐습니다. 그러나 전화 예약을 선호하는 환자들께서는 앞으로도 계속 그렇게 하실 수 있습니다.

골드스타인 치과 직원 일동 드림

어휘 launch 개시하다, 시작하다 fill out 기입하다 convenience 편의, 편리 free up ~을 해방하다, 자유롭게 하다 prefer to ~을 선호하다

9 부사 어휘

해설 빈칸은 앞에 있는 동명사(having)의 목적어(your patient information)를 보충 설명하는 형용사(available)를 수식하는 부사 자리이다. 문맥상 '환자 정보를 손쉽게 이용할 수 있도록 하다'라는 의미가 자연스러우므로, 정답은 (D) readily(손쉽게, 순조롭게)이다. (A) noticeably(두드러지게, 현저히), (B) widely(널리, 폭넓게), (C) primarily(주로)는 의미상 적합하지 않다.

10 명사 어휘

해설 빈칸은 정관사(The) 뒤 명사 자리로, 전치사구(of our booking process)의 수식을 받는다. 앞에 나온 '이제 환자분들은 온라인으로 예약을 할 수 있다(Now patients can book their appointments online)'를 통해 온라인으로 예약이 가능하다는 것을 알 수 있으므로, 온라인 예약과 관련 있는 단어를 선택해야 한다. 따라서 정답은 (C) automation(자동화)이다. (A) continuation(계속, 지속), (B) interval(간격, 중간 휴식), (D) stability(안정, 안정감)는 의미상 적합하지 않다.

[11] 문자 메시지

발신: 캐시 페어필드, 704-555-0141
수신: 새뮤얼 고츠, 617-555-0186
7월 8일, 오전 11:24

저희를 방문해 주실 수 있다니 매우 기쁩니다. 항공권을 예매하려면 귀하의 신분증 정보가 필요합니다. 현재의 저렴한 요금으로 확보할 수 있도록 가능한 한 빨리 신분증 정보를 알려 주세요. 감사드리며, 문의 사항이 있으면 제게 알려주시기 바랍니다!

어휘 pleased 기쁜 be able to+동사원형 ~할 수 있다 ID information 신분증 정보 book 예약[예매]하다 as quickly as possible 가능한 한 빨리 secure 확보하다 current 현재의 fare 요금

11 동의어 찾기

번역 첫 번째 단락 3행의 "secure"와 의미가 가장 가까운 단어는?

(A) 방어하다 (B) 설득하다
(C) 첨부하다 (D) 보장하다

해설 해당 문장은 '현재의 저렴한 요금으로 확보할 수 있게 가능한 한 빨리 신분증 정보를 알려 주세요(Please get this to me as quickly as possible so that I can secure the current low fare)'와 같이 해석되므로, 여기서 secure는 '확보하다, 보장하다'라는 의미이다. 따라서 정답은 (D) guarantee(보장하다, 확실하게 하다)이다.

CHAPTER 02

2순위 토익 단어 500

DAY 15~24

REVIEW TEST

Day 15_명사 1 p.165

1 transaction 2 packet 3 balance
4 array 5 complex 6 acquisitions

Day 16_명사 2 p.175

1 concern 2 assets 3 expenditures
4 perspectives 5 sectors 6 utilities

Day 17_명사 3 p.185

1 footage 2 privilege 3 input
4 pricing 5 perks 6 specifications

Day 18_동사 1 p.195

1 adjust 2 vary 3 released
4 streamline 5 afford 6 criticized

Day 19_동사 2 p.205

1 expire 2 overlook 3 expedite
4 resume 5 entitled 6 restricted

Day 20_동사 3 p.215

1 boost 2 correspond 3 surpassed
4 houses 5 granted 6 dominate

Day 21_형용사 1 p.225

1 worth 2 defective 3 accountable
4 attentive 5 solid 6 virtual

Day 22_형용사 2 p.235

1 anonymous 2 exclusive 3 resistant
4 inclement 5 tailored 6 beneficial

Day 23_부사 p.245

1 customarily 2 fairly 3 sharply
4 loosely 5 precisely 6 arguably

Day 24_전치사 p.255

1 across 2 As of 3 Despite
4 Given 5 out of 6 As to

ACTUAL TEST p.256

1 (D) 2 (A) 3 (A) 4 (B) 5 (C) 6 (A)
7 (B) 8 (C) 9 (C) 10 (B) 11 (C)

1 동사 어휘

해설 strict safety policies를 목적어로 취하는 동사 자리로, 이유·목적을 나타내는 to부정사구(to prevent accidents in its factories)의 수식을 받는다. 따라서 사고 예방을 위해 하는 행위를 나타내는 동사가 필요하므로 '(정책을) 시행하다, 집행하다'라는 의미의 (D) enforces가 정답이다.

번역 카로바 매뉴팩처링은 공장의 사고를 방지하기 위해 엄격한 안전 정책을 시행한다.

어휘 manufacturing 제조(업) strict 엄격한 prevent 막다, 방지하다 entail 수반하다 produce 생산하다 presume 추정하다

2 전치사 자리_어휘

해설 명사구 a temporary problem을 목적어로 취하는 자리로, 보기에서 전치사인 (A) Apart from과 (C) Instead of 중 하나를 선택해야 한다. 문맥상 '일시적인 문제를 제외하고는 계획대로 진행되었다'라는 내용이 되어야 자연스러우므로, (A) Apart from(~을 제외하면, ~ 이외에)이 정답이다. (C) Instead of는 '~ 대신에'라는 뜻이므로 적절하지 않다. 부사 (B) After all과 상관접속사 (D) Not only는 구조상 빈칸에 들어갈 수 없다.

번역 스피커 시스템에 일시적 문제가 생긴 것만 제외하면, 제품 출시 행사는 계획대로 진행되었다.

어휘 temporary 일시적인 product launch 제품 출시 go 진행되다, ~으로 되다 after all 결국에는, 어쨌든

3 명사 어휘

해설 빈칸은 동사 gives의 직접 목적어 역할을 하는 명사 자리로, to work hard의 수식을 받는다. 성과급 제도(The commission system)가 영업 사원들(sales associates)에게 주는 것을 나타내는 명사가 들어가야 하므로, '열심히 일할 동기'라는 의미를 완성하는 (A) incentive(동기, 자극)가 정답이다.

번역 성과급 제도는 영업 사원들이 열심히 일하도록 강력한 동기를 부여한다.

어휘 commission 수수료, 성과급 sales associate 영업 사원 satisfaction 만족 supervision 감독 approach 접근(법)

4 부사 자리_어휘

해설 빈칸에는 '상근직 및 시간제 근로자 모두'라는 의미를 나타내는 부사가 들어가야 하므로, (B) alike가 정답이다. alike는 〈A and B〉 구조 뒤에 쓰일 경우 'A와 B 모두에게 똑같이'라는 뜻을 나타낸다. 참고로, (C) both는 〈A and B〉 앞에 오거나, 복수형 목적격 대명사 뒤에 와야 한다.

번역 탄력 근무제는 상근직 및 시간제 근로자 모두에게 점점 더 지지를 받고 있다.

어휘 flexible 탄력적인, 유연한 working arrangements 작업 방식, 근무 시간 조정 increasingly 점점 더 favor 선호하다, 지지하다

5 형용사 어휘

해설 빈칸은 명사 amount를 수식하는 형용사 자리로, 쇠고기 1파운드(one pound of ground beef)를 대체하는 채식 대용품(a vegetarian substitute)의 양을 적절히 묘사하는 형용사가 들어가야 한다. 따라서 '동등한, ~에 상당하는'이라는 의미의 (C) equivalent가 정답이다.

번역 조리법에는 다진 쇠고기 1파운드가 필요하지만, 이는 익힌 렌틸콩 같은 동량의 채식 대용품으로 대체될 수 있다.

어휘 call for ~을 필요로 하다 ground 다진, 갈은(grind의 과거분사) replace 대체하다 vegetarian 채식의 substitute 대용품 existing 기존의 accountable ~할 책임이 있는 overall 종합적인 lentil 렌틸콩

6 동사 어휘

해설 to부정사(to supply)와 어울려 쓰이는 동사를 선택하는 문제이다. 실속 있고 연비가 좋은 상용 차량을 공급하기 위한 회사의 의지를 나타내는 동사가 들어가야 자연스러우므로, to부정사와 함께 '~하기 위해 노력하다'라는 의미를 완성하는 (A) strives가 정답이다.

번역 목시스 모터스는 운송업체들에게 실속 있고 연비가 좋은 상용 차량을 공급하기 위해 노력하고 있다.

어휘 transportation provider 운송업자[업체] economical 실속 있는, 경제적인 fuel-efficient 연비가 좋은 commercial 상용의 conform 따르다, 순응하다 discontinue 중단하다 specialize 전문으로 하다

7 형용사 어휘

해설 명사 effect를 수식하는 형용사 자리로, 수익 감소(The decrease in Sparont's revenues)라는 결과(effect)를 적절히 묘사하는 단어가 들어가야 한다. 수익 감소는 주력 상품의 수요 감소(a drop in demand for ~ its chief product)에 따라 자연스럽게 일어난 결과이므로, '불가피한, 당연한'이라는 의미의 (B) inevitable이 정답이다.

번역 스파론트의 수익 감소는 주력 제품인 디지털 카메라의 수요 감소에 따른 불가피한 결과다.

어휘 decrease 감소 revenue 수익 effect 결과, 영향 demand 수요 scarce 부족한 competent 유능한 cooperative 협동하는

8 명사 어휘

해설 energy와 복합 명사를 이루어 동사 has been successfully reduced의 주어 역할을 하는 명사 자리이다. 따라서 빈칸에는 전자 제품 전원 끄기 캠페인을 통해 감소될 수 있는 것을 나타내는 명사가 들어가야 자연스러우므로, energy와 함께 '에너지 소비량'이라는 의미를 완성하는 (C) consumption이 정답이다.

번역 야간에 쓰지 않는 전자 제품 전원 끄기 캠페인을 통해 사무실 에너지 소비량이 성공적으로 감소했다.

어휘 reduce 줄이다 idle 쓰지 않는, 가동되지 않는 transition 전환 efficiency 효율 awareness 인식

[9-10] 설명서

머크로프트 6단 책장을 구매해 주셔서 감사합니다. 제품을 조립하시려면 본 설명서에 제공된 설명 및 도표를 따르십시오.

작은 부품을 잘못해서 버리는 일이 없도록 책장이 완성될 때까지 포장재 일체를 남겨 두십시오. [9]조립에 앞서, 부품 및 하드웨어 목록을 사용하여 포함된 각 부품을 확인하고 분류하십시오. 모든 부품이 제자리에 있을 때까지 볼트 일체를 완전히 조이지 마십시오. 이 지침을 따르지 않을 경우 볼트가 어긋나는 일이 [10]발생할 수 있습니다. 제품 조립 시 전동 공구를 사용할 경우 주의하십시오.

어휘 purchase 구매하다 bookcase 책장 instruction 설명, 지시 사항 diagram 도표, 도형 construct 조립하다 packaging 포장재 avoid 피하다 discard 버리다 identify 확인하다 separate 분리하다 tighten 조이다 be in place 제자리에 놓이다 misaligned 어긋난 power tool 전동 공구 take caution 주의를 기울이다

9 명사 어휘

해설 이 지문은 책장을 조립하는 과정을 담은 매뉴얼이다. 빈칸 뒤의 내용을 보면, 부품 목록을 보면서 부품들이 다 있는지 확인하라는 말이 나온다. '조립'하기 전에 이런 것을 하라는 지침으로 보는 것이 자연스럽다. 따라서 정답은 (C) assembly(조립)이다. (A) delivery는 '배송', (B) repair는 '수리', (D) manufacture는 '제조'라는 의미이다.

10 동사 어휘

해설 이러한 지침(these instructions)을 따르지 않는다면 다음과 같은 결과를 '야기할' 수 있다는 의미가 되는 것이 가장 자연스럽다. 〈cause A to부정사〉는 'A가 ~하도록 야기하다'라는 뜻으로 정답은 (B) cause(야기하다, 초래하다)이다. (A) expose(노출시키다), (C) risk(위태롭게 하다)는 바로 뒤에 목적어가 오고, (D) hinder는 〈hinder A from -ing〉와 같은 구조로 'A가 ~을 못하게 하다'라는 뜻으로 쓰여 어법상 적절치 않다.

[11] 웹페이지

퍼시풀은 긍지를 가지고 캐나다 남동부 전역의 창고와 공장에 인력 공급 서비스를 제공합니다. 이런 체계 아래서 저희 직원들("내부 파견 직원들"로 호칭)이 귀사의 업장에서 귀사의 감독 아래 필요한 기간만큼 근무합니다. 이들 중 다수가 여러 해 동안 저희를 위해 일해 왔으며, 새로운 내부 파견 직원들 역시 귀사가 속한 업계에서 이미 경력을 갖추고 있는 사람들이라는 것을 저희의 철저한 평판 조회 시스템이 보장합니다. 모든 직원은 산업 안전과 보건 법규에 관해 최신 정보를 받고 있습니다.

퍼시풀에 만족하시는 많은 고객들 중 한 분이 되시겠습니까? 상단의 "연락"을 클릭하세요.

어휘 be proud to+동사원형 ~해서 자랑스럽다 provide 공급하다, 제공하다 labour hire service 인력 공급 서비스 warehouse 창고 throughout ~ 전역에 employee 직원, 사원 insourced 내부에서 파견한 as long as necessary 필요한 기간만큼 thorough 철저한 reference-checking system 평판 조회 시스템 have experience in ~에 경력[경험]이 있다 as well 또한 keep A up-to-date on B A를 B에 관해 최신 상태로 유지하다 occupational safety 산업 안전 health regulations 보건 법규 satisfied 만족한 client 고객

11 동의어 찾기

번역 첫 번째 단락 4행의 "direction"과 의미가 가장 가까운 단어는?

(A) 경로　　(B) 증거
(C) 감독　　(D) 회복

해설 해당 문장은 '이런 체계 아래서 저희 직원들이 귀사의 업장에서 귀사의 감독 아래 필요한 기간만큼 근무합니다(Under this system, our employees work on your site and under your direction for as long as necessary)'라는 의미로 해석되는데, 여기서 direction은 '감독'이라는 의미가 자연스러우므로, 정답은 (C) oversight(감독, 관리)이다.

CHAPTER 03

3순위 토익 단어 300

DAY 25~30

REVIEW TEST

Day 25_명사 1		p.269
1 outage	2 installment	3 contractor
4 setback	5 turnout	6 proceeds

Day 26_명사 2		p.279
1 criteria	2 recession	3 ordinance
4 obligation	5 discrepancy	6 breach

Day 27_동사 1		p.289
1 attribute	2 disclosed	3 reinforce
4 weigh	5 redeem	6 distract

Day 28_동사 2		p.299
1 scouting	2 acquaint	3 precede
4 offset	5 rendered	6 soliciting

Day 29_형용사 1		p.309
1 successive	2 Recurring	3 physical
4 seasoned	5 stagnant	6 instrumental

Day 30_형용사 2		p.319
1 imperative	2 costly	3 unbiased
4 obsolete	5 managerial	6 delinquent

ACTUAL TEST p.320

1 (C) 2 (C) 3 (B) 4 (D) 5 (B) 6 (A)
7 (A) 8 (B) 9 (B) 10 (A) 11 (A)

1 동사 어휘

해설 빈칸이 포함된 절(as long as ~ their work)은 근무자들이 수염을 기를 수 있는 조건을 나타낸다. 문맥상 '업무에 지장을 주지 않는 한'이라는 내용이 되어야 자연스러우므로, 전치사 with와 함께 '~에 지장을 주다, ~를 방해하다'라는 의미를 완성하는 자동사 (C) interfere가 정답이다. (A) affect(~에 영향을 미치다), (B) disrupt(~를 방해하다)는 타동사로 전치사 없이 바로 목적어가 와야 하고, (D) compromise는 '타협하다'라는 뜻의 자동사로, with와 쓰일 수 있지만 이 경우 뒤에 사람이 온다.

번역 조립 라인 근무자들은 업무에 지장을 주지 않는 한 수염을 기를 수 있다.

어휘 assembly line 조립 라인 facial hair 얼굴의 털(수염, 콧수염, 구레나룻 등) as long as ~하는 한

2 명사 어휘

해설 빈칸은 동사 provide의 목적어 역할을 하는 명사 자리로, 전치사구 of their qualifications의 수식을 받는다. 예시로 언급된 졸업장(diplomas), 수료증(certificates) 등은 지원자들의 자격(qualifications)을 증명하기 위해 제공하는 수단이므로, '증빙, 증거'라는 의미의 (C) evidence가 정답이다.

번역 지원자는 졸업장, 수료증 등의 형태로 자격을 증빙하라는 요청을 받을 수 있다.

어휘 qualification 자격 diploma 졸업장 certificate 자격증, 증명서 access 접근 renewal 갱신 compensation 보상

3 형용사 어휘

해설 우선 보기의 의미를 살펴보자. (A) persistent(끈질긴, 지속되는), (B) obsolete(더 이상 쓸모없는, 한물간), (C) separate(분리된), (D) crucial(중대한) 중에서, 문맥상 빠른 속도로 기술이 '쓸모 없어진다'는 의미가 적절하므로 정답은 (B) obsolete이다.

번역 기술이 노후화되는 속도가 빨라서 구식 전자 제품을 재활용할 비용 효율적인 방법을 찾는 일이 훨씬 더 중요해진다.

어휘 cost-effective 비용 효율적인 recycle 재활용하다 outdated 구식의 electronic device 전자 제품

4 **부사 어휘**

해설 과거분사 labeled를 적절히 수식하는 부사를 선택해야 한다. 힘들이지 않고(with minimum effort) 조립할 수 있게끔 라벨이 붙여진 방식을 묘사하는 부사가 빈칸에 들어가야 자연스럽다. 따라서 '명확하게, 뚜렷하게'라는 의미의 (D) explicitly가 정답이다.

번역 레나크 사의 모형 만들기 세트는 별로 힘들이지 않고 조립할 수 있도록 라벨이 명확하게 부착된 점이 특징이다.

어휘 kit (조립용) 세트 assemble 조립하다 minimum 최소한의 effort 힘, 노력 extremely 극도로 remotely 멀리서 promptly 지체 없이

5 **동사 어휘**

해설 문맥상 두 법원(the Sparks and Corgan courts)을 한 건물에(in a new building) 통합하자고 제안했다는 내용이 되어야 자연스러우므로, and와 함께 'A와 B를 통합하다, 합병하다'라는 의미를 완성하는 (B) consolidating이 정답이다.

번역 위원회는 스팍스 법원과 코건 법원을 서부 코건에 들어설 새 건물에 통합하자고 제안했다.

어휘 committee 위원회 expedite 촉진하다 delegate 위임하다 waive 면제하다

6 **명사 어휘**

해설 냉장 트럭(refrigerated trucks) 덕분에 배송 식품이 위험한 문제를 겪지 않는다는 내용이므로, 빈칸에는 온도(temperature)와 관련된 위험 요소를 나타내는 단어가 들어가야 한다. 따라서 '변동, 동요'라는 의미로 전치사 in과 자주 쓰이는 (A) fluctuations가 정답이다.

번역 프리기고의 냉장 트럭은 식품이 배송 중에 위험한 온도 변화에 노출되지 않도록 보장한다.

어휘 refrigerated 냉장한 undergo (문제 등을) 겪다 boundary 경계 sensation 감각 standard 기준

7 **형용사 어휘**

해설 빈칸은 앞에 있는 동사(earned)의 목적어 역할을 하는 명사(Mauller Awards)를 수식하는 형용사 자리이다. 또한 뒤의 전치사구(for *Hand to Hand* and *The Renwicks*)는 동사(earned)를 수식한다. 따라서 전치사구의 수식을 받는 동사와 목적어의 의미가 가장 잘 통하는 형용사를 선택해야 한다. 문맥상 '연속 수상했다'라는 의미가 자연스러우므로, 정답은 (A) successive(연속적인)이다. (B) thorough(철저한), (C) mandatory(강제적인), (D) compatible(양립하는, 호환성의)은 의미상 적합하지 않다.

번역 감독 생활 중 눈에 띄는 한 시기에 루 씨는 〈핸드 투 핸드〉와 〈더 렌윅스〉로 몰러 어워즈를 연속 수상했다.

어휘 direct 감독하다, 연출하다 earn (상·칭찬 등을) 받다

8 **동사 어휘**

해설 꾸준히 높은 고객 만족도(Our consistently high customer satisfaction ratings)는 품질의 우수성(excellent quality of our product line)을 나타내는 지표라고 볼 수 있으므로, '나타내다, 반영하다'라는 의미의 (B) reflect가 정답이다.

번역 고객 만족도 등급이 꾸준히 높다는 것은 우리 제품군의 품질이 우수하다는 것을 나타낸다.

어휘 consistently 꾸준히 customer satisfaction 고객 만족도 transmit 전달하다 deliver 배송하다 arrange 정리하다, 준비하다

[9-10] 안내문

오크퍼스 텐트 관리

다음 지침 사항을 따르면 오크퍼스 캠핑 텐트의 수명을 상당히 연장시킬 수 있습니다. 먼저 텐트를 며칠 이상 창고에 보관하기 전에는 깨끗이 청소하세요. 적은 양의 먼지는 헝겊을 이용해 닦아내십시오. 텐트를 세척해야 할 경우, [9]유독성 화학 물질을 포함한 세제 또는 기타 액상 세제에 노출되지 않도록 하십시오. 대신에 특별 제조된 텐트 전용 세척액을 구하거나 순한 가루비누를 찬물에 섞어서 사용하세요. 텐트 안팎 표면을 스펀지로 부드럽게 문지르세요. 그런 다음 제공된 가방에 넣기 전에 완전히 [10]건조해 주십시오.

어휘 extend 연장하다 guideline 지침 make sure 확실하게 하다 storage 저장(고), 보관소 expose 노출시키다 detergent 세제 cleaning fluid 액상 세제 contain 함유하다

chemical 화학 물질 instead 대신에 obtain 구하다, 입수하다 liquid 액체 powdered 가루로 된 scrub 문지르다 surface 표면 completely 완전히, 완벽하게

9 형용사 어휘

해설 빈칸 뒤에 있는 명사를 꾸며 주는 형용사를 고르는 문제이다. harsh chemicals가 '유독성 화학 물질'을 뜻함을 알고 있다면 쉽게 풀 수 있는 문제이다. (A) steep(가파른), (C) timely(시기적절한), (D) automated(자동화된)는 '화학 물질'과 어울리지 않는다. 따라서 정답은 (B) harsh(유독한)이다.

10 동사 어휘

해설 앞 문장에서 계속 캠핑 텐트의 '청소' 방법에 관한 내용이 나왔고 빈칸이 있는 문장이 그 마지막 단계임을 알 수 있다. 그러므로 전체 지문 내용으로 볼 때 빈칸에는 완전하게 '건조해야 한다'는 말이 나와야 한다. 따라서 정답은 (A) dry(건조하다)이다.

어휘 fill 채우다 harden 굳다

[11] 통지문

귀하의 휴가 요청이 승인되었습니다

이름: 린다 후퍼	**부서**: 경리부
시작일: 10월 13일	**시간**: 오후 1시
종료일: 10월 13일	**시간**: 오후 5시

전체 시간: 4

휴가 종류: 자원봉사 휴가

의견: 저는 그날 유나이티드 옴스필드가 개최하는 행사를 돕는 데 시간을 쓸 예정입니다. 이전에 자원봉사 휴가를 사용한 적이 없습니다.

어휘 time-off request 휴가 요청 approve 승인하다 previously 전에

11 동의어 찾기

번역 번역 첫 번째 단락 2행의 "holding"과 의미가 가장 가까운 단어는?

(A) 주관하는 (B) 진실로 남아 있는
(C) 파악하는 (D) 견디는

해설 해당 문장은 '저는 그날 유나이티드 옴스필드가 개최하는 행사를 돕는 데 시간을 쓸 예정입니다 (I will use the time to help with an event that United Ormesfield is holding on that day)'라는 의미로 해석되는데, 여기서 holding은 '개최하는, 주관하는'이라는 의미가 자연스럽다. 따라서 정답은 (A) presiding over(주관하는, 주재하는)이다.

FINAL TEST 1

p.338

1 (D) 2 (C) 3 (B) 4 (B) 5 (A) 6 (B)
7 (B) 8 (D) 9 (A) 10 (B) 11 (D)

1 동사 어휘

해설 that절의 동사 caused의 목적격 보어 역할을 하는 to부정사에 해당하는 자리이다. 잦은 해외 출장 가능성(the prospect of frequent international travel)이 후보자(him = the candidate)로 하여금 승진(the promotion to manager)과 관련해 어떤 결정을 내리게 했는지 나타내는 동사가 들어가야 한다. 따라서 '거절하다, 사양하다'라는 의미의 (D) decline이 정답이다. 참고로, decline은 자동사로 쓰일 경우 '감소하다'라는 뜻을 가진다. (B) withhold는 '~를 주지 않다, (제공을) 보류하다'라는 의미로 문맥상 적절하지 않다.

번역 그 후보자는 관리자 승진을 사양한 것이 잦은 해외 출장 가능성 때문이라고 말했다.

어휘 candidate 후보자 prospect 가능성 frequent 잦은 promotion 승진 retreat 물러서다 enroll 등록하다

2 명사 어휘

해설 자전거 주차 시설을 많이 짓는 것(Building ample bike parking facilities)은 자전거 타기를 장려하기(to promote cycling among the public) 위해 스타운빌에서 취한 대책 중 하나라고 볼 수 있다. 따라서 동사 take와 어울려 쓰이며 '조치, 대책'이라는 의미를 나타내는 (C) measures가 정답이다. 참고로, '목표'라는 뜻의 (B) objectives는 주로 have, meet, achieve 등의 동사와 함께 쓰인다.

번역 자전거 주차 시설을 많이 짓는 것은 스타운빌이 대중의 자전거 타기를 장려하기 위해 취한 조치들 중 하나일 뿐이다.

어휘 ample 많은 promote 장려하다 indicator 지표 objective 목표 term 용어

3 형용사 어휘

해설 명사 size를 수식하는 형용사 자리로, 휴대성(portability)이 있는 공기 청정기의 크기를 묘사하는 형용사가 들어가야 자연스럽다. 따라서 '작은, 소형의'이라는 의미의 (B) compact가 정답이다.

번역 일부 사무실은 작은 크기와 휴대성 때문에 호라이즌 공기 청정기를 선호한다.

어휘 air purifier 공기 청정기 portability 휴대성 brief 짧은 demanding 힘든 authentic 진짜인

4 부사 어휘

해설 동사 face를 적절히 수식하는 부사를 선택해야 한다. 경쟁이 치열한 사업 환경(competitive business environment)에서 새로운 문제들에 직면하는 상황을 묘사한 문장이므로, '끊임없이, 빈번히'라는 의미의 (B) constantly가 빈칸에 들어가야 자연스럽다. 참고로, '다양한 문제들에 직면한다(face diverse challenges)'라고 할 수는 있지만 diversely가 face를 수식해 '문제들에 다양하게 직면한다'고 하는 것은 어색하다.

번역 특히 경쟁이 치열한 오늘날 사업 환경에서 식당 주인들은 끊임없이 새로운 문제들에 직면한다.

어휘 competitive 경쟁이 치열한 environment 환경 heavily 심하게, 무겁게 diversely 다양하게 variably 일정하지 않게, 변하기 쉽게

5 전치사 어휘

해설 빈칸 앞의 절과 명사구 its inconvenient placement를 적절히 연결해 주는 전치사를 선택하는 문제이다. 부스가 불편한 위치에 있었지만 관람객들이 많이 찾아왔다는 내용의 문장이므로, '~에도 불구하고'라는 의미의 (A) despite가 정답이다.

번역 바우프트 소프트웨어 부스는 전시장 뒤편 구석에 있어 불편했지만 관람객으로 북적댔다.

어휘 crowded 북적대는 inconvenient 불편한 placement 배치 exhibition 전시

6 명사 어휘

해설 동사구 must demonstrate의 목적어 역할을 하는 명사 자리이다. 따라서 빈칸에는 개인 정보를 처리하는 데 있어서(in handling the private information) 인사 담당자가 보여 주어야 하는 자세를 나타내는 단어가 들어가야 자연스러우므로, '신중함, 분별'이라는 의미의 (B) discretion이 정답이다.

번역 인사 담당자는 동료의 개인 정보를 처리하는 데 있어서 신중함을 보여야 한다.

어휘 demonstrate 보여 주다 handle 처리하다 prosperity 번영 consensus 합의 aspiration 열망

7 동사 어휘

해설 결혼식 기획을 전문으로 하기로 선택한 것(Choosing to specialize in wedding planning)과 최선의 결정 중 하나(one of the best decisions)가 의미상 동격 관계를 이루고 있다. 따라서 to be와 함께 이러한 관계를 완성시키는 동사가 빈칸에 들어가야 하므로, '~임이 입증되다, 판명되다'라는 의미의 (B) prove가 정답이다. 참고로, 이때 prove는 연결 동사(linking verb)와 같은 역할을 한다.

번역 결혼식 기획을 전문으로 하기로 선택한 일은 보한 이벤트가 내린 최선의 결정 중 하나로 판명될 수도 있다.

어휘 decision 결정 unite 결합하다 envision 상상하다 strive 노력하다

8 형용사 어휘

해설 주어인 company negotiators를 보충 설명하는 형용사 자리이다. 합병 논의가 더디게 진행되고 있는 불리한 상황이지만(Although the merger discussions have progressed slowly) 회사의 교섭자들은 협상이 타결되리라 생각한다는 내용이므로, 빈칸에는 이들의 긍정적인 태도를 나타내는 단어가 들어가야 자연스럽다. 따라서 '낙관적인'이라는 의미의 (D) optimistic이 정답이다.

번역 합병 논의는 더디게 진행되어 왔지만 회사 교섭자들은 협상이 타결되리라 낙관하고 있다.

어휘 merger 합병 negotiator 교섭자 deal 협상 ongoing 진행되는 probable 가능한, 개연성 있는 dedicated 헌신하는

[9-10] 이메일

수신: 크루세로 전 직원 〈stafflist@crucero.net〉
발신: 가브리엘 젠슨 〈jensong@crucero.net〉
날짜: 11월 16일
제목: 초과 근무 시간

재무팀 직원들이 우리 지점의 예산을 [9]철저히 살펴보았으며, 세심한 작업을 통해 상당히 부족한 부분이 있다고 판단했습니다. 이번 발견 [10]때문에 우리는 초과 근무 시간을 최소화해서 운영비를 절감해야만 합니다. 모든 업무가 통상적인 근무 시간 안에 완료되도록 애써 주시기 바랍니다. 초과 근무가 불가피한 경우에는 부서장에게 미리 승인을 받아야 합니다.

어휘 overtime hours 초과 근무 시간 finance 재무, 재정 examine 살펴보다, 조사하다 budget 예산 branch 지사, 지점 meticulous 꼼꼼한, 세심한 determine 판단하다, 결정하다 significant 상당한, 중요한 shortfall 부족(분) discovery 발견 reduce 줄이다, 절감하다 operating expense 운영비, 영업비 business hours 영업 시간, 근무 시간 overtime work 초과 근무 avoid 피하다 approve 승인하다, 허가하다 in advance 미리, 사전에 department head 부서장

9 부사 어휘

해설 빈칸은 현재 완료 시제 동사를 이루는 have와 examined 사이에서 동사를 수식하는 부사 자리이다. 뒤에 나오는 앞뒤 순서를 나타내는 등위 접속사(and) 뒤 전치사구(through their meticulous work)는 앞에서 있었던 일을 가리키고 있으므로, 빈칸에는 이와 유사한 의미의 부사를 선택해야 한다. 따라서 정답은 (A) thoroughly(철저히, 완전히)이다. (B) urgently(긴급히), (C) adversely(불리하게, 반대로), (D) solely(오직, 단독으로)는 의미상 적합하지 않다.

10 전치사 자리_어휘

해설 빈칸은 명사구(this discovery) 앞 전치사 자리이다. 전치사 (B) Due to(~ 때문에, ~로 인해)와 (D) Rather than(~ 대신에) 중에 문맥상 '이번 발견 때문에 우리는 초과 근무 시간을 최소화해서 운영비를 절감해야 한다'라는 의미가 자연스러우므로, 정답은 (B) Due to이다. 부사절 접속사 (A) Because 뒤에는 완전한 절이 나와야 하고, 부사 (C) Consequently(결과적으로, 따라서)는 목적어를 취할 수 없다.

[11] 광고

속도 유지하기 (세미나 코드 #3785) - 비용: 109달러
이 세미나는 탄력 근무제 등 인기 있는 직원 특전을 소개하고 시행 방식을 설명합니다.
→ 11월 5일 수요일 오전 10시 - 오후 4시; 연수원, 4호실
자세한 내용은 www.fulbridge-gs.com을 참조하세요.

어휘 perk 특전 flexible working hours 탄력 근무제 implement 시행하다

11 동의어 찾기

번역 2행의 "flexible"과 의미상 가장 가까운 것은?
(A) 점진적인 (B) 순종적인
(C) 구부릴 수 있는 (D) 변경 가능한

해설 'flexible'을 포함한 부분은 '탄력 근무제(flexible working hours)'라는 의미로 해석되는데, 여기서 flexible은 '탄력적인, 융통성 있는'이라는 뜻으로 쓰였다. 따라서 '변경 가능한'이라는 의미의 (D) variable이 정답이다.

FINAL TEST ② p.340

1 (C) **2** (D) **3** (A) **4** (A) **5** (D) **6** (D)
7 (B) **8** (A) **9** (A) **10** (C) **11** (D)

1 부사 어휘

해설 전치사구 over a long period of time과 함께 to develop을 적절히 수식하는 부사를 선택하는 문제이다. 앞에서 외국어 숙달은 빨리 이루어지는 과정이 아니라고(not a fast process) 했으므로, 해당 부분은 '실력 향상에 오랜 시간이 걸리는 것이 정상이다'라는 내용이 되어야 자연스럽다. 따라서 '점차, 서서히'라는 의미의 (C) gradually가 정답이다.

번역 외국어 숙달은 빨리 이루어지는 과정이 아니며, 오랜 시간에 걸쳐 점차 실력이 느는 것이 보통이다.

어휘 normal 보통인 hurriedly 황급히, 서둘러서 affirmatively 긍정적으로, 확정적으로 reluctantly 마지못해, 주저하며

2 동사 어휘

해설 how가 이끄는 명사절을 목적어로 취하는 타동사 자리이다. 프로젝트에 얼마나 더 많은 나무가 포함될지는 아직 정해지지 않은 사항으로, 조경사들이 판단해야 할 일이라고 볼 수 있다. 따라서 '판정하다, 판단하다'라는 의미의 (D) determine이 정답이다.

번역 시의 조경사들은 스펜서 운하 사업에 얼마나 더 많은 나무가 포함될 수 있을지를 판단하기 위해 노력하고 있다.

어휘 landscape architect 조경사 canal 운하 reflect 반영하다 encourage 독려하다 strengthen 강화하다

3 전치사 어휘

해설 '가스턴 테크와의 오랜 관계(our longstanding relationship with Garston Tech)'는 가스턴 테크가 앱 개발에 중요한 역할을 하게 될 것이라는 판단의 근거가 된다. 따라서 '~을 고려하면, 감안하면'이라는 의미의 (A) Given이 정답이다.

번역 가스턴 테크와의 오랜 관계를 감안하면, 새로운 애플리케이션을 개발하는 데 가스턴 테크가 중요한 역할을 하게 된다는 건 놀라운 일이 아니다.

어휘 longstanding 오래 지속된 it is no surprise 놀라운 일이 아니다, 당연하다 notwithstanding ~에도 불구하고 beyond ~를 넘어서 in place of ~ 대신에

4 형용사 어휘

해설 〈to make + 목적어(the medical industry's pricing) + 목적격 보어〉 구조에서 목적격 보어 역할을 하는 형용사 자리이다. 해당 부분이 병원비를 온라인으로 공표하도록 한 법의 취지를 설명해야 하므로, '의료 산업의 가격 책정이 더 투명해지게끔 만들기 위해'라는 내용이 되어야 자연스럽다. 따라서 '투명한, 명료한'이라는 의미의 (A) transparent가 정답이다.

번역 병원비를 온라인으로 공표하도록 한 법은 의료 산업의 가격 책정을 환자들에게 더 투명하게 공개하기 위한 것이다.

어휘 publish 공표하다 be intended to ~하도록 의도되다 patient 환자 equivalent 동등한 adequate 적절한 knowledgeable 박식한

5 명사 어휘

해설 동사 have의 목적어 역할을 하는 명사 자리로, to부정사구 to assign tasks to employees의 수식을 받는다. '직원들에게 업무를 할당하는 것'은 회사 규정에 나올 법한 감독관의 직권이므로, '권한'이라는 의미의 (D) authority가 정답이다.

번역 회사 규정에는 교대조 감독관이 직원들에게 업무를 할당할 권한이 있다고 명시되어 있다.

어휘 regulation 규정 state 명시하다 supervisor 감독관 assign 할당하다 amenity 편의 시설 adjustment 조정 intention 의도

6 부사 어휘

해설 boost profits를 적절히 수식하는 부사를 선택해야 한다. 웹사이트를 재설계하면(Redesigning our Web site) 더 많은 고객을 유치하게 되어 결국 수익을 늘리는 데 도움이 될 것이라는 내용이므로, '결과적으로'라는 의미의 (D) consequently가 정답이다.

번역 우리 웹사이트를 재설계하면 더 넓은 고객층을 확보하여 결과적으로 수익을 증대하는 데 도움이 될 것이다.

어휘 attract 유치하다, 끌어들이다 a broad range of 다양한, 넓은 범위의 boost 증대하다 profit 수익 closely 긴밀히 rarely 드물게 typically 일반적으로

7 형용사 어휘

해설 대출(loan)을 받으려는 소규모 사업주(small business owners)의 특징을 적절히 묘사하는 형용사를 선택해야 한다. 따라서 '장차 ~가 되려는' 이라는 의미의 (B) aspiring이 정답이다.

번역 야롤은행은 소규모 사업주가 되려는 사람들에게 매력적인 금리로 대출을 제공한다.

어휘 attractive 매력적인 interest rate 금리 relative 상대적인 unprecedented 전례가 없는 customary 관습상의

8 **동사 어휘**

해설 빈칸을 포함한 now that 부사절은 시장이 재개장(reopen)하기 전 상황을 설명하고 있다. 시장 운영권을 둘러싼 시와의 분쟁(a dispute with the city over the market's operating license)이 해결되어 재개장이 가능해진 것이라고 볼 수 있으므로, '해결했다'라는 의미의 (A) settled가 정답이다.

번역 조카비아 시장 운영 위원들이 시장 운영권을 둘러싼 시와의 분쟁을 해결했으므로, 시장은 다시 문을 열 것이다.

어휘 organizer 운영 위원, 창립 위원 dispute 분쟁 resign 사퇴하다 convey 전달하다 elect 선출하다

[9-10] 편지

베리 씨께,

영세 자영업자 협회(SBOA)를 대표하여 저희 연례 리더십 워크숍에 귀하를 초대하고자 합니다. 올해 저희는 접근이 용이한 위치 때문에 캔자스시티를 개최 도시로 선정하였습니다. 행사는 젠킨스 센터에서 개최될 예정입니다. 다른 지역에서 오실 경우, [9]숙소에 관해 동봉한 세부 사항을 참조하십시오. SBOA가 참석자들을 위해 할인 요금으로 이 호텔들을 주선했습니다. 이번 워크숍은 귀하의 비즈니스 관리 역량을 [10]향상시킬 수 있는 좋은 방법입니다. 좌석이 한정되어 있으므로, 본 행사에 참가를 원하실 경우 기한인 8월 10일까지 반드시 등록해 주십시오.

어휘 on behalf of ~를 대표[대신]하여 small business 소규모 자영업 annual 연례의 host city 개최 도시 enclosed 동봉된 regarding ~에 관해 arrange 마련하다, 주선하다 discounted rate 할인 요금 participant 참석자 skill 기량 space 공간 be limited 한정되다 take part in ~에 참가하다 register 등록하다 deadline 기한

9 **명사 어휘**

해설 빈칸 바로 앞에 캔자스시티 밖의 다른 지역에서 오는 사람들은 동봉된 세부 사항을 보라는 말이 나온다. 그 뒤 문장에서 이 호텔들을 할인 요금으로 주선했다는 말이 이어지는 것으로 보아 빈칸에 어울리는 말은 (A) accommodations(숙소)이므로 정답은 (A)이다. (B) fees는 '요금', (C) presentations는 '발표', (D) requirements는 '요구 사항'이라는 의미이다.

10 **동사 어휘**

해설 워크숍을 통해서 비즈니스 관리 역량을 어떻게 한다는 말이 들어가야 하는데 (A) enforce(강요하다; 시행하다), (B) observe(관찰하다), (D) pursue(추구하다)는 적절하지 않다. (C) enhance(향상시키다)가 들어가서 '워크숍은 자신이 가지고 있는 기량을 향상시킬 수 있는 좋은 방법'이라고 하는 것이 의미상 적절하다. 따라서 정답은 (C)이다.

[11] 뉴스레터 기사

200개에 달하는 매장과 1만 5,000명의 직원을 보유한 오가닉 모어 푸즈는 주요 천연 식품 소매점으로 자리잡았습니다. 그러나 신규 매장을 열면서 상당한 양의 종이로 된 인사 기록이 발생하였습니다. 이 서류 관리 업무는 다시 운영비를 상승시켰습니다. 컨설팅 업체의 권고에 따라 오가닉 모어 푸즈는 문서를 디지털화하기로 결정했습니다. 이 조치로 궁극적으로 시간과 귀중한 자원을 아낄 수 있었습니다.

어휘 associate 직원, 동료 retailer 소매점 significant 상당한, 중요한 in turn 다시 operational cost 운영비 ultimately 궁극적으로 valuable 귀중한

11 **동의어 찾기**

번역 3행의 "significant"와 의미가 가장 가까운 것은?

(A) 동시대의 (B) 의미 있는
(C) 필요한 (D) 상당한

해설 significant는 여기에서처럼 amount와 함께 쓰여 '상당한 양의 ~'라는 의미로 자주 사용된다. 비

슷한 의미를 가진 단어로는 sizable, considerable 등이 있다. 따라서 정답은 (D) sizable이다.

FINAL TEST 3 p.342

1 (D) **2** (C) **3** (B) **4** (D) **5** (D) **6** (D)
7 (D) **8** (B) **9** (C) **10** (C) **11** (C)

1 동사 어휘

해설 전국에서 가장 깨끗한 천연 샘물(the cleanest natural spring water in the country)은 셀웨이 계곡이 내세울 만한 특징이므로, '자랑하다, 자랑할 만한 ~을 가지고 있다'라는 의미의 (D) boasts가 정답이다.

번역 에메랄드 산기슭에 위치한 셀웨이 계곡은 전국에서 가장 깨끗한 천연 샘물을 자랑한다.

어휘 situated ~에 위치한 excel 뛰어나다, 능가하다 emphasize 강조하다 distinguish 구별하다

2 명사 어휘

해설 in response to의 목적어 역할을 하는 명사 자리로, 전치사구 in demand for vegan-friendly products의 수식을 받는다. 패스트푸드 점의 메뉴 변경은 채식주의자 친화적인 제품의 수요 증가에 따른 대응책으로 볼 수 있다. 따라서 '급증, 급등'이라는 의미의 (C) surge가 정답이다.

번역 채식주의자 친화적인 제품에 대한 수요가 급증하자 많은 패스트푸드점들이 이에 대응해 메뉴를 대폭 변경했다.

어휘 significantly 대폭 in response to ~에 대응하여 demand 수요 vegan (완전) 채식주의자 pace 속도 flow 흐름 phase 단계

3 부사 어휘

해설 '너무 …해서 ~할 수 있다[없다]'라는 의미의 〈so + 형용사 + that절〉 구문에서 결과를 나타내는 that절에 해당하는 부분이다. 공사 소음이 너무 커서(The construction noise ~ was so loud) 동료들이 하는 말을 들을 수 없었다는 내용이 되어야 자연스러우므로, 빈칸에는 부정의 뜻을 지닌 부사가 들어가서 could hear를 수식해야 한다. 따라서 '거의 ~ 아니다'라는 의미의 (B) hardly가 정답이다.

번역 옆 건물에서 나는 공사 소음이 너무 커서 우리는 동료들이 하는 말을 거의 들을 수 없었다.

어휘 construction 공사 coworker 동료

4 전치사 어휘

해설 명사구 the major regions of the world를 목적어로 취하는 전치사 자리로, 빈칸을 포함한 전치사구는 과거분사 spread를 수식한다. 12개의 연구소가 세계 주요 지역 곳곳에 퍼져 있다는 내용이 되어야 자연스러우므로, '~에 걸쳐, ~ 도처에'라는 의미의 (D) across가 정답이다. (A) between은 '~ 사이에, 중간에'라는 뜻으로 빈칸에 어울리지 않는다.

번역 한다하르 케미컬즈 사는 세계 주요 지역에 걸쳐 12개의 연구소를 갖고 있다.

어휘 chemicals 화학 약품 laboratory 실험실, 연구소 spread 퍼지다 region 지역

5 형용사 어휘

해설 빈칸은 주어 The technical support department's budget의 주격 보어 자리로 no longer와 to cover의 수식을 받는다. 문맥상 '기술지원과의 예산(budget)이 더 이상 인건비(staffing expenses)를 감당할 만큼 충분하지 않다'는 내용이 되어야 자연스러우므로, '충분한'이라는 의미의 (D) sufficient가 정답이다. 참고로, '~할 만큼 예산이 많지 않다'라는 뜻을 나타내려면 형용사 big 혹은 large를 쓰고 뒤에 enough를 붙여야 한다.

번역 기술지원과의 예산은 더 이상 인건비를 감당할 만큼 충분하지 않다.

어휘 budget 예산 staffing expense 인건비 vital 필수적인 plentiful 풍부한 accustomed 익숙한

6 동사 어휘_동명사

해설 전치사 to와 어울려 쓰이는 자동사를 선택하는 문제이다. 빈칸 이하가 capable of의 목적어 역할을 하고 있으므로, 빈칸에는 자발적인 학습자(self-motivated learners)가 새로운 환경(new circumstances)에서 보여 주는 능력을 나타내는 단어가 들어가야 자연스럽다. 따라서 to와 함께 '~에 적응하는 것'이라는 의미를 완성하는 (D) adapting이 정답이다. 참고로, adapt는 '조정하다'라는 뜻의 타동사로도 쓰일 수 있다. 자·타동사인 (B) converting도 to와 어울려 쓰이지만, '전환되다[하다]'라는 의미로 문맥상 적절하지 않다.

번역 스토건 에듀케이션의 언어 프로그램은 새로운 환경에 적응할 수 있는 자발적인 학습자를 배출한다.

어휘 self-motivated 스스로 동기를 부여하는, 자발적인 cooperate 협조하다 address 다루다, 보내다

7 명사 자리_어휘

해설 문장의 주어 역할을 하는 명사 자리로, 보기에서 (A) receipt, (C) recipient, (D) reception 중 하나를 선택해야 한다. 주격 보어인 a surprise to critics와 의미상 동격 관계를 이루어야 하므로, 평론가들을 놀라게 한 요인을 나타내는 명사가 들어가야 한다. 따라서 '청중의(by audiences) 반응, 환영'이라는 의미를 완성하는 (D) reception이 정답이다.

번역 그 밴드의 새 앨범에 대한 청중의 열렬한 반응에 평론가들은 놀랐다.

어휘 enthusiastic 열렬한 audience 청중 critic 평론가 receipt 영수증, 수령 receive 받다 recipient 받는 사람 reception 반응, 환영(회)

8 부사 어휘

해설 빈칸을 포함한 that절이 회의 참가자들의 불만(displeased)을 유발한 원인을 설명하고 있다. 워크숍 진행 일정(scheduled ~ to take place)과 관련하여 불만을 표할 만한 상황은 두 개뿐인 워크숍이 같은 시간대에 열려서 참가 기회가 제한되는 것이다. 따라서 '동시에'라는 의미의 (B) simultaneously가 정답이다.

번역 일부 회의 참석자들은 주최측이 두 개뿐인 통계 관련 워크숍을 동시에 열리도록 잡은 것에 불만이었다.

어휘 participant 참석자 organizer 주최측 statistics 통계(학) identically 동일하게 intentionally 고의로 adversely 불리하게, 반대로

[9-10] 공지

차랙 타워스: 공지

전기 배선 신규 설치를 위해 9월 18일 목요일 오전 9시에 단지 대부분의 전력이 차단되오니 차랙 타워스 입주민들께서는 이를 숙지해 주시기 바랍니다. 정오까지는 전력이 복구되겠지만, 예상보다 작업이 길어지면 귀댁의 냉장고에 있는 [9]상하기 쉬운 식품들에 영향을 미칠 수도 있습니다. 작업이 예상 일정을 초과하면 귀댁의 식품이 여전히 먹을 만한지 확인하실 수 있도록 공지해 드리겠습니다. 이번에 계획된 정전은 지난 분기에 업그레이드된 사우스 타워를 [10]제외한 차랙 타워스 전 구역에 영향을 미치게 되니 유념하시기 바랍니다. 여러분의 인내와 양해에 감사드립니다.

어휘 be aware that ~을 알고 있다 power 전력 turn off 끄다, 차단하다 complex 복합 건물, 단지 install 설치하다 wiring 배선 restore 복구[복원]하다 take longer than expected 예상보다 오래 걸리다 affect 영향을 미치다 goods 물품[물건], 상품 refrigerator 냉장고 notify 통지하다, 알리다 exceed 초과하다, 넘기다 edible 먹을 수 있는 note 유념하다 outage 정전 quarter 분기, 4분의 1 patience 인내, 참을성 understanding 양해

9 형용사 어휘

해설 빈칸 뒤 명사(goods)를 수식하는 형용사 자리로, 문맥에 맞는 어휘를 선택해야 한다. 문맥상 '냉장고에 있는 상하기 쉬운 식품들에 영향을 미칠 수 있다'라는 의미가 자연스러우므로, 정답은 (C) perishable(상하기 쉬운)이다. (A) durable(내구성이 있는, 오래 가는), (B) renewable(재생할 수 있는), (D) exposed(노출된)는 의미상 적합하지 않다.

10 전치사 어휘

해설 빈칸은 명사(the South Tower) 앞에 오는 전치사 자리이다. 문맥상 '지난 분기에 업그레이드된 사우스 타워를 제외한 차랙 타워스 전 구역'이라는 의미가 자연스러우므로, 정답은 (C) aside from(~을 제외하고)이다. (A) inside of(~의 안에), (B) owing to(~ 때문에, ~ 덕분에), (D) such as(~ 같은)는 의미상 적합하지 않다.

[11] 이메일

모바일 씨께,

우리가 주문한 새 사무용 가구를 어제 오후 늦게 받았는데, 만족스럽지 않다는 말씀을 드리게 되어 유감입니다. 탁자를 설치하고 보니 그 아래에 의자들이 들어가지 않더군요. 제가 지난주에 전화로 탁자 크기에 관해 말씀드렸을 때 귀하는 그것이 우리의 용도에 아주 적합하다고 장담하셨었죠.

제가 이틀 동안 타지로 출장을 갈 예정이라 귀하의 자세한 정보를 제 동료인 웨인 롤링스에게 넘겨주었습니다. 그가 오늘 오후 귀하에게 전화해 이 탁자를 가져가고 더 큰 탁자를 배달하는 문제를 논의하기로 했습니다.

어휘 order 주문(품) report 통보하다, 보고하다 satisfactory 만족스러운 set up 설치하다 notice 알아차리다 fit 들어맞다 underneath ~ 아래, 밑에 dimension 크기, 치수 assure 장담하다, 확언하다 more than suitable 아주 적합한 for one's purposes ~의 용도로 details 자세한 정보 pick up 가져가다

11 동의어 찾기

번역 두 번째 단락 2행의 "passed"와 의미상 가장 가까운 것은?

(A) 초과했다 (B) 간과했다
(C) 전달했다 (D) 하락했다

해설 passed는 지문에서 '넘겨줬다, 전달했다'라는 뜻으로 쓰였다. 따라서 정답은 (C) transmitted이다.

어휘 exceed 초과하다 overlook 간과하다 decline 하락하다; 거절하다

ANSWERS

INDEX

A to Z

본 교재를 모두 학습한 후 인덱스를 보면서
얼마나 기억하고 있는지 체크해보세요.

인덱스에는 표제어 1500개가 수록되어 있습니다.
각 표제어의 의미와 함께 파생어, 유의어, 반의어도
떠올려 보고 맞는지 확인해보세요.

A

B

C

INDEX

F

P

S